위대한
과학 고전
30권을 1권으로
읽는 책

● **일러두기**

이 책에 등장하는 주요 인명은 국립국어원 외래어표기법을 따르되 일부는 관례에 따라 표기했다.

30 Great
Science Classics

위대한 과학 고전 30권을 1권으로 읽는 책

김성근 지음

빅피시
BIG FISH

김성근 교수님의 강의를 먼저 들은 이들의 찬사

- 7학기 동안 수강한 수업 중 손에 꼽을 정도로 재미있고 유익한 수업.

- 이번 학기 중 최고의 명강의.

- 문과여서 어렵지 않을까 걱정했는데 이해하기 쉽게 정말 잘 설명해주셔서 좋았습니다.

- 과학을 싫어해서 처음에는 지루했는데 배우면 배울수록 재미있는 수업!

- 과학사에 대해 완전히 무지했던 저에게 매우 흥미롭고 유익한 수업이었습니다. 100퍼센트 영어로 진행되는 수업이긴 했지만, 교수님이 친절하게 피드백해주셔서 잘 따라갈 수 있었습니다. 성적과 관련 없이 많은 학생들이 이 수업을 들었으면 좋겠습니다.

- 수강 신청 경쟁률이 굉장히 높은 과목 중 하나였는데 왜 그런지 알 수 있었습니다. 수업 중에 동영상이나, 수업과 관련된 망원경 같은 과학 도구들을 직접 들고 와서 설명해주셔서 흥미도를 높이며 몰입시켜주셨어요. 학생들의 공부 욕구를 자극해주는 정말 좋은 강의력!

- 과학을 좋아했음에도, 부모님 영향으로 전혀 다른 길을 걷고 있었습니다. 제가 준비하는 시험 이외에 다른 것을 생각하고 좋아한다는 것에 대해 죄책감을 가졌었는데 교수님의 수업을 통해 확실히 알았습니다. 저는 과학을 정말 좋아합니다.

- 과학 지식에 대해 더욱 다양한 범위에서 접하게 되었고 과학사를 통해 과학의 발전 과정을 자세히 알게 되어 유익한 강의였습니다.

- 학생들을 항상 먼저 생각하시는 게 느껴졌어요. 강의도 너무 재밌었는데, 과제 코멘트 일일이 답변 달아주신 거 보고 정말 감동했어요. 기회가 된다면 교수님의 수업을 꼭 다시 듣고 싶습니다!

- 문과생이라서 과학 공부를 안 한 지 오래됐는데, 이번 강의를 통해 오랜만에 과학을 접할 수 있었습니다. PPT뿐만 아니라 수업과 관련된 과학 실험 영상도 보여주시고 관련 서적도 소개해주시던 교수님의 열정이 정말 인상 깊었습니다.

- 과학의 큰 흐름을 배울 수 있어 즐거웠고 세부적인 내용에 흥미를 갖게 되는 계기가 됐습니다.

서문

인류가 추구해온 지식의 대장정에 가장 빛나는 별들

모든 것이 단 한 권의 책에서 비롯되었다면 지나친 비약일까? 지금도 '그 책'은 다소 빛바랜 표지에 수십 년 전 그어놓은 밑줄들을 품고 진리관 내 연구실 책장에 꽂혀 있다. 대학 시절 화학 공학을 전공한 나는 그리 모범적이거나 장래가 유망한 학생과는 거리가 멀었다. '흔히 대학은 진리의 상아탑이라고 말한다. 그런데 대체 진리란 무엇이며, 그걸 어디서 배울 수 있다는 말인가?' 이런 머리 아픈 질문에 빠져 살았으니 말이다. 단 한 번 주어진 삶이라면, 꼭 하고 싶은 일을 하면서 살고 싶었다. 미래에 대해서는 거의 신경 쓰지 않았다. 이상하리만치 근거 없는 낙관에 사로잡힌 대학 시절이었다.

혁명이니 봉기니 하는 과격한 언어들에 특히나 끌리던 그 시절, 유일한 탈출구는 사회 과학 서적이었다. 마르크스, 레닌, 트로츠키의 책들이 책장을 채워갈 때마다 나는 피가 끓고 살이 돋는 경험을 했다. 철로를 벗어난 기차처럼, 졸업이 다가올 때까지 나는 읽고 싶은 책들에 매달렸다. 단 하나 가장 확실한 지식을 찾는다는 명목으로.

그러던 어느 날 우연히 들른 학교 앞 서점에서 칼 포퍼의 《열린 사회와 그 적들》을 만났다. 그날 그 책과 만나지 않았더라면, 어쩌면 내 삶의 지도는 전혀 다른 모습을 그렸을지 모른다. 책을 몇 장 넘기

자마자 나는 그 책을 선택한 걸 곧 후회했다. 대학 시절 내내 나를 지탱해주던 '과학적 사회주의'를, 포퍼는 진리를 가장한 사이비 과학으로 인정사정없이 무너뜨리고 있었기 때문이다. 이제 와 돌이켜보면, 내 지식의 얕음 때문이었겠지만, 당시로서는 내 신념이 뿌리째 뽑혀나간 느낌이었다. 과학철학자 포퍼가 세워놓은 벽 앞에서 나는 더는 나아갈 수 없었고, 결국 과학사·과학철학의 길로 들어섰다.

대학 졸업과 동시에 동경으로 떠났다. 대학원에 입학한 것도 돌이켜보면 행운이었다. 일본에 도착한 지 3개월 만에 나는 무작정 동경대학 대학원의 과학사·과학철학 연구실을 찾아갔다. 내가 왜 이 학문을 공부하고 싶은지, 내 지난 삶은 어떠한지를 작성한 작은 이력서를 들고서 말이다. 대학을 갓 졸업한 내 이력서에 뭐가 쓸 게 있었겠는가? 그저 그 공부에 인생을 걸고 싶다는 젊은 패기만이 A4 용지의 빈칸을 어지럽게 채우고 있었을 것이다. 그렇게 나는 대학 시절 한 권의 책과 맺은 인연으로 대학원에 입학했고, 과학사·과학철학을 전공하게 되었다.

학문의 각 분야에는 역사상 그 물줄기를 바꾼 고전들이 있다. 그러나 과학 분야의 고전들은 결코 읽기 쉬운 책들이 아니다. 과학사·과학철학을 공부해온 지난 30여 년간 나는 내게 희열과 감동을 안겨준 수많은 위대한 과학 고전들과 만났고 씨름했다. 그래서 나는 이 고전들이 주는 감동을 주변과 나누고 싶다는 열망을 오랫동안 가져왔다. 그러던 중 빅피시 출판사의 전폭적인 도움으로 마침내 그런 기회를 가질 수 있게 되었고, 내게는 너무나 기쁜 일이었다.

책을 준비하면서 나는 지난 학문의 여정에서 만난 많은 과학 고전들 중 독자들에게 꼭 소개하고 싶은 30권을 선정했다. 이 고전들은 인류가 추구해온 지식의 대장정에 가장 빛나는 별들이며, 나와 특별한 인연을 맺은 책들이기도 하다. 포퍼의《열린 사회와 그 적들》은 방황하던 나를 과학사·과학철학의 길로 인도했고, 쿤의《과학 혁명의 구조》는 대학원 시절 밤새 세미나 발표를 준비하며 깊은 인연을 맺었다. 박사 후 연구원으로 케임브리지의 니덤 연구소에 체류할 때는 니덤의《중국의 과학과 문명》에 빠져들었다. 대학에 자리잡은 뒤 갈릴레이의《별세계의 보고》를 학생들과 함께 읽고서는 직접 망원경을 만들기 위해 렌즈를 구입하고 경통을 제작했다. 불안하고 우울할 때는 에피쿠로스의《쾌락》을 읽고 마음을 달랬다. 이 밖에 지면의 부족으로 다 옮겨 적을 수는 없지만, 이 30권들 중 어느 것 하나 내 삶을 그저 그렇듯 평범하게 거쳐 간 책은 없었다.

여기 소개하는 30권의 과학 고전들은 소제목들이 붙어 있긴 하지만, 대략 저자가 그 책을 쓰게 된 역사적 배경, 책의 내용, 그리고 그 책이 미친 영향이라는 순서를 따르고 있다. 이런 흐름 속에서 고전들을 이해할 때, 우리는 그 고전이 가진 인류사적 의미를 더 깊이 파악할 수 있게 될 것이다.

아울러 30권의 고전 모두에 대해 함께 읽으면 좋은 책들을 소개했다. 단, 독자들의 접근성을 위해 한글 서적들이나 한글 번역서들만으로 한정했다. 그러나 일부 책들은 출판된 지 어느 정도 시간이 흘렀기 때문에, 절판이나 품절된 것들이 포함되어 있을 것이다. 다행히 대부분의 책들은 도서관에서 아직 여러분의 손길을 기다리고 있다.

과학에 관한 정보와 지식이 어느 때보다 넘쳐나는 오늘날 그 역사적 물줄기의 마디마디에 있는 것은 과학 고전들이다. 이 고전들은 현대 문명의 뿌리이며 우리 지성사의 가장 위대한 길잡이들이다.

독자 여러분과 함께 이 과학 고전들이 가져다줄 희열과 환희를 나눌 수만 있다면, 그것은 더할 나위 없는 기쁨일 것이다.

끝으로 이 책의 기획을 처음 제안하고, 원고가 책이 되기까지의 모든 과정을 함께해주신 빅피시 출판사에 특별한 감사의 마음을 전하고 싶다. 아울러 책을 쓰는 동안 내게 집중할 수 있는 환경과 과감할 수 있는 용기를 불어넣어 준 아내 효진, 그리고 사랑하는 아들 홍중에게도 고마움을 전하고 싶다.

2022년 초가을 김성근

차례

2장

과학 혁명기, 인류사를 바꿔놓은 위대한 과학 명저

3장

오늘날 과학의 위상을 만들어낸 근현대 과학 명저

5장

일생에 한 번은 꼭 읽어보고 싶은 고대의 과학 명저

1장

★

과학에 폭 빠져들게 되는 재밌는 과학 명저

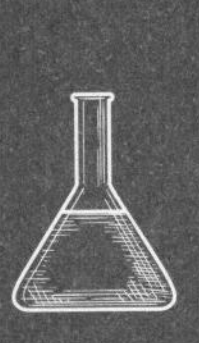

01

튀코 브라헤
《신성에 관하여》
1573

하늘을 뒤덮은 투명한 껍데기를 벗긴 천문학자

튀코 브라헤(Tycho Brahe, 1546~1601)

덴마크의 천문학자. 21세 무렵 독일 로스토크 대학에서 유학 중 자신의 8촌 페르스버그와 다툼이 벌어졌고, 결투 중 코를 잃었다. 이후 평생 금속 보형물로 만든 코를 붙이고 다녔다. 덴마크 국왕 프레데릭 2세의 지원 아래 벤섬에 천문연구소를 설립하고, 16세기 후반 유럽 최고의 관측 천문학자로 군림했다. 1572년 신성의 발견, 1577년 혜성의 관측 등을 통해 천상계에는 어떤 변화도 없다는 고대 이래 천동설적 믿음에 균열을 불러왔다.

※ 주요 저서: 《신성에 관하여》 《최신 천체 운동론》

만약 튀코 브라헤가 천체 망원경을 사용할 수 있었다면 어땠을까? 천문학의 역사에 관심을 가진 독자들이라면, 가끔 그런 아쉬움을 떨쳐버리지 못할 것이다. 아쉽게도 그의 사후 불과 10년도 지나지 않아, 천체 망원경이 유럽에 급격히 퍼져나갔기 때문이다. 그럼에도 불구하고, 튀코는 16세기 후반 유럽 최고의 관측 천문학자였음은 의심할 여지가 없다.

튀코는 1546년 12월 14일 덴마크의 한 유복한 집안에서 태어났다. 천문학의 역사에서 볼 때, 그는 혁명의 과도기에 위치한다. 1543년 코페르니쿠스의 《천구의 회전에 관하여》에서 시작된 지동설•에는 여전히 해결해야 할 문제들이 남아 있었다. 비록 태양과 지구의 위치를 바꿈으로써 지동설로의 과감한 첫발을 내딛었지만, 천동설의 잔재들은 여전히 견고하게 남아 있었던 것이다. 특히 행성과 별들의

• 지동설(地動說), 천동설(天動說)이라는 어휘는 19세기 초 일본인들이 만들고 유포한 어휘이다. 영어식 표기로 지동설은 보통 태양중심설(Heliocentricism), 또는 코페르니쿠스설(Copernican theory)로 불리고, 천동설은 지구중심설(Geocentricism)로 불린다. 식민지기를 거치며 한국에 일본식 조어가 다수 유입되면서 지동설과 천동설이 우리에게는 더 익숙한 어휘로 자리 잡게 되었다. 이 책에서는 지동설과 천동설로 부르기로 한다.

운동이 완전한 원운동을 하고 있다는 믿음, 나아가 행성과 별들이 수정구와 같은 천구에 실려 움직인다는 믿음도 흔들림이 없었다.

튀코는 후사가 없었던 작은 아버지에 의해 반강제적으로 입양된 것을 제외하고는, 당시 일반적인 덴마크 귀족의 아이들과 비슷한 어린 시절을 보냈다. 그 삶은 귀족답게 유복했으며, 어린 시절 라틴어, 승마, 펜싱 등을 배웠고, 13세 무렵에는 집안의 바람대로 법학을 공부하기 위해 코펜하겐 대학에 입학했다. 그러나 튀코에게는 하늘에 대한 갈망이 법학자의 길보다는 훨씬 컸다. 14세가 된 1560년 여름 어느 날 일식을 관찰하면서 그는 천문학에 대한 꿈을 키우게 된다. 하늘에 대한 그의 관심은 1562년 라이프치히 대학, 1566년 비텐베르크 대학과 로스토크 대학 등 독일 각지의 대학에서 유학 생활을 보내는 동안 더욱 강렬하게 불타올랐다.

◆ 유난히 밝게 빛나는 별을 발견하다

1572년 11월 11일 밤 마침내 천문학자로서 튀코의 이름을 유럽에 알린 사건이 벌어진다. 바로 초신성의 발견이었다. 여느 날처럼 습관적으로 하늘의 별들을 관측하던 튀코는 문득 카시오페이아자리에서 유난히 밝게 빛나고 있는 별 하나를 발견했다. 어릴 때부터 별을 보는 데 익숙했던 튀코는 곧장 그 별이 일찍이 본 적 없었던 새로운 별이라는 것을 직감했다. 그 별은 약 1년 동안이나 같은 자리에 머물렀고, 밝을 때는 금성보다 밝게 빛났다. 그것은 튀코에게 중요한 질문을 던져 주었다. 고대 그리스 자연 철학자 아리스토텔레스 이후 달 위의 천상계는 아무런 변화가 없는 영역으로 여겨졌다. 따라서 천상계에서 새로운 별의 출현이란 있을 수 없는 일이었다.

튀코는 당시의 관측을 이듬해인 1573년《신성에 관하여(De nova stella)》라는 라틴어 소책자로 펴냈다. 이 짧은 소책자는 튀코 자신의 1인칭 내러티브로 서술된다. 튀코는 제1부에서 자신의 발견에 대한 간략한 경위를 서술한 뒤, 제2부에서는 새로운 별의 위치를 자세히 설명하고, 이 별의 위치는 첫 출현 이후로 계속 동일하게 유지되었음을 강조했다. 제3부에서는 지구에서 별까지의 거리를 계산하고 그 별을 항성 천구에 할당했다. 제4부에서는 별의 크기, 밝기 및 색상을 설명했다. 그리고 마지막 부분에서는 그 현상의 점성술적 의미를 논했다. 튀코는 신성의 출현이 질병과 자연재해 이외에도 유럽 전역에 걸친 정치적, 종교적 격변을 예시한다고 말했다. 당시 합(Conjunction)이나 일식, 월식 같은 천문 현상의 점성술적 예언은 천문학자들의 중요한 임무들 중 하나였다. 훗날 요하네스 케플러는 "1572년 목격된 신성이 어떤 사건도 예시하지 않았다면, 그것은 위대한 천문학자 튀코 브라헤의 탄생을 예고했기 때문일 것이다"라고 기록했다.

튀코의 점성술적 예시는 별 성과가 없었지만, 천문학의 관점에서 그의 논지는 명확했다. 튀코가 Nova Stella, 즉 신성이라고 부른 별은 달 위의 세계인 천상계에 존재한다는 점, 그것은 확대해서 해석하면 아리스토텔레스 이후 불변의 영역이라고 믿어져 왔던 천상계가 사실은 변화가 가능한 영역임을 의미하는 것이었다.

《신성에 관하여》의 출간은 그 뒤 튀코의 천문 관측 업적에 비해서는 큰 사건이라고는 볼 수 없었고, 당시 튀코가 발견한 별에 대한 평가도 엇갈렸다. 많은 사람들은 여전히 천상계가 불변의 영역이라는 믿음을 포기하려 하지 않았다. 그러나 어찌 되었든 이 논쟁적인 소책자는 튀코를 불과 26세의 나이에 덴마크의 코펜하겐 학계에서 일약 유명인의 반열에 올려놓았다.

◆ 천구에 대한 믿음에 종말을 고하다

그중에서도 1572년 초신성의 발견이 덴마크 국왕 프레데릭 2세의 관심을 끌었다는 점은 중요하다. 당시의 동서양 통치자들 대부분이 그랬듯이, 프레데릭 2세도 점성술적 견지에서 천문학에 관심이 많았고, 젊은 튀코에게 많은 기대를 걸었다. 그리고 1575년 튀코의 일생에 중요한 전기가 찾아왔다. 프레데릭 2세가 덴마크와 스웨덴 사이에 위치한 벤섬을 튀코에게 하사하고, 그에게 왕실 천문학자 자리를 제안한 것이다. 국왕은 섬의 영주 자리를 튀코에게 주었을 뿐만 아니라, 그 섬에 거주하는 농민들로부터 소작료를 징수할 권한을 주었으며, 섬 주민에 대한 노역 명령권도 보장했다. 아울러 왕실 소유의 하인들은 물론, 튀코의 천문학 연구를 뒷받침하는 제반 시설들을 건설할 막대한 비용까지 하사했다. 결코 거부할 수 없는 파격적인 제안이었다.

결국 1576년 튀코는 벤섬으로의 이주를 결정했다. 그는 다소 가

혹할 정도로 섬 안의 모든 자원을 끌어모아 우라니엔보르 천문대, '별들의 성'이라는 의미의 스티에르네보르 관측소를 비롯하여 천문 관측 활동에 필요한 각종 시설들을 설립한 뒤, 약 20여 년간 유럽 최고의 천문 관측학자로서의 명성을 드높이게 된다.

1572년 초신성의 발견이 튀코의 삶의 경로를 바꾸어놓았다면, 5년 뒤인 1577년 11월 13일 수요일 밤의 관측은 튀코에게 다시 한번 잊을 수 없는 밤이 되었다.

서양인들이 무려 1800여 년간이나 하늘에 투명한 달걀 껍데기 같은 천구가 있다고 굳게 믿었다면, 놀라지 않을 사람이 얼마나 될까? 하지만 실제로 그러했다. 고대 아테네의 철학자 플라톤의《티마이오스(Timaios)》에는 하늘에는 팽이 같은 천구 7개가 있다고 나온다. 이후 플라톤의 제자 에우독소스, 아리스토텔레스 등을 통해 천구가 실재한다는 생각은 완전한 사실로 자리 잡았다.

석양 무렵 저녁 식사 찬거리를 위해 벤섬 안에 새로 만든 연못에서 낚시를 하던 중, 튀코는 하늘에서 밝게 빛나는 별 하나를 보게 되었다. 곧 사분의, 육분의 등 천체 관측 기구들로 그 별을 관측한 튀코는 그것이 별이 아니라 혜성이라는 것을 알게 되었다. 튀코는 1572년 초신성의 발견에 이어 중요한 결론에 이르게 되었다. 그 혜성이 수년 전 초신성과 마찬가지로 달 위의 세계에 위치하고 있다는 점, 그리고 혜성의 궤도는 천구를 몇 개쯤 관통했으리라는 점이다.

그것은 전통적인 천구 관념을 뒤흔드는 사건이었다. 아리스토텔레스에 따르면, 혜성은 별똥별처럼 상층 대기의 가연성 증기가 점화되어 타는 지상계의 현상에 불과했다. 혜성이 달 위의 세계에서 움직인다는 것은 1572년 초신성의 발견처럼, 천상계가 변화 가능한 영역임을 보여주는 증거였고, 아울러 혜성이 행성들의 궤도를 관통했다는 것은 당시 사람들이 믿어 의심치 않았던 딱딱한 고체의 수정구, 즉 천구가 존재하지 않는다는 증거였다. 튀코의 관측은 천동설의 가장 견고한 신앙 중 하나였던 천구의 믿음에 종말을 선언한 것이다.

그러나 튀코는 1598년《최신 천체 운동론(Astronomiae Instauratae Mechanica)》에서 지동설과 천동설을 절충한 자신만의 천체 이론(Geoheliocentrism)을 제시했다. 그것은 행성들이 태양의 둘레를 돌고, 태양은 달과 함께 우주의 중심에 멈춰선 지구 둘레를 도는 체계이다. 혹자는 튀코가 코페르니쿠스를 숭배했으면서도 일부 천동설을 받아들인 것에 대해 아쉽게 여길 것이다. 하지만 그것 또한 사실은 그의 뛰어난 관측 천문학의 결과였다는 점을 잊어서는 안 된다. 코페르니쿠스의 주장대로 지구가 공전한다면, 지구에서 보이는 별의 각도, 즉 연주 시차가 측정되어야만 한다.

예를 들어, 우리가 지구상에서 어떤 별을 볼 때, 그 별을 아지랑이 피는 봄에 보는 것과 낙엽 지는 가을에 보는 것 사이에 별을 보는 각도에 따라 시각적 차이가 발생한다. 지구가 공전하는 한, 별을 보는 우리의 위치가 달라지기 때문이다. 그러나 당대 유럽 최고의 관측 정밀도를 자랑하던 튀코의 천문대는 연주 시차를 측정하지 못했고, 그것은 튀코가 지구의 공전을 받아들일 수 없었던 중요한 이유가 되었다. 참고로, 1838년 독일의 천문학자 프리드리히 베셀이 백조자리 61번 별에서 최초로 연주 시차를 측정했다. 그 값은 16세기 말 튀코의 관측 기구로는 도저히 측정 불가능한 미미한 수치였다.

그러나 튀코의 놀라운 관측 자료가 없었다면, 케플러는 결코 빛을 보지 못했을 것이다. 그렇게 볼 때, 튀코야말로 16세기 후반을 대표하는 유럽 최고의 관측 천문학자였음에 의심의 여지가 없고,《신성에 관하여》는 관측 천문학자로서 튀코의 첫 출발점이 된 작품이었다.

함께 읽으면 좋은 책

- **《티코와 케플러》** 키티 퍼거슨, 오상, 2004
- **《티코 브라헤: 천체도를 제작하다》** 윌리엄 J. 보어스트, 피앤씨미디어, 2017

02

갈릴레오 갈릴레이
《별세계의 보고》
1610

망원경의 탄생, 천체의 경이로움을 알리다

갈릴레오 갈릴레이(Galileo Galilei, 1564~1642)

이탈리아의 천문학자이자 수학자, 물리학자. 진자의 등시성, 낙체의 법칙 등을 발견함으로써 근대 역학의 길을 열었고, 천문학 분야에서는 망원경으로 달, 태양, 목성, 금성 등을 관측하여 지동설을 뒷받침하는 증거들을 발견했다. 1616년 교황청으로부터 이단적 행위로 한 차례 경고를 받은 그는 1632년 《프톨레마이오스와 코페르니쿠스의 2대 세계 체계에 관한 대화》의 출간으로 제2차 종교 재판을 받고 유배 상태로 여생을 보냈다.

※ 주요 저서: 《별세계의 보고》 《프톨레마이오스와 코페르니쿠스의 2대 세계 체계에 관한 대화》 《두 개의 신과학에 관한 수학적 논증과 증명》

1608년 한스 리퍼세이를 포함한 3명의 네덜란드 안경 제작사들이 망원경을 제작했다는 소식이 유럽 각지로 퍼져나갔다. 이듬해 여름 베네치아에 있던 당시 45세의 갈릴레이는 그 소식을 듣고 아마 회심의 미소를 지었을 것이다. 당시 베네치아 근교 파도바 대학의 수학 교수로 재직 중이던 갈릴레이는 도시의 유력자들을 만족시킬 뭔가 짜릿한 것들이 필요했다. 마침 갓 출현한 망원경이야말로 갈릴레이에게는 더없이 좋은 기회가 되었다. 물론 그가 망원경으로 천체를 관측한 최초의 인물은 아니었다. 1609년 7월 영국의 천문학자 토머스 해리엇은 갈릴레이에 앞서 이미 망원경으로 관측한 달 그림을 그린 적이 있었다. 그러나 17세기 초 유럽의 천문학자들 중 갈릴레이처럼 성공적으로 천체를 관측하고, 그 결과를 '정치적으로' 활용할 줄 아는 인물은 드물었다.

망원경의 탄생은 안경 렌즈에서부터 시작된다. 안경이 발명된 것은 13세기 말 이탈리아 장인들에 의해서였다. 먼저 원시를 교정하기 위한 볼록렌즈가 만들어졌다. 렌즈의 중간을 볼록하게 만든 볼록렌즈는 비교적 쉽게 연마가 가능했다. 15세기가 되면서 비록 좋은 성능은 아니었지만, 가운데가 오목한, 근시를 교정하는 오목렌즈도 만들어졌다. 이쯤에서 독자들은 아마 의문을 하나 갖게 될 것이다. 렌즈 2개를 단순히 겹치기만 하면 만들 수 있는 망원경은 정작 왜 한참 뒤에나 출현한 것일까? 이런 질문은 당시의 대장간 장인들에게 오늘날과 같은 고품질의 렌즈를 기대하는 데서 비롯된 착각일 뿐이다.

갈릴레이 이전까지 멀리 떨어진 물체를 확대시켜 볼 수 있는, 렌즈에 관한 기록은 여기저기서 찾아볼 수 있다. 대표적으로 16세기 무렵 영국의 천문학자 토머스 디게스나 이탈리아의 건축가 잠바티스타 델라 포르타 같은 사람들은 멀리 있는 것을 확대시켜 볼 수 있는 도구에 대한 기록을 남기고 있다.

그러나 망원경의 시대는 1608년 9월 무렵 네덜란드에서 본격적으로 시작되었다. 안경사 리퍼세이가 아주 먼 거리의 사물을 가까이 있는 것처럼 볼 수 있는 도구를 만들었고, 즉시 특허를 신청했다. 그러나 얼마 지나지 않아 또 다른 2명의 네덜란드 안경사들도 같은 특허를 신청했다. 결과적으로는 누구의 특허도 받아들여지지 않았다. 아이러니하게도 세 사람의 특허 신청은 망원경 제작 기술이 이미 상당히 퍼져 있었다는 것, 그래서 특허로서의 가치가 사라져 버린 것을 의미했기 때문이다.

갈릴레이가 이 신기한 도구에 대한 소문을 들은 것은 1609년 5월쯤이었다. 평소 도구 제작에 발군의 실력을 가진 그가 망원경을 만드는 것은 그리 어려운 일이 아니었다. 당시 네덜란드, 프랑스 등지에 상업적으로 유통되기 시작한 망원경은 고작 3~4배율에 불과했다. 그러나 갈릴레이의 집념은 망원경의 성능을 수차례 개량하는 데 모아졌다. 처음에 그는 망원경의 군사적 이점을 베네치아 공화국의 권력자들에게 어필했고 어느 정도 성공을 거두었다. 그러다가 그가 망원경으로 달을 올려다본 것은 1609년 11월 어느 날이었다.《별세계의 보고》는 이때부터 이듬해 초까지 갈릴레이가 행한 생생한 관측의 기록이다.

◆ 새롭게 발견된 목성의 네 위성

근대 라틴어로 쓰인 이 책의 원래 제목은《시데레우스 눈치우스(Sidereus Nuncius)》이다. 시데레우스는 영어로 '별의(Sidereal)'라는 형용사적 의미를, 눈치우스는 '메신저(Messenger)'를 뜻한다. 따라서 이 책은 보통 '하늘의 소식' 또는 '별의 소식'으로 번역된다. 갈릴레이의 뒤이은 대표작들과 비교해볼 때,《별세계의 보고》는 매우 읽기 쉬운 이야기체로 쓰였다. 원래 이 책은 출판을 의도한 것이 아니었기 때문이다. 그래서인지 이 책을 읽고 있으면 마치 갈릴레이가 망원경으로 관측한 천체의 경이로움을 우리에게 속삭이는 느낌이 든다.

갈릴레이는 자신이 만든 망원경에 대한 간단한 설명과 함께 이 책을 시작한다. 그 뒤, 이 책의 내용은 달에 대한 관측과 목성의 네 위성에 대한 관측으로 크게 나누어진다. 아마도 달에 대한 몇 장의 삽화는 독자들도 한 번쯤은 본 적이 있을 것이다. 갈릴레이는 달에 보이는 산과 계곡들을 지구의 지형과 비교한다. 그는 그림자 길이로 비춰보아 달에 있는 산들의 높이가 약 6,000미터를 넘을 것으로 추정했다.

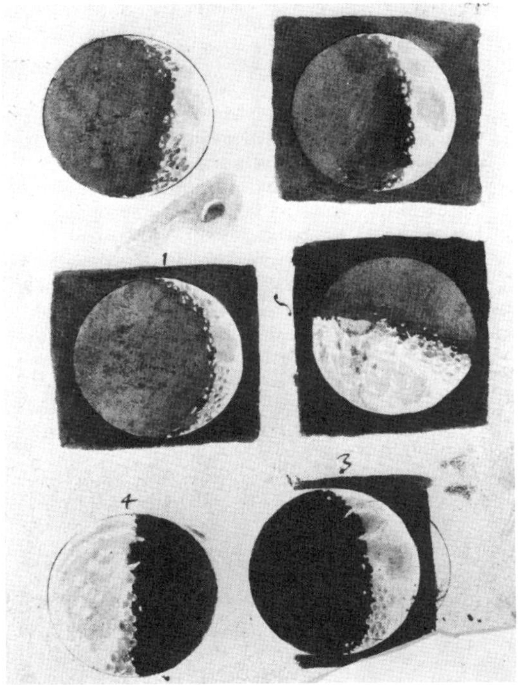

《별세계의 보고》 달 삽화 | 갈릴레이가 직접 수채화로 채색하여 《별세계의 보고》에 수록한 달 그림. 갈릴레이는 젊은 시절에 원근법, 명암법, 스케치 등을 배웠다고 알려진다.

달이 지구와 다를 바 없이 산과 골짜기, 크레이터(Crater)• 로 이루어졌다는 것은 달이 수정구처럼 흠결 없고 투명한 천체라는 고대 그리스 이래 지배적인 사고를 무너뜨렸다.

이어서 갈릴레이는 별들이 행성들과는 완전히 다른 천체임을 말

• 행성이나 위성의 표면에 보이는, 움푹 파인 큰 구덩이 모양의 지형을 가리킨다. 보통 화산 활동이나 운석의 충돌에 의해 생긴다.

한다. 아무리 좋은 성능의 망원경으로 관측하더라도, 별의 크기에 거의 변함이 없다는 것이다. 이것 또한 코페르니쿠스가 예상했던 대로, 별들이 상상 이상으로 멀리 있다는 것을 말해주었다.

끝으로 갈릴레이는 목성의 네 위성에 대한 관측을 다소 지루할 정도로 이어나간다. 1610년 1월 7일부터 3월 2일까지 그는 목성의 위성들이 어디에 위치하는지, 또 어떤 움직임을 보이는지 그림과 함께 자세히 설명한다. 이 발견은 놀랄 만한 것이었다. 예부터 동양에서든 서양에서든 하늘에는 해와 달, 수성, 금성, 화성, 목성, 토성이라는 오직 7개의 떠돌이별들만이 존재한다고 믿었다. 그런데 갑자기 여기에 4개가 더 추가된 것이다. 결국 지구만이 달을 가진 유일한 행성이 아니라는 사실은 고대 이후 무려 1500년가량 유럽을 지배해온 프톨레마이오스(Ptolemaios, 2세기)의 우주관에 정면으로 위배되는 결과였던 것이다.

《성서》의 권위와 부딪힌 과학

이 책의 발간은 향후 갈릴레이의 활동에 결정적 돌파구를 열어준 사건이었다. 갈릴레이는 16세기 말 파도바 대학 시절에 이미 코페르니쿠스의 지동설을 지지했던 것으로 알려진다. 갈릴레이와의 서신 교환을 통해 그 사실을 확인했던 케플러는 갈릴레이에게 지동설을 공개적으로 지지해주길 부탁하기도 했다. 그러나 갈릴레이는 1610년대 초까지 공식적으로 본인의 생각을 드러내길 꺼렸다. 그런 점에서 이 책은 갈릴레이에게는 지동설을 향한 기념비적인 출발점이었다.

갈릴레이는 자신의 발견에 큰 반향이 없었던 베네치아의 권력층보다, 자신의 고향 토스카나 사람들에게 눈을 돌렸다. 일찍이 자신이 수학을 가르쳤던 메디치가의 코시모 2세가 때마침 토스카나 공국의 제4대 대공이 되었다. 갈릴레이는 즉시 목성의 네 위성의 발견 소식을 메디치가에 알렸고, 완성된 책과 천체 관측에 사용한 망원경을 코시모 2세에게 보냈다. 의도는 적중했다. 그는 곧바로 대학을 떠나 코시모 2세의 수석 수학자로 임명되었다. 급료가 좋지 못했던 대학의 수학 교수직보다 훨씬 안정적인 삶이 가능해진 것이다.

갈릴레이의 망원경은 계속해서 센세이션을 불러왔다. 1613년《태양 흑점에 대한 서한(Istoria e dimostrazioni intorno alle macchie solari)》을 발표한 그는 태양도 결코 완전무결한 천체가 아니며, 그 표면에는 불순한 흑점이 있다는 것을 알렸다. 그러나 갈릴레이는 책의 출판 허가를 받는 과정에서 검열관들의 트집에 시달렸다. 그는《성서》와 부딪히지 않도록 책의 내용을 계속 고쳐 써야 했다. 그럼에도 불구하고, 갈릴레이의 발견들이 코페르니쿠스 천문학의 결정적 증거들임은 이미 확실해지고 있었다.

신학자들은 갈릴레이가 '가설'의 영역에 머물러 있던 코페르니쿠스의 지동설을 '사실'의 영역으로 끌어올리고 있고, 그것은 결국《성서》의 권위를 부정하게 될 것이라고 공격했다. 그에 맞서 갈릴레이는《성서》와 과학 사이에 아무런 모순이 없다는 것을 틈만 나면 설득했다. 그러나 당시는 유럽에서 신교와 구교의 종교 전쟁이 최고조에 달하던 시기였다. 프로테스탄트 신교도들은 가톨릭 교회가 갈릴레이의 문제적 이론을 계속 방치함으로써《성서》를 무시하는 데 동조한다고 공격했다. 비교적 갈릴레이에 관대한 태도를 보여왔던 가톨릭 교황청도 더 이상 침묵만 하고 있을 수는 없게 된 것이다.

결국 도미니크 수도회의 수도사 톰마소 카치니와 니콜로 로리니가 고발을 주도했다. 1616년 갈릴레이의 제1차 재판이 열리게 된 것이다. 2월 26일 갈릴레이는 벨라르미누스 추기경 앞으로 소환되었다. 갈릴레이에게는 이후 코페르니쿠스의 학설을 지지하거나, 변호해서는 안 되며, 가르쳐서도 안 된다는 명령이 내려졌다. 이어서 3월 5일 교황청은 칙령을 내려 서둘러《천구의 회전에 관하여》를 금서로 지정했다.

교황청으로부터 한 차례 경고를 받은 갈릴레이는 1632년《프톨레마이오스와 코페르니쿠스의 2대 세계 체계에 관한 대화》를 집필하여 지동설을 다시 한번 주장했고, 그 결과 제2차 종교 재판을 거쳐 유배 상태로 여생을 보내게 되었다.

함께 읽으면 좋은 책

- **《갈릴레오의 딸》** 데이바 소벨, 생각의나무, 2001
- **《갈릴레오의 진실》** 윌리엄 쉬어 외, 동아시아, 2006
- **《갈릴레오》** 마이클 화이트, 사이언스북스, 2009

03

마이클 패러데이
《촛불 속의 과학》
1860

대중의 마음을 사로잡은 크리스마스 강연

마이클 패러데이(Michael Faraday, 1791~1867)

영국의 과학자. 어린 시절 가난과 역경 속에서도 끊임없이 공부하며 과학적 진리를 탐구했고, 마침내 영국을 대표하는 근대 과학자로 성장했다. 그가 이룬 과학적 발견들은 전자기 유도 법칙, 전기 분해 법칙, 빛의 자기 효과, 반자성, 벤젠, 복빙 현상 등 다방면에 걸쳐 있다. 런던 왕립연구소에서의 그의 공개 강연은 대중을 과학에 매료시킨 것으로 유명하다.

※ 주요 저서: 《촛불 속의 과학》《전기학의 실험적 연구》

1860년 크리스마스 무렵, 어느새 백발이 된 70세의 패러데이는 강연장을 가득 메운 청중 앞에 서 있었다. 그 앞에는 초 한 자루가 놓여 있었다. 그는 다음과 같이 이야기를 시작했다.

"자연 현상을 탐구하는 데 있어 초 한 자루의 물리적 현상을 관찰하는 것보다 더 나은 열린 문은 없을 것입니다. 이 우주의 어떤 부분도 이러한 현상에 영향을 받지 않는 법칙은 없습니다. 그래서 저는 어떤 새로운 주제 대신에 촛불을 선택했는데, 여러분을 실망시키지는 않으리라고 믿습니다."

역사상 가장 유명한 대중 과학 강연 중 하나로 손꼽히는 이 강연은 런던 왕립연구소에서 열린 것이다. 왕립연구소는 자연과학을 실생활에 응용한다는 이념을 갖고, 1800년 럼퍼드 백작의 주도로 설립된 곳이다. 이 왕립연구소에 소속된 자연과학 교수들은 평소 대중을 상대로 한 공개 강연을 열었고, 연말에는 크리스마스 강연이라는 집중 강의가 열리기도 했다.

그날 연사로 나선 패러데이의 이름은 이미 런던 전역에 알려져 있었다. 더군다나 이 대과학자는 곧 은퇴를 앞두고 있었기 때문에 강연장은 빈틈없이 가득 찼다. 수많은 과학적 발견을 이룬 과학자답게 사람들은 뭔가 어려운 주제의 강연을 예상했을지 모르지만, 패러데이가 꺼내 든 것은 뜻밖에 초 한 자루였다. 그러나 강연이 시작되면서 패러데이의 숨은 의도는 금방 드러났다. 단순한 초 한 자루에 대체 얼마나 많은, 우주를 지배하는 물리적, 화학적 법칙들이 연관되어 있는지, 아무리 어려운 과학적 법칙들도 우리 실생활과 얼마나 밀접한 것인지를 패러데이는 신기한 실험과 특유의 화려한 언변으로 설명했다. 그날의 강연은 역사 속에 남아 오늘날까지도 회자되곤 한다.

영국인들이 사랑하는 과학자에는 마이클 패러데이의 이름이 빠지지 않는다. 그의 삶은 고난과 역경을 딛고 일어선 한 편의 드라마나 다름없기 때문이다. 1791년 9월 패러데이는 런던 근교에서 한 대장장이 아들로 태어났다. 어릴 적부터 가계 형편은 넉넉하지 못했다. 패러데이가 열두 살이 되자 아버지는 한 서적 제본소의 점원으로 그를 취직시켰다. 패러데이는 신문 배달 일을 하면서 책 제본 기술을 배우게 되었는데, 제본 도중 읽은 책들에 깊이 심취하곤 했다. 그는 특히 당시 한참 떠오르고 있던 화학과 전기에 관심이 많았다. 제본소 주인은 패러데이의 탐구열에 감탄하여 그가 틈틈이 책을 읽을 수 있도록 배려했고, 또 그가 머물던 다락방에서 화학 실험을 할 수 있도록 허락했다. 그러던 어느 날 패러데이는 주인의 심부름을 나갔다가 광고 전단을 보게 된다. 존 테이텀이라는 은세공사가 회비 1실링으로 밤 8시부터 화학, 광학, 지질학, 천문학 등에 관한 이야기를 들려준다는 광고였다. 패러데이는 약 10여 회 이상 테이텀의 강연회에 참석하면서 당시 실험들을 노트에 꼼꼼히 적고 그림까지 그려 넣었다.

패러데이의 노트는 제본소 주인을 통해 한 단골손님에게 보여졌고, 패러데이의 열정에 놀란 그 손님은 왕립연구소에서 곧 열리게 될 험프리 데이비의 공개 강연 입장권을 선물했다. 데이비는 당시 영국 최고의 화학자로서 나트륨, 칼슘, 마그네슘 등 원소들을 발견했고, 전기 분해의 개척자이기도 했다.

1812년 2월 29일부터 데이비의 공개 강연에 참석한 패러데이는 강연 내용을 꼼꼼히 기록하고 섬세한 그림을 그려 넣어 한 권의 멋진 책으로 제본했다. 그해 말 패러데이는 데이비 교수에게 자신을 조수로 써달라는 편지를 보냈다. 편지와 함께 패러데이는 정성 들여 만든 책을 동봉했다.

행운의 여신이 패러데이를 찾아왔다. 때마침 데이비의 조수가 일을 그만두었기 때문에 패러데이는 곧 꿈에 그리던 일자리를 얻을 수 있었다.

당시 22세였던 패러데이는 왕립연구소의 다락방에서 기숙하며 데이비를 비롯한 교수들의 실험을 도왔다. 타고난 성실함으로 인해 그는 데이비가 프랑스, 이탈리아 등지로 출장을 갈 때도 동행할 수 있었다. 패러데이는 당시 데이비가 하고 있던 탄광용 안전등의 개발을 도왔고, 그와 관련한 논문도 쓸 수 있었다. 그 결과 패러데이는 마침내 화학과 전자기에 관한 자신의 연구를 시작할 수 있었다.

연구에 매진할 수 있는 환경이 갖춰지자, 패러데이는 드디어 과학자로서 승승장구했다. 곧 맴돌이 전류 현상을 발견하고 액체 상태의 염소 제조에 성공했다. 그 결과를 인정받아 1824년 왕립학회 회원으로 선출되었고, 이듬해 왕립학회 회장직에 올랐으며, 1827년에는 화학 교수로 임명되었다. 이후 1861년에 은퇴할 때까지 그가 이룬 과학적 발견만 해도 전자기 유도 법칙, 전기 분해 법칙, 빛의 자기 효과, 반자성, 벤젠, 복빙 현상 등 셀 수 없을 정도이다.

초 한 자루 속에 숨은 과학적 법칙

《촛불 속의 과학》은 1860년 왕립연구소에서 은퇴를 앞둔 패러데이가 총 6회에 걸쳐 열었던 크리스마스 자선 강연을 정리한 것이다. 원래 이 책은 1861년《초 한 자루의 화학적 역사(The Chemical History of a Candle)》라는 제목으로 출판되었다. 흥미롭게도 패러데이의 강연을 책으로 편집한 인물은 진공관의 일종인 크룩스관을 발명한 영국의 유명한 물리학자 윌리엄 크룩스였다.

제1강에서 패러데이는 몇 자루의 서로 다른 초의 제조법을 설명하고, 이어서 초가 타는 것이 어떤 물리적, 화학적 현상인가를 다채롭게 소개한다. 제2강에서는 불꽃의 여러 부분에서 어떤 일이 일어나고 있는지를 설명한다. 여기서는 종이테이프, 화약, 백금으로 된 선 등을 촛불에 직접 태워보는 흥미로운 실험을 선보이기도 한다. 제3강에서는 연소 이후에 남는 물질은 무엇인가를 추적한다. 패러데이는 그것이 물이라는 것을 확인하고, 물을 분해해서 생기는 수소에 대해 자세히 기술한다. 제4강과 제5강에서는 물의 전기 분해와 산소, 질소, 이산화탄소 등 기체의 성질에 관해 설명한다. 마지막으로 제6강에서는 인간의 호흡과 초의 연소가 실은 매우 유사하다는 것을 확인한다. 총

6회의 강연을 마무리하면서 패러데이는 청중에게 다음과 같이 당부한다.

"이 강의를 마치며 하고 싶은 말은 여러분이 당신의 세대에서 촛불에 비유될 수 있다는 것입니다. 촛불이 주위를 밝게 비추듯이, 여러분도 주위 사람들에게 촛불처럼 밝게 빛나는 존재가 되기를 바랍니다."

패러데이에게 과학은 인류에 대한 의무를 다하는 것이었다. 어려운 환경을 극복하고 대과학자로 성장한 그는 끝까지 과학이 인류애를 실현하는 수단이라는 생각에 변함이 없었던 것이다.

◆ 일흔의 과학자가 초를 주제로 삼았던 이유

패러데이는 수많은 과학적 발견을 이룬 과학자였다. 특히 전자기학 분야에서 그의 업적은 탁월했다. 스코틀랜드의 물리학자 제임스 클러크 맥스웰은 패러데이의 《전기학의 실험적 연구(Experimetal Researches in Electricity)》를 읽고, 모든 전자기 현상을 몇 개의 단순한 방정식으로 정리했다. 아울러 전기와 자기의 상호작용에서 생기는 전자기파의 속도가 빛과 같을 것이라고 주장했다. 이 맥스웰의 이론은 1887년 하인리히 헤르츠에 의해 실험적으로 증명되었고, 훗날 무선 전신기와 전파를 이용한 라디오의 발명으로 이어졌다. 그런 점에서 패러데이를 통해 전자기학이라는 새로운 과학의 시대가 열렸음은 분명한 사실이다.

그러나《촛불 속의 과학》은 패러데이의 화려한 과학적 발견들과 비교할 때, 조금은 다른 의미가 있다. 이미 자신을 유명하게 만든 과학적 발견들을 뒤로하고, 70세에 이른 노신사가 다소 잔잔하고 평범하게 보일지도 모르는 초를 주제로 삼았던 이유는 무엇일까?

17세기 과학 혁명을 거치며 과학은 일부 전문가들의 지식으로 탈바꿈하기 시작했다. 갈릴레이나 뉴턴의 과학 법칙들은 자연을 놀랄 만큼 명쾌하게 해명했지만, 실험과 수학적 언어로 기술되는 근대 과학은 일반인들과는 점점 거리가 멀어지고 있었다.

과학이 대중과의 거리를 좁혀나가기 시작한 것은 18세기 무렵부터였다. 재미있는 과학 실험들은 한 편의 잘 기획된 공연처럼 관중들을 끌어모았고, 교양인들은 과학적 지식을 찾아 나섰다. 이 같은 과학의 대중화를 이끈 것은 각종 과학학회에서 과학자들에 의해 공개적으로 열린 과학 실험들이었다. 왕립연구소의 공개 강연도 그런 당시의 과학 대중화라는 분위기를 앞장서 선도했다. 그리고 패러데이만큼 과학을 쉽고 친근하게 설명할 수 있는 과학자는 찾기 어려웠다. 그의 과학적 지식의 획득 과정은 아카데믹하기보다는 어린아이와 같은 자연에 대한 순수한 호기심에서 비롯된 것이었다. 그런 점에서 초 한 자루를 통해 과학적 법칙들이 우리의 실생활과 얼마나 가까운지를 보여주는 패러데이의 강연이야말로 사람들에게 큰 감동을 안겨주기에 충분했다. 그의 강연이 60여 년이 지난 오늘날까지도 빛을 발하는 이유는 아마 그 때문일 것이다.

함께 읽으면 좋은 책

- **《공간에 펼쳐진 힘의 무대: 패러데이 & 맥스웰》** 정동욱, 김영사, 2010
- **《패러데이와 맥스웰》** 낸시 포브스 외, 반니, 2015
- **《전기로 세상을 밝힌 남자, 마이클 패러데이》** 랄프 뵌트, 21세기북스, 2011

04

찰스 다윈
《종의 기원》
1859

하마터면 선취권 논쟁으로 얼룩질 뻔한 세기의 명저

찰스 다윈(Charles Robert Darwin, 1809~1882)

영국의 생물학자, 진화론자. 어린 시절 의학과 신학을 공부하다가 결국 지질학과 생물학의 길로 들어섰다. 1831년 HMS 비글호를 타고 약 5년간에 걸쳐 갈라파고스를 비롯하여 세계 각지의 동식물들을 관찰했다. 1859년 불후의 명저 《종의 기원》을 출판했다. 이 책에서 그는 생존 경쟁과 자연 선택설을 두 축으로 하는 생물 진화의 원리를 설파했다.

※ 주요 저서: 《비글호 항해기》 《종의 기원》 《인간의 유래와 성선택》 《나의 삶은 서서히 진화해왔다》

1858년 6월 18일 런던 근교의 다운 하우스(Down House)에 살던 다윈에게 소포 하나가 도착했다. 인도네시아 트르나테섬에서 그해 3월 9일 앨프리드 러셀 월리스•가 보낸 소포였다. 당시 이미 영국에서 유명한 인물이 되어 있었던 다윈에게 자신의 논문에 대한 조언을 부탁한 것이다. 그런데 여느 때처럼 평온할 것 같던 일상은 다윈이 소포에 동봉된 소논문을 꺼내 읽자마자 거친 소용돌이에 휩싸였다. 다윈은 그야말로 경악했고, 서재는 깊은 탄식과 흐느낌으로 가득 찼다. 월리스가 보낸 논문 〈변종이 원형에서 끝없이 멀어지는 경향에 대하여(On the Tendency of Varieties to Depart Indefinitely From the Original Type)〉는 종의 진화에 관한 방대한 책을 준비하던 다윈의 이론을 흡사 요약해놓은 것만 같았다. 1831년 겨울 HMS 비글호 승선부터 거의 평생에 걸쳐 이룬 자신의 연구가 무명의 한 젊은이로 인해 물거품이 될지도 모른다는 두려움은 얼마나 큰 것이었을까?

다윈은 오랜 지인이었던 찰스 라이엘과 조지프 후커에게 급히 도

• 영국의 박물학자이자 진화론자이다. 명망가 집안에서 태어난 다윈과는 달리, 노동자 계급 출신으로 철도 노동자로 일했고, 동남아 각지를 탐사 여행하기도 했다. 공식적으로는 다윈과 함께 최초로 자연 선택에 의한 진화를 주장한 인물로 인정받고 있다.

움을 요청했다. 두 사람은 실의와 충격에 빠진 다윈을 다독이며 머리를 맞댔다. 그때 그들은 다윈이 지난 편지들에서 자연 선택설을 주장했던 기억을 떠올렸다. 1847년 다윈이 후커에게 개인적으로 공개한 내용, 그리고 1857년 다윈이 미국의 식물학자 아사 그레이에게 보낸 편지에도 그런 내용이 포함되어 있었다. 그것은 다윈이 월리스보다 먼저 자연 선택설을 주장했던 증거들로 삼을 만한 것들이었다.

월리스의 소포를 받은 지 불과 2주 뒤인 7월 1일 런던 린네 학회 특별 회의에서는 월리스의 논문과 다윈의 자연 선택설에 관한 논문이 공동으로 발표되었다. 다윈의 논문 두 편에 이어 월리스의 논문이 발표문에 실렸다. 그러나 다윈도 월리스도 정작 학회에는 오지 않았다. 다윈은 나서길 좋아하는 성격이 아니었고, 월리스는 그 학회가 열리는지도 모른 채 머나먼 말레이반도에 있었다.

이듬해 1월 25일 다윈이 월리스에게 보낸 편지에는 다음과 같은 구절이 나온다.

"저는 사흘 전에 선생이 저와 후커 박사에게 보낸 편지를 받고 매우 기뻤습니다. 글을 읽으면서 선생의 품성에 얼마나 감동했는지 모릅니다. 저는 라이엘 선생과 후커가 정당한 행동이라고 생각한 방향으로 따라가는 것 외에는 아무 일도 하지 않았습니다. 선생의 생각이 어떨지 몹시 궁금합니다."

라이엘과 후커가 했던 일이란 런던 린네 학회에서 다윈과 월리스의 논문을 공동 발표한 일이었다. 뒤늦게야 자신의 논문이 다윈의 논문과 공동 발표된 것을 알게 된 월리스는 정작 세 사람의 우려와는 달리 자연 선택설에 대한 자신의 선취권을 주장하지 않았다. 과학의 역사상 대부분 진흙탕 싸움으로 번졌던 선취권 논쟁은 이렇게 싱겁게 일단락되었다. 한숨 돌린 다윈은 자신이 계획했던 장대한 책을 서둘러 한 권으로 요약했다. 인류 역사상 불후의 명작이 된《종의 기원(On the Origin of Species)》이 탄생한 것이다.

◆ 진화는 어떤 메커니즘에 의해 일어나는가?

《종의 기원》의 원래 제목은《자연 선택을 통한 종의 기원에 관하여 또는 생존 투쟁에서 선호된 품종의 보존에 관하여》라는 긴 제목이다. 이 책이 오늘날까지도 인류 역사를 대표하는 과학의 명저로 손꼽히는 이유는 무엇일까?

《종의 기원》은 총 14장으로 구성되어 있다. 다윈은 1859년 초판을 낸 후, 12년간에 걸쳐 6번의 개정판을 냈다.《종의 기원》출판 직후 각계로부터 많은 찬사와 비판이 쏟아졌고, 다윈은 그때마다 사람들의 의견과 반론에 답하는 형식으로 책의 내용을 조금씩 수정하거나 추가해나갔다.

제1장은 '사육과 재배 하에서 발생하는 변이'에 관한 내용이다. 사람들은 오래전부터 좋은 말, 좋은 비둘기 등을 얻기 위해 인위적으로 품종을 개량해왔다. 당시 영국 사회에서 동물의 품종 개량은 대단한 인기를 끌었다. 다소 지루할 정도로 이어지는 이 인위적인 품종 개량의 이야기는 다윈의 진화론과 직접적인 관련이 없어 보일지 모른

다. 그러나 동물의 품종을 개량하기 위해 사람이 인위적인 취사선택을 하는 것처럼, 그 취사선택의 주체가 자연으로 바뀐다면 그것은 말 그대로 자연 선택이 될 수 있음을 다윈은 암시했던 것이다.

'생존 경쟁'을 다룬 제3장과 '자연 선택'을 다룬 제4장은《종의 기원》에서 가장 핵심적인 내용을 담고 있다. 다윈은 영국의 인구학자 토머스 맬서스의《인구론(An Essay on the Principle of Population)》을 인용하면서 다음과 같이 쓰고 있다.

"생존할 수 있는 수보다 더욱 많은 개체들이 생산되기 때문에 동종이나 타종의 개체와, 또는 물리적 생활 조건 속에서 생존 경쟁은 언제나 일어날 수밖에 없다."

다윈이 진화론을 구상하게 된 데는 두 권의 저서가 큰 역할을 한 것으로 알려진다. 먼저 찰스 라이엘의《지질학 원리(Principles of Geology)》였다. 1831년 비글호 항해를 떠날 때, 다윈은 라이엘의《지질학 원리》 제1권을 지참하고 있었다. 항해 도중 다윈은 육지가 오랜 기간에 걸쳐 서서히 융기와 침강을 한다는 라이엘의 주장에 크게 감명을 받게 된다. 지질은 과거 몇 차례 대격변에 의해 형성되었다는 '격변설(catastrophism)'에 대항하여 점진적 변화, 즉 '동일과정설(uniformitarianism)'을 주장한 것이 라이엘의 주된 이론이었다. 이것을 통해 다윈은 생물의 진화도 지질의 변화처럼 점진적인 누적의 결과일 것이라는 생각에 이른다.

하지만 다윈은 아직 자신의 진화 이론의 핵심에 이르지는 못했다. 다윈의 진화론에는 '진화가 어떤 메커니즘에 의해 일어나는가?'라는 질문의 마지막 열쇠가 필요했다. 1809년 프랑스 생물학자 장 바티스트 라마르크는 《동물 철학(Philosophie Zoologique)》에서 '획득 형질의 유전'을 주장했다. 라마르크에 따르면, 생물체는 외부의 물리적 환경에 적응하면서 그 구조와 특성이 변하고, 이런 변화는 유전을 통해 다음 세대로 전달된다는 것이다. 예를 들어, 기린의 목이 길어진 이유는 원래 목이 짧았던 기린이 높은 곳의 나뭇잎을 따 먹으려고 목을 길게 뺐기 때문이다.

다윈이 라마르크의 진화론을 공부한 것은 분명하지만, 그는 라마르크와는 다른, 진화의 메커니즘을 설명하는 새로운 개념을 도입했다. 그가 1838년 무렵 읽은 것으로 알려진 맬서스의 책 《인구론》은 다윈에게 중요한 힌트를 가져다주었다.• 맬서스에 따르면, 지구상의 인구는 기하급수적으로 증가하지만, 식량은 산술급수적으로 증가하기 때문에 생존 경쟁은 피할 수 없다는 것이다. 그리고 이 같은 생물 종들의 생존 경쟁은 다윈이 제4장에서 다룬 '자연 선택'에 의해 판가름 난다. 다시 말해 자연에 적응한 생물들은 살아남아 자손을 전하지만, 적응하지 못한 생물들은 도태된다. 다윈은 이 같은 생존 경쟁은 종과 종 사이뿐만 아니라, 종과 변종 사이 등 다방면에서 펼쳐진다고 주장한다.

제5장은 오늘날의 유전과 관련이 깊은 '변이'에 대한 내용을 다룬다. 제6장은 다윈이 자신의 학설에 대한 난점들을 솔직하게 드러내고 있는 장이다. 그리고 제7장부터 제13장까지는 자신의 학설을 보완하

• 흥미롭게도 월리스도 맬서스의 《인구론》을 읽고 자연 선택설을 떠올렸다고 알려져 있다.

기 위한 여러 부수적인 내용을 담고 있다. 특히 제10장은 '지질학적 기록의 불완전'에 관해 설명하고 있다. 다윈은 종간의 진화 과정에서 나타나야 할 중간 단계의 화석이 왜 부족한가에 대해 나름의 답을 내놓고 있다. 마지막으로 제14장은 '발생학'에 관한 내용을 다루고 있다.

◆ 생물학을 넘어 여러 학문에 영향을 준 다윈의 진화론

다윈의 《종의 기원》은 초판 발간 당일에만 1,250부가 완판될 정도로 센세이션을 불러일으켰다. 다윈은 이 책에서 인간의 진화에 대해서는 전혀 언급하지 않았지만, 많은 사람들은 다윈의 진화론이 지닌 파괴력을 일찍부터 간파했다. 그의 이론에 대한 찬반양론이 분출했고, 여기저기서 논쟁이 불붙었다.

1860년 6월 30일 옥스퍼드에서 열린 난상 토론에서 옥스퍼드 시의 주교 새뮤얼 윌버포스와 다윈의 자연 선택설을 지지하던 토머스 헉슬리 사이의 논쟁은 특히 유명하다. 윌버포스 주교가 "당신의 선조가 원숭이라면, 할아버지와 할머니 중 어느 쪽이 원숭이인가?"라고 조롱하자, 헉슬리는 "당신의 좋은 머리로 과학적 진리를 탐구하지 않고, 그런 비아냥이나 해대는 걸 보니, 나는 차라리 원숭이를 할아버지로 삼겠소"라고 답했다는 일화가 전해진다.

다윈의 진화론은 생물학을 뛰어넘어 여러 인접 학문에까지 폭넓게 파급되었다. 19세기 후반은 산업혁명을 통해 강력한 군사력과 과학 기술로 무장한 서양 열강들이 세계 도처에서 식민지 지배에 나서던 시기였다. 다윈의 생물진화론을 사회적 현상에까지 무차별적으로 적용한 제국주의 진영의 지식인들은 우월한 국가가 열등한 국가를 지배하는 것은 자연의 섭리라고 주장했다. 19세기 말 우승열패, 적자생존 등의 개념으로 무장한 사회진화론은 세계 도처에서 벌어진 제국주의의 식민지 침탈에 이론적 기초를 제공했다. 더 나아가 다윈의 외사촌이었던 영국의 인류학자 프랜시스 골턴은 진화론을 열등한 유전자를 배제하고 우월한 유전자를 보존한다는 우생학으로 연결시키기도 했다.

한편 생의 마지막 순간까지도 월리스는 자연 선택설의 선취권을 사실상 다윈에게 양보한 것을 후회하지 않았다. 그는 한결같이 자신이 다윈과 함께할 수 있었던 것 자체가 영광이었다고 말했다. 더 나아가 월리스는 1889년 5월《다윈주의(Darwinism)》라는 책을 직접 출간해서 다윈의 이론을 공식적으로 유포하는 데 앞장서기도 했다.

다윈이 쏘아 올린 진화론은 20세기 이후 유전학과 결합함으로써 여전히 그 영향력을 과시하고 있다. 다윈이 남겨놓았던 몇 가지 의문들 또한 유전학적 관점에서 새롭게 답해지고 있다. 그런 점에서 다윈의《종의 기원》은 21세기를 맞이한 오늘날까지도 여전히 우리 곁에 살아 숨 쉬고 있는 책이다.

함께 읽으면 좋은 책

- **《찰스 다윈 서간집 기원》** 찰스 로버트 다윈, 살림, 2011
- **《찰스 다윈의 비글호 항해기》** 찰스 로버트 다윈, 리잼, 2013
- **《말레이 제도》** 앨프리드 러셀 월리스, 지오북, 2017

05

칼 포퍼
《열린 사회와 그 적들》
1945

반증주의로 과학의 기준을 뒤흔든 과학철학자

칼 포퍼(Karl Popper, 1902~1994)

오스트리아 출신의 철학자. 런던정치경제 대학의 교수를 역임했다. 20세기 과학철학의 가장 중요한 인물로 손꼽히며, 사회 및 정치철학 분야에서도 많은 논문과 저서를 집필했다. 특히 과학철학 분야에서 반증 이론을 체계화시킴으로써 과학적 지식의 성장과 발전의 논리를 뒷받침했다.

※ 주요 저서: 《과학적 발견의 논리》 《열린 사회와 그 적들》 《역사주의의 빈곤》 《추측과 논박》 《객관적 지식》

20세기는 한마디로 과학 기술의 시대였다. 과학의 이 같은 승승장구는 중요한 질문을 던져주었다. 과학에는 대체 어떤 특별한 힘이 있는 것일까? 이 의문을 본격적으로 파고든 사람들은 1920년대 오스트리아 비엔나 대학을 중심으로 활동했던 모리츠 슐리크, 루돌프 카르나프, 프리드리히 바이스만, 쿠르트 괴델 등이었다. 일명 논리 실증주의자라고 불리는 그들은 인간의 경험을 넘어선 형이상학적 명제는 모두 허튼소리일 뿐이며, 과학은 항상 검증 가능한 경험적 사실로 이루어진다고 보았다. 다시 말해 논리 실증주의자들은 과학에서 검증이 불가능한 명제들을 모두 걷어낸 뒤, 검증 가능한 단칭 명제(개별적 경험이나 관찰 사실)들을 합하면, 전칭 명제(보편적 법칙)가 될 것이라고 주장했다. 이것은 곧 17세기 프랜시스 베이컨 이후 발달한 귀납주의 과학관과 다름없었다.

예를 들어, 우리는 태양이 동쪽에서 떠서 서쪽으로 지는 것을 어릴 적부터 반복적으로 목격해왔다. 따라서 이 반복된 단칭 명제들을 모으면, 우리는 "태양은 동쪽에서 떠서 서쪽으로 진다"는 전칭 명제를 얻게 된다. 하얀 백조에 관한 많은 관찰 사실을 모으면, "모든 백조는 희다"라는 일종의 법칙을 얻게 되는 것도 마찬가지다. 다윈은 비글호 항해를 통해 많은 동식물의 관찰 자료를 수집했고, 그 결과 자연 선택설이라는 진화의 법칙에 이르렀다. 이처럼 논리 실증주의자들의 주장은 여타의 학문들과 구분되는 과학의 특별한 성격을 밝혀낸 것으로 보였다.

그런데 가만히 생각해보면 거기에는 의문이 따르는 것도 사실이다. 가장 큰 의문 중 하나는 '과연 단칭 명제의 합이 곧바로 전칭 명제가 될 수 있는가?'라는 것이다. 20세기 전반에 활약했던 영국 철학자 버트런드 러셀의 이름을 딴 '러셀의 칠면조'라는 재미있는 우화가 있다. 칠면조를 키우는 농장 주인은 아침마다 맛있는 먹이를 가져다주었다. 칠면조가 태어난 이후 하루도 빠짐없이 반복된 일이었다. 그러던 어느 날 갑자기 주인은 날이 선 칼을 들고 나타났다. 그날은 추수감사절이었던 것이다. 이처럼 매번 반복되어온 일이 다음 날에도 똑같이 일어나리라는 보장은 없다. 다시 말해 우리가 아무리 많은 단칭 명제들을 모은다고 해도, 그것을 더해서 전칭 명제의 옳음을 최종적으로 입증하는 것은 불가능하다. "모든 백조는 희다"라는 전칭 명제는 18세기 오스트레일리아를 방문한 여행자들이 실제 검은 백조를 발견함으로써 부정되었다. 과학이 승승장구한 이유를 귀납적 방법론에서 찾았던 논리 실증주의는 곤혹스러운 위기에 처했다. 비엔나학단은 결국 이 비판을 극복하지 못하고 급격히 힘을 잃어갔다. 과학의 특별함을 밝히려는 시도는 이렇게 사그라드는 것만 같았다. 그때 등장한 인물이 칼 포퍼였다.

포퍼는 1902년 오스트리아 비엔나의 한 유대계 집안에서 태어났다. 1919년부터 1928년까지 약 10여 년간 비엔나 대학에서 수학,

물리학, 철학 등을 공부한 그의 주된 관심 분야는 과학철학이었다. 1920년대는 비엔나 대학을 중심으로 비엔나 학단이 가장 왕성하게 활동하던 때였다. 포퍼는 슐리크에게 직접 논리 실증주의를 배우기도 했고, 학단의 주요 인물인 카르나프, 바이스만, 괴델 등과도 친분이 있었다. 그러나 포퍼는 1934년 첫 작품인《과학적 발견의 논리》• 를 출간하여 비엔나 학단과는 다른 일명 '반증주의'를 제시함으로써 과학철학계에 신성처럼 데뷔했다.

포퍼가 과학과 비과학을 구분하는 잣대로 제시한 반증주의는 말 그대로 반증(反證), 즉 반대(反)되는 증거(證)를 말한다. 포퍼에 따르면, 과학의 조건은 반증 가능성이 있어야 하는데, 반증 가능성이란 한마디로 '경험적으로 반박될 수 있는 가능성'을 뜻한다. 예를 들어, "오두막에 귀신이 산다"라는 명제가 있다고 하자. 이 명제는 포퍼에 따르면, 반증 가능성이 없는 것이다. 경험적으로 이 명제가 옳은지 그른지 확인이 불가능하기 때문이다. 반면, "지구는 둥글다"라는 명제는 반증 가능성이 있다. 지구가 둥근지 아닌지는 인공위성 사진 등으로 확인이 가능하기 때문이다. "지구는 네모다"라는 명제도 옳은지 그른지 확인이 가능하다는 점에서 반증 가능성이 있다. 그러나 반증 가능성이 있다고 해서 그것이 곧바로 과학인 것은 아니다. "지구는 네모다"라는 명제는 반증 가능성은 있지만, 이미 반증되어버린, 즉 테스트에 의해 거짓이 드러난 명제이기 때문이다.

• 이 책은 원래 1934년 독일어판《탐구의 논리(Logik der Forschung)》로 첫 출판되었다. 이후 1959년 영국에서《과학적 발견의 논리(The Logic of Scientific Discovery)》로 번역되었다. 한국에서는 1994년 고려원에서《과학적 발견의 논리》로 출판되었다.

이 반증주의가 지닌 위력은 진화론을 생각해보면 쉽게 이해 가능하다. 19세기 중엽 다윈이 진화론을 발표했을 때, 종 간의 진화를 알려주는 중간 단계의 화석들, 즉 '잃어버린 고리들(missing links)이 왜 충분하지 못한가?'라는 반론이 제기되었다. 이 반론은 두고두고 진화론을 괴롭혔다. 그런데 우리는 사실 아무리 많은 중간 단계의 화석들을 찾아내더라도, 잃어버린 고리들을 다 채우는 것은 불가능에 가깝다. 바꿔 말하자면, 이것은 논리 실증주의 과학관으로는 다윈의 진화론이 최종적으로 과학임을 말할 수가 없다는 것이다.

그러나 반증주의라면 어떨까? 반증주의에 따르면, 진화론이 과학적 진리라고 최종적으로 입증할 수는 없지만, 진화론이 거짓이라는 증거가 발견되지 않는 한, 다시 말해 진화론이 반증이 되지 않는 한, 그것은 과학적 이론의 위치에 머무를 수 있다. 진화론은 완벽한 이론이 아니고, 아직 불완전한 이론이지만, 아직 반증되지 않았기 때문에 여전히 과학의 위치에 있을 수 있는 것이다. 포퍼는 과학적 지식의 성장이란 과학 가설들을 반증 가능성에 노출시켜 혹독한 시험을 치르게 하고, 거기서 살아남은 가설을 선택하면서 발전하는 점진적 과정이라고 보았다. 이처럼 포퍼의 반증주의는 논리 실증주의가 봉착했던 문제를 해결하면서도 과학을 비과학과는 다른, 여전히 합리적 지식이자 발전적인 지식으로 지켜낼 수 있었던 것이다.

그런데 포퍼가 과학철학자로 성장하고 있던 당시 유럽은 히틀러의 등장으로 뒤숭숭한 분위기에 빠져들고 있었다. 특히 유대인이었던 포퍼는 히틀러 치하 독일의 폭주를 온몸으로 느끼고 있었다. 포퍼는 1938년 3월 독일이 고국 오스트리아를 침공했다는 소식을 들은 날 한 권의 책을 쓰기로 마음먹었다. 전쟁을 피해 뉴질랜드로 떠난 그는 사람들이 왜 나치식 전체주의에 이처럼 열광하는가에 대해 깊이 생각하게 되었고, 과학철학에서 자신이 생각했던 반증주의를 사회철학으로 확장시키고자 했다. 그 결과 탄생한 책이 1945년《열린 사회와 그 적들(The Open Society and Its Enemies)》이었다.

◆ 과학철학으로 나치식 전체주의를 비판하다

《열린 사회와 그 적들》은 크게 2권으로 나누어진다. 제1권은 플라톤과 유토피아를, 제2권은 헤겔과 마르크스를 다룬다. 책 제목에서 말하는 '열린 사회'란 이성을 기반으로 개개인의 어떤 비판도 가능한 사회를 의미한다. 반면, '닫힌 사회'란 하나의 유기체처럼 국가가 시민 생활 전체를 규제하며 개인의 판단은 무시되는 사회를 말한다. 포퍼가 열린 사회의 적들로 규정한 것은 놀랍게도 플라톤, 헤겔, 마르크스라는 사상적 거인들이었다. 포퍼에 따르면, 이들의 이론은 모두 역사주의라는 공통된 기반을 갖고 있다. 역사주의의 핵심적 원리란 역사는 특수한 역사적 법칙이나 진화적 법칙에 의해서 지배되며, 우리가 이 법칙을 발견한다면 우리는 인간의 운명을 예언할 수 있다는 것이다.

제1권에서 포퍼는 플라톤의 역사주의를 철저하게 파괴한다. 그는 초기 그리스 사상에서 나타난 역사주의는 플라톤에 의해 정점을 이루었다고 본다. 즉 플라톤의 역사적 법칙은 모든 사회적 변화가 타락과 부패로 향한다는 것이다. 그러나 플라톤은 이런 타락과 부패를 인간의 도덕적 의지로 극복 가능하다고 보았고, 완전한 국가적 모형을 먼 과거의 황금 시기에서 찾았다.

그에 따르면 인류의 정치 퇴보의 과정에는 4가지 정치 체제가 나타난다. 최초의 국가 형태인 완전한 국가 직후에 귀족들이 지배하는 금권 정치가 오고, 그 뒤 부유한 문벌들이 지배하는 과두 정치가 오며, 다음으로 방종을 뜻하는 자유가 지배하는 민주 정치가 탄생하고, 마지막으로 전제적 군주가 지배하는 참주 정치가 나타난다. 물론 우리가 돌아가야 하는 국가는 완전한 국가이다. 이 완전한 국가는 수호자들과 군인, 노동자들이라는 3개의 계급으로 이루어진다. 여기서 지배 계급은 수호자들과 군인들이다. 계급에 대한 플라톤의 입장은 명확한데, 그는 "현명한 자는 통치해야 하며, 무지한 자는 따라야 한다"라고 주장했다.

플라톤은 국가 권력은 사실상 지배 계급의 손에 있으므로, 그들을 단합시키는 것이 국가를 지키는 최선의 길이라고 보았다. 가장 좋은 방법은 지배 계급에게 공산주의를 도입하는 것이다. 누구도 자기 부모를 알 수 없고, 다툼의 씨앗이 되는 사유 재산은 일절 배제되며, 교육과 양육도 지배 계급의 보존이라는 목적에 맞추어진다. 그것은 한마디로 어떤 개인의 비판적 참여도 봉쇄되는 전체주의이자, 완전 국가라는 이상을 탐닉하는 유토피아주의이다. 결국 포퍼에 따르면, 플라톤의 완전 국가는 비타협적 급진주의이며, 이것은 우리로 하여금 이성을 던져버리고 혁명과 같은 정치적 기적을 갈구하게 만드는 헛된 망상일 뿐이다. 지상에 천국을 건설하고자 하는 유토피아주의는 그 선한 의도에도 불구하고, 단지 하나의 지옥을 만들어낼 뿐이라는 것이 포퍼의 결론이다.

제2권은 헤겔과 마르크스에 대해 논한다. 포퍼에 따르면 독일 철학자 헤겔은 현대 역사주의의 원천을 형성하며, 플라톤의 전체주의와 현대 전체주의의 교량 역할을 했다. 헤겔은 역사가 정론, 반론, 종합의 변증법 3단계의 과정을 반복하며 발전한다고 생각했다. 마르크스의 이념은 이 헤겔의 이론에 뿌리를 두고 있다. 마르크스주의는 역사에 필연적인 발전 경로가 있다고 보았고, 따라서 스스로를 '과학적 사회주의'라고 불렀다.

마르크스의 역사 발전 법칙에 따르면, 자본주의는 필연적으로 붕괴되고 사회주의가 도래할 수밖에 없다. 왜냐하면 자본의 집중은 빈익빈 부익부를 부추기며, 부르주아와 프롤레타리아의 대립은 사회 혁명으로 귀결되고, 사회 혁명이 프롤레타리아에 의해 성취되고 나면, 계급과 착취가 없는 사회주의가 도래하기 때문이다. 이런 역사 발전 법칙 안에서 개인은 철저하게 계급에 종속되는 존재이자, 그 법칙을 따르는 존재여야 한다.

그러나 포퍼에 따르면 마르크스의 이런 주장은 이미 현실과 맞지 않다. 사회주의가 자본주의의 유일한 대안이라는 증거는 없으며, 혁명은 역사적으로 볼 때 다양한 정책적 수정, 예를 들어 과세 제도, 독과점 금지법 등 부르주아의 폭주를 막는 수단들에 의해 적절히 제어되기도 했다. 자본주의는 영국과 스웨덴처럼 프롤레타리아를 위한 복지 제도를 받아들였고, 러시아 혁명은 마르크스의 주장과는 달리 고도의 자본주의가 사회주의로 이행한 사례가 아니며, 그보다 성숙한 자본주의도 사회주의로 가지 않고 파시즘의 광풍에 휘말리기도 했다. 한마디로 마르크스의 역사 발전 법칙은 실제 역사적 경험에 의해 이미 반증된 것이나 다름없다. 포퍼는 21장 마르크스의 예언에 대한 '평가'에서 주장한다.

"그가 예언자로서 실패한 이유는 전적으로 역사주의 그 자체의 빈곤에 있다. 역사적 경향이나 추세로 보이는 것들을 우리가 오늘 관찰했다 하더라도, 그것이 내일도 같은 모습을 보일지 알 수 없다는 단순한 사실 말이다."

이러한 포퍼의 말은 논리 실증주의를 공격했던 러셀의 칠면조 우화를 연상시킨다. 이처럼 포퍼는 마르크스주의가 지닌 역사주의에 대항했고, 그 결과 과학적 사회주의의 종말을 선언했다. 그럼에도 불구하고, 그가 마르크스를 플라톤처럼 잔인하게 내버린 것은 아니다. 그는 마르크스주의는 비참과 모멸 속에 빠져 있던 노동자들에게 위대한 미래에 대한 사명감을 불어넣어주었으며, 마르크스의 자본주의 비판은 일종의 도덕적 비판으로 받아들여야 한다고 덧붙였다.

◆ 현대 사회의 가장 강력한 가치 비판적 합리주의의 탄생

《열린 사회와 그 적들》이 출간되었을 때 찬사와 함께 많은 반론이 쏟아졌다. 무엇보다 독일 파시즘의 문제를 열린 사회와 닫힌 사회라는 대비를 통해 플라톤, 헤겔, 마르크스를 이어온 역사주의의 문제로 환원하여 포괄적으로 비판했다는 점은 많은 독자들의 지지를 얻어냈다.

그러나 동시에 반론도 쏟아졌다. 포퍼가 닫힌 사회의 예로 들었던 플라톤, 헤겔, 마르크스의 철학에 대한 이해가 너무 피상적이라는 비판에서부터 '과연 포퍼가 말한 열린 사회가 정말 자유로운 토론이 가능한 사회인가?' '열린 사회와 닫힌 사회를 과연 누가 판단할 수 있는가?' 또 '포퍼가 말한 점진적 사회 공학(개량)이 과연 인간 사회의 모순을 근본적으로 해결할 수 있는 것인가?'라는 비판도 제기되었다. 어쩌면 급진적 사회 혁명이 인류의 역사를 발전시켰고, 봉건주의를 무너뜨린 자본주의도 그런 급진적 사회 혁명의 결과물임을 포퍼도 부인하기 힘들 것이기 때문이다.

그러나 이 같은 비판에도 불구하고, 포퍼의 이론이 갖는 의의가 사라지는 것은 아니다. 그는 닫힌 사회의 종말을 예상했을 뿐만 아니라, 비판적 합리주의라는 현대 사회의 가장 강력한 가치를 보여주었기 때문이다.

한편 제2차 세계 대전이 히틀러 치하 독일의 패배로 끝난 이후 포퍼는 런던정치경제 대학에 자리 잡고, 본업이었던 과학철학에 대한 본격적인 연구를 수행했다. 그는 《추측과 논박(Conjectures and Refutations)》(1963)을 출간하여 자신의 과학철학적 방법론인 반증주의를 다시 한번 치밀하게 이론화시켰다. 그리고 만년에는 그의 과학철학의 완결판으로 일컬어지는 《객관적 지식(Objective Knowledge)》(1972)을 집필했다.

포퍼는 학문 다방면에 관심이 있었고, 따라서 늘 논쟁을 몰고 다녔다. 그는 논리 실증주의 진영과 긴장 관계를 유지했고, 아인슈타인과 닐스 보어 간의 양자 역학 논쟁에도 뛰어들었을 뿐만 아니라, 프로이트, 아들러의 사상과도 대결했다. 그러나 뭐니 뭐니 해도 포퍼가 벌인 논쟁의 백미는 과학의 발전과 합리성의 문제를 둘러싸고 벌어진 미국의 과학사학자 토머스 쿤과의 치열한 논쟁이었다.

1962년 쿤이《과학 혁명의 구조》를 출간한 이후 과학의 성격을 놓고 양진영의 대립이 치열하게 전개되었다. 과학의 점진적 발전의 잣대로 반증주의라는 새로운 모델을 제시한 포퍼에 맞서 쿤은 과학의 합리적, 누적적 발전이라는 관념에 계속해서 비판적 입장을 견지했다. 쿤은 실제 과학의 역사에는 반증에 따르지 않는 사례도, 아울러 반증을 차라리 무시한 것이 결과적으로 나은 사례도 있었음을 역설했다.• 20세기 중엽을 넘어서면서 과학적 상대주의 진영은 강력한 힘을 얻었고, 지금은 과학의 합리성을 무조건적으로 옹호하지도 않는다. 그러나 포퍼가 제시한 반증 이론은 여전히 과학적 합리주의 진영에서 가장 강력한 아성을 구축하고 있음은 분명하다.

• 1543년 코페르니쿠스가 지동설을 주장했을 때, 만약 지구가 공전한다면 지구에서 별을 보는 위치의 차이에 의해 연주 시차가 측정될 것으로 여겨졌다. 그러나 연주 시차는 측정되지 않았고, 그것은 포퍼의 반증주의에 따르면, 지구가 공전하지 않는다는, 일종의 반증 사례가 될 수 있었다. 그렇지만 코페르니쿠스설은 반증되길 거부했고, 결과적으로 천동설을 누르고 승리했음은 잘 알려진 사실이다.

함께 읽으면 좋은 책

- **《현대의 과학철학》** 앨런 차머스, 서광사, 1985
- **《과학적 발견의 논리》** 칼 포퍼, 고려원, 1994
- **《쿤 & 포퍼: 과학에는 뭔가 특별한 것이 있다》** 장대익, 김영사, 2008

06

제이콥 브로노우스키
《인간 등정의 발자취》
1973

인간은 어떻게 지적 역량을 확대시켜왔는가?

제이콥 브로노우스키(Jacob Bronowski, 1908~1974)

폴란드 출신의 수학자이자 과학사학자. 제1차 세계 대전 중 독일로 이주했으며, 1920년에는 가족 모두 영국 런던으로 이주했다. 케임브리지 대학에서 수학을 전공했고, 제2차 세계 대전 중에는 영국 공군의 폭격 전략에 수학적 도움을 주기도 했다. 그러나 일본의 원폭 투하 실상을 접한 뒤, 과학의 군사적 활용을 중단하고, 그때부터 인간적인 과학의 모습을 보여주는 데 주력했다.

※ 주요 저서: 《과학과 인간의 미래》《인간을 묻는다》《인간 등정의 발자취》

과학은 인간의 생각이 개입할 여지가 없는, 자연에 숨겨진 객관적 법칙의 발견일 뿐인가? 이런 의문은 인류가 값비싼 대가를 치른 뒤에서야 비로소 제기되었다. 19세기 이후 과학은 일찍이 유래가 없을 정도로 급성장했다. 다윈 진화론은 인간이 어디에서 왔는지 밝혀주었으며, 19세기 말부터 파죽지세로 성장해온 물리학은 미시 세계를 새로운 과학의 영역으로 편입시켰다. 아울러 기술과 결합한 과학은 인간의 삶에 유용한 각종 발명을 쏟아내기 시작했다. 전기학에 기반을 둔 전등의 발명은 밤거리에서 어둠을 몰아냈고, 화학에 기반을 둔 염료와 섬유 산업의 발달은 인간에게 그동안과 전혀 다른 문화를 가져다주었다. 과학과 기술이 인간의 삶에 유익한 것이라는 점을 어느 누구도 부인하지 않았다.

그러나 20세기 들어 벌어진 두 차례의 세계 대전은 이 같은 과학의 신화에 심각한 의문을 던져주었다. '과학은 순수하게 자연 속에 숨겨진 법칙을 밝히는 것이며, 인간의 생각이 전혀 개입할 수 없는 지식체계인가?'라는 의문이 제기된 것이다.

제이콥 브로노우스키는 1908년 폴란드에서 출생했다. 제1차 세계 대전 당시 러시아가 폴란드를 점령했을 때 그는 가족과 함께 독일로 이주했으며, 1920년에는 가족 모두 다시 런던으로 이주했다. 이후 그는 케임브리지 대학에서 수학을 전공했고, 헐(Hull) 대학에서 강의했다. 제2차 세계 대전 중이던 1942년 브로노우스키는 영국 공군의 폭격 전략에 수학적 도움을 주기 위해 헐 대학을 떠나 내무부의 군사 연구소에서 일하기 시작했다. 그러나 1945년 나가사키에 투하된 원자 폭탄의 효력를 연구하기 위해 나가사키 공군 기지에 내린 순간 그의 삶은 새로운 전기를 맞이했다. 당시의 충격은 그가 수학에서 생물학으로 관심을 바꾼 계기가 되었으며, 그때부터 그는 과학의 군사적 활용을 중단하고 인간의 얼굴을 한 과학을 보여주는 데 주력했다. 이후 그는 솔크 생물학 연구소의 창단 멤버로 참여했으며, 방송 매체를 활용한 과학의 대중적 설명에 힘을 쏟기도 했다.

이 책의 바탕이 된 〈인간 등정의 발자취〉라는 프로그램이 기획된 것은 당초 영국 BBC가 브로노우스키에게 총 13부작으로 구성된 과학 다큐멘터리 제작을 의뢰하면서부터였다. 1972년 12월 텔레비전 프로그램의 막바지 촬영이 진행되었고, 이듬해인 1973년 다큐멘터리가 방송되었을 때 이 프로그램은 전 세계적으로 극찬을 받았다. 1973년 8월 방송의 내용은 책으로 출간되었으며, 상당 기간 베스트셀러가 되었다.

인간만이 환경에 갇히지 않는 유일한 존재이다

《인간 등정의 발자취》는 과학 기술을 중심으로 한 인간 지성의 발달사를 다룬 책이다. 그러나 단지 과학의 발달사를 다룬 데서 그치지 않고 그는 과학의 영역을 넘어서는, 자연에 대한 새로운 철학을 구상하고자 했다. 머리말에서 그는 "인간성 없이는 철학이 있을 수 없고, 훌륭한 과학도 있을 수 없다. 나는 그러한 확신이 이 책에서 나타나길 바란다"라고 썼다. 브로노우스키는 과학이 인간의 이해, 다시 말해 자연 안에서의 인간의 특성을 이해하는 도구임을 알리기 위해 이 책을 집필했던 것이다.

이 책의 영문 제목인 Ascent of Man은 다윈의 《인간의 유래(Descent of Man)》를 패러디한 것이다. 다윈의 진화론이 자연이 주체가 된 자연 선택의 결과라면, 브로노우스키는 오직 인간 중심, 즉 인간이 어떻게 이성의 힘을 발동시켜 자연환경을 능동적으로 변화시켜 왔는가, 그 등정(Ascent)의 역사에 찬사를 던지고 있는 것이다.

이 책은 모두 13개의 장으로 구성되었다. 제1장에서 브로노우스키는 다음과 같이 말한다.

"인간은 독특한 생물이다. 인간은 동물들 사이에서 구별되는 일련의 특이한 재능을 가지고 있다. 그래서 다른 동물과는 달리, 인간은 풍경 속의 한 형상이 아니라 풍경을 형성하는 주체이다."

인간만이 주변 환경에 갇히지 않는 유일한 존재이며, 인간은 상상력과 이성, 정서적 예민성과 강인함을 가지고 동물과는 달리 환경을 변화시킬 힘이 있다는 것이다.

이후의 장들에서 브로노우스키는 자연에 대한 인간의 등정 과정을 각 분야에 걸쳐 소개한다. 제1장부터 제3장까지는 동물의 일종이었던 인간이 어떻게 도구를 활용하고, 식량 공급을 늘리기 위해 사회적 행동과 의사소통을 촉진시켰는가, 아울러 유목 생활을 하던 초기 인간이 어떻게 식물 지배와 동물의 가축화로 대표되는 생물학적 혁명을 통해 결국 환경을 지배하고, 문명을 이루게 되었는가를 보여준다.

이후 제4장은 불을 활용한 연금술의 등장에서부터 청동, 구리, 황금 등 각종 금속의 재련, 그리고 그런 연금술적 기원이 중세의 연금술사 파라셀수스, 프리스틀리, 라부아지에를 거쳐 돌턴의 근대 화학에 이르는 과정을 고찰한다.

제5장부터 제7장까지는 피타고라스로부터 발달한 수학이 코페르니쿠스, 갈릴레이, 뉴턴을 통해 근대 과학으로 이어진 과정과, 그것이 20세기에 이르러 아인슈타인의 상대성 이론에까지 도달한 경위를 정리한다. 제8장은 인류의 새로운 발명들과 발명가들에 초점을 맞춘다. 18세기 영국의 기술자 제임스 브린들리의 운하 건설부터 벤저민 프랭클린의 피뢰침 발명, 산업 혁명기 철교의 건설, 웨지우드의 도자기에 이르기까지, 그리고 자연, 바람, 태양, 물, 증기, 석탄으로 이어진 동력의 발달사를 설명한다. 이어지는 제9장은 진화론의 탄생에 대해 다룬다. 특이한 것은 브로노우스키는 자연 선택에 따른 진화론의 발견이라는 업적이 그동안 다윈에게만 돌아갔던 것과는 달리, 다윈과 사실상 동시에 자연 선택설을 제시한 월리스에 대해서도 거의 비슷할 정도의 비중으로 다루고 있는 점이다.

이어지는 제10장과 제11장은 20세기 원자론의 발달을 조명한다. 아울러 브로노우스키는 원자론이 결국 원자 폭탄의 발명으로 이어져 일본에 투하된 과정을 이야기한다. 그는 이 같은 비극은 원자 폭탄 개발에 참여했던 레오 실라르드의 말처럼, 과학자의 비극이 아니라 인류의 비극이며, 인간이 절대 지식을 가지고 있다고 확신할 때, 즉 인간이 신의 지식을 갖고자 할 때 이런 일이 벌어진다고 말한다. 그는 인류가 이 같은 비극에서 벗어나기 위해서는 절대 지식과 절대 힘에 대한 욕심을 버려야 한다고 역설했다.

"과학은 지식의 매우 인간적인 형태이다. 우리는 항상 알려진 것의 첨단에 서 있고, 바라는 것을 향해 나아가길 기대한다. 과학의 모든 판단은 오류의 가장자리에 있으며 개인적인 것이다."

과학은 인류의 오랜 숙원을 해결해줄 수도 있지만, 그것에 대한 과도한 맹신은 인류의 파멸을 불러올 수도 있음을 브로노우스키는 강력히 경고하고 있다.

제12장은 멘델의 유전학에서부터 제임스 왓슨과 프랜시스 크릭의 DNA 이중 나선 구조의 발견, 그리고 그것의 현대적 활용에 대해 이야기한다. 브로노우스키는 이 같은 유전 기술을 이용하여 "우리는 인간의 복제품을 만들어야 할까? 아름다운 어머니의 또는 영리한 아버지의 복제품을 만들어야 할까?"라고 반문하고, 인간이 가진 다양성이야말로 생명의 숨결이므로 우리는 그 다양성을 결코 포기해서는 안 된다고 역설한다. 모든 동물 중에서도 인간이 가장 창조적인 이유는 인간이 가장 큰 다양성을 가지고 있으며 또 그것을 표현하기 때문이라는 것이다.

마지막 제13장에서 브로노우스키는 당시의 서구 사회가 맞닥뜨린 문제점을 지적한다. 과거 인류의 지성사를 이끌어왔고, 자연에 정면으로 맞서 인간의 기원, 진화, 역사와 진보에 책임을 다해왔던 서구 사회는 어느덧 그 힘을 잃고 선불교적 허무주의로 도피했다고 비판한다. 그러나 그는 비록 서구인이 아닌 다른 누구에 의해서든 인간의 진보는 계속될 것이라는 희망의 메시지를 담고 이 책을 끝맺고 있다.

◆ 인간 상상력의 전 영역에 도전한 20세기의 르네상스맨

많은 사람들은 브로노우스키를 '20세기 르네상스맨'으로 부른다. 그것은 이 책에서 볼 수 있듯이, 그가 단지 과학의 역사를 말한 것이 아니라, 그것을 넘어서는 예술, 문학, 종교, 기술, 건축 등 인간 상상력의 모든 영역에 도전함으로써 인간이 스스로의 지적 역량을 어떻게 확대시켜왔는지를 보여주었기 때문이다. 이 책은 한마디로 인류가 추구해온, 지식의 대장정에 바치는 헌사인 것이다. 그러나 아쉽게도 인류 지성사의 위대한 걸작이 된 이 거대한 프로젝트는 브로노우스키의 에너지를 너무 많이 소진시켰고, 이 책을 쓴 이듬해 그는 결국 세상을 떴다.

브로노우스키가 이 책을 집필했던 1973년 이후 과학은 눈부시게 발달했다. DNA와 생명 과학의 발달은 어느새 출간된 지 50여 년이 다 된 이 책이 감당하기 어려운 수준에 도달했고, 우주 개발은 달에 대한 탐사를 넘어 태양계의 다른 행성들에까지 도전하기에 이르렀다. 아울러 서구 문명은 비록 퇴보까지는 아니더라도, 동아시아를 비롯한 타 문명의 거센 도전에 직면해 있다.

그러나 모든 과학 고전들이 그렇듯이 우리는 당시 그 책을 집필했던 곳에서 의미를 발견해야 한다. 브로노우스키는 인간 중심주의에 대한 강렬한 신념을 가졌고, 오늘날과 같은 회의주의에 물든 시대에 그것은 좋은 교훈을 던져주기 때문이다. 나아가 세계의 과학은 여전히 위기에 놓여 있다. 과학의 군사적 활용은 계속되고 있고, 원자폭탄은 아직도 세계의 평화와 안정을 위협하고 있다.

그런 점에서 과학을 과학자들의 손에서 해방시켜 인간의 능동적 행위로서 고찰하고, 그 발전에 정당한 책임이 따른다는 브로노우스키의 책은 오늘날에도 여전히 큰 의미를 지니고 있는 것이다.

함께 읽으면 좋은 책

- **《코스모스》** 칼 세이건, 사이언스북스, 2006
- **《과학과 인간의 미래》** 제이콥 브로노우스키, 김영사, 2011
- **《그림으로 읽는 서양 과학사》** 김성근, 플루토, 2022

2장

★

과학 혁명기, 인류사를 바꿔놓은 위대한 과학 명저

07

니콜라우스 코페르니쿠스
《천구의 회전에 관하여》
1543

우주의 중심은 지구일까, 태양일까?

니콜라우스 코페르니쿠스(Nicolaus Copernicus, 1473~1543)

폴란드 출신의 천문학자, 수학자. 1543년 천동설에 대항하여 지동설을 주장한 저서 《천구의 회전에 관하여》를 출판했다. 그의 책은 16~17세기 과학 혁명의 서막을 연 것으로 평가받는다. 그의 지동설은 튀코 브라헤, 요하네스 케플러, 갈릴레오 갈릴레이를 거치며 보완되었고, 마침내 아이작 뉴턴에 이르러 완성되었다.

※ 주요 저서: 《천구의 회전에 관하여》 〈코멘타리올루스〉

1539년 5월, 당시 25세에 불과했던 독일 비텐베르크 대학의 수학 교수이자 루터파 신학자 게오르크 요하임 레티쿠스가 코페르니쿠스를 방문했다. 레티쿠스는 코페르니쿠스에게 바칠 선물로 1538년 바젤에서 출간된 프톨레마이오스의 《알마게스트(Almagest, '가장 위대한 책')》를 지참하고 있었다. 그가 당시 프롬보르크를 방문한 이유는 코페르니쿠스가 1532년 비밀리에 지인들에게 회람시킨 〈코멘타리올루스(Commentariolus, '짧은 주해서')〉라는 소책자를 읽고 크게 감명을 받았기 때문이다. 이 소책자는 약 10년 뒤 코페르니쿠스가 《천구의 회전에 관하여》에서 주장한 지동설의 요약본이었다.

이후 약 2년간 코페르니쿠스에게 지동설을 배운 레티쿠스는 스승에게 그 이론을 완성된 형태로 출간하기를 끈질기게 권유했다. 하지만 먼저 레티쿠스는 1540년 초 코페르니쿠스의 지동설을 요약한 약 66페이지짜리 짧은 보고서를 출판했다. 《나라티오 프리마(Narratio Prima, '첫 번째 해설')》라는 제목의 라틴어 보고서가 그단스크에서 출판되었을 때, 그것을 읽은 사람들은 즉각 축하 인사를 쏟아냈다.

1541년 10월 레티쿠스는 마침내 《천구의 회전에 관하여》의 출판을 위해 코페르니쿠스 원고의 필사본을 갖고 비텐베르크로 돌아왔다. 비텐베르크 대학 인문학부 학장으로 바쁜 일정을 소화하던 레티쿠스는 1542년 5월 초 뉘른베르크로 건너가 필사본을 전문 인쇄업자 페트레이우스에게 전해주었다. 그런데 1542년 10월 무렵, 한참 책을 교정하던 레티쿠스는 뉘른베르크에서 약 300킬로미터 이상 떨어진 라이프치히 대학의 고등 수학 교수직을 제안받게 된다. 연봉은 거부할 수 없을 만큼 상당한 수준이었다. 결국 코페르니쿠스 저서의 남은 교정 작업은 레티쿠스의 친구인 뉘른베르크의 루터파 목사 안드레아스 오시안더의 손으로 넘어갔다.

코페르니쿠스는 책의 인쇄 도중에 교정본을 넘겨받아 직접 교정을 보았다. 그러나 오른쪽 반신이 마비된 뇌졸중의 발병으로, 1542년 11월 무렵부터는 더 이상 교정을 보는 것이 불가능해졌다.

1543년 3월 마침내 인류 역사를 뒤흔든《천구의 회전에 관하여》가 인쇄되었다. 책의 출간을 누구보다도 기다렸을 레티쿠스가 인쇄본을 받아본 것은 같은 해 4월이었다. 그러나 정작《천구의 회전에 관하여》의 인쇄본을 받아본 코페르니쿠스는 자신의 책에 대한 반응을 확인하지 못한 채 5월 24일 뇌출혈로 세상을 떴다.

코페르니쿠스의 책은 과학 혁명의 서막을 열었을 뿐만 아니라, 인류 역사의 거대한 전환점이 되었음을 누구도 부인하기 힘들다. 그런데 이 책은 왜 쓰여지게 되었고, 후대인들에 의해 혁명적인 저서로 받아들여지고 있는 것일까?

코페르니쿠스는 〈코멘타리올루스〉의 마지막 구절을 다음과 같이 마무리했다.

"보아라, 우주의 전체 구조와 행성들의 움직임을 설명하는 데 고작 34개의 원이면 충분하지 않은가!"

150년경 알렉산드리아의 천문학자 프톨레마이오스는 천동설을 주장한《알마게스트》를 집필했다. (《알마게스트》에 대해서는 5장의 프톨레마이오스 편에서 자세히 소개하고 있다. ※ 282쪽 참고) 그것은 주전원(epicycle), 이심원(deferent), 등각속도점(equant) 등 새로운 개념들을 조합하여 행성 운동의 불규칙성을 체계적으로 설명한 이론이었다. 그

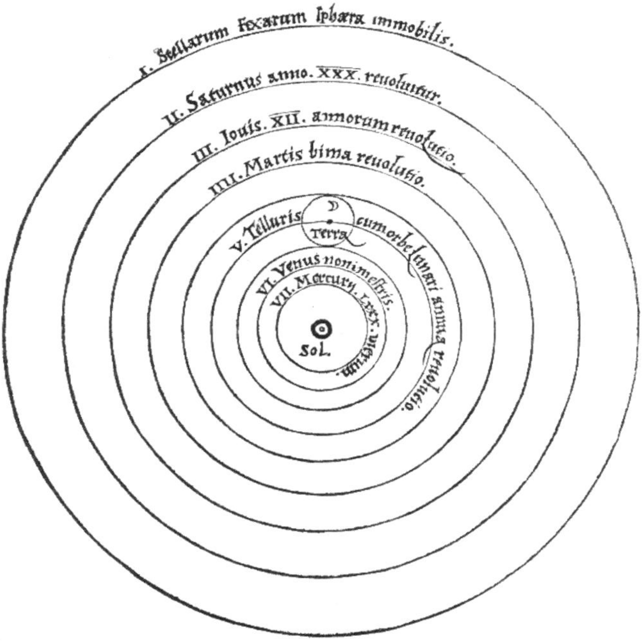

《천구의 회전에 관하여》에서 지동설을 묘사한 그림 | 우주의 중심에 태양이 있고, 순서대로 수성, 금성, 지구, 달, 화성, 목성, 토성의 천구가 자리한다. 별들은 맨 바깥 천구에 실려 회전한다. 당초 〈코멘타리올루스〉에서 34개의 원을 약속했던 코페르니쿠스는《천구에 회전에 관하여》에서는 일부 큰 주전원을 제거하는 데 성공했지만, 대신 작은 주전원들을 늘림으로써 그 약속을 지키지 못했다.

러나 그의 이론은 여전히 근본적인 해결 방안이 될 수 없었고, 행성 운동의 오차는 점점 누적되었다. 프톨레마이오스의 《알마게스트》가 이슬람권으로 흘러 들어가 읽혔을 때쯤 그의 이론과 실제 관측 사이의 오차는 고대보다 훨씬 더 벌어졌다. 이슬람 천문학자들은 그 오차를 줄이기 위해 더욱더 많은 주전원과 이심원을 집어넣어야만 했다. 혹자는 이슬람 천문학자들이 그려 넣은 원이 무려 80여 개에 이르렀다고 말한다. 고작 34개의 원이면 충분하다는 코페르니쿠스의 외침이야말로, 프톨레마이오스 이후 필요 이상으로 복잡해져 버린 천문학에 대한 경종이나 다름없었던 것이다.

◆ 기독교 사회를 뒤흔든 코페르니쿠스 혁명

《천구의 회전에 관하여》는 1543년 뉘른베르크에서 출판되었다. 라틴어로 된 이 책은 총 6권으로 이루어졌다. 코페르니쿠스는 먼저 교황 바오로 3세에게 바치는 헌정사에서 이 책을 쓰게 된 이유를 세심하게 기술했다. 그는 당시 천문학의 관측과 수학자들(천문학자들)의 이론이 맞지 않다는 점을 발견했고, 나아가 하나님이 인간을 위해 창조한 우주의 운동에 대해 당시의 천문학이 어떤 확실한 이론도 갖고 있지 않다는 점에 화가 났다고 썼다. 그래서 학교에서 가르치고 있는 것과는 다른 천체 운동을 제안한 사람이 있었는지 살펴보다가 고대 로마의 문인 키케로와 플루타르크 등의 저작에서 그런 흔적들을 발견했다고 적었다.

제1권에서는 코페르니쿠스의 대표적 이론인 지동설을 소개한다. 그는 먼저 우주도 지구도 구형인 증거들을 제시한다. 그리고 천동설의 주장처럼 거대한 하늘이 하루 한 바퀴씩 지구 둘레를 도는 것보다는 지구가 스스로 자전 운동 하는 편이 훨씬 더 자연스럽다는 것을 여러 사실을 들어 설명한다. 아울러 역행과 같은 행성들의 불규칙한 운동들, 그리고 행성과 지구 사이의 거리가 변하는 현상은 행성들이 지구와 동심원상에 있다면 결코 일어날 수 없는 일이라고 확인한다. 따라서 지구는 결코 모든 회전의 중심은 아니라는 것이다. 코페르니쿠스는 만약 천동설에서 말하는 태양의 위치에 지구를 갖다 놓더라도, 우리는 황도 12궁과 항성들의 출몰을 볼 수 있으며, 나아가 행성들의 불규칙한 운동을 똑같이 설명 가능하다고 단언한다. 따라서 결국 우주의 중심을 차지하고 있는 것은 지구가 아니라 태양이며, 지구는 금성과 화성 사이를 움직이는 행성으로 새롭게 해석되었다.

이처럼 제1권이 코페르니쿠스의 지동설에 대한 포괄적인 소개라면, 제2권부터는 지동설을 근거로 한 행성들의 구체적이고 실증적인 움직임을 설명한다. 특히 제2권부터 제6권까지는 수리 천문학에 대한 전문적 지식이 없는 일반인들은 쉽게 이해할 수 없는 난해한 수학적 기술로 이루어져 있다. 제2권에서는 천체 위치의 계산 방법을 설명하고, 제3권에서는 지구의 여러 가지 운동을, 제4권에서는 달의 운동을, 그리고 제5권과 제6권에서는 행성들의 운동을 설명한다.

코페르니쿠스는 이 과정에서 일찍이 프톨레마이오스가 행성의 일정한 각속도 운동을 보여주기 위해 도입했던 등각속도점을 과감하게 제거한다. 그는 이 등각속도점이 우주의 조화로움을 해치며, 지구에서 볼 때 행성 운동의 일정한 각속도 운동을 깨뜨리고 말았다고 비판한다. 따라서 굳이 우리가 그것을 도입하지 않더라도 태양과 지구의 위치를 바꾸고, 주전원과 이심원의 조합을 사용한다면, 행성의 불규칙한 운동들을 훨씬 쉽게 설명할 수 있다고 보았다. 아울러 이 과정에서 그는 항성 천구의 별들이 상상 이상으로 멀리 떨어져 있다고 주장함으로써 이후 무한 우주론의 등장을 예상하기도 했다.

코페르니쿠스 혁명은 오늘날 과학 혁명의 상징적 사건으로 알려진다. 기독교가 사회 전반을 지배한 당시 사회에서 하나님에 의해 선택된 인간과 그 인간들이 사는 지구를 태양의 위치와 바꾼다는 것은 당시로서는 상상하기 힘든 일이었다. 우주의 중심에 있어야 할 지구가 다른 행성들과 비슷한 위치로 떨어지는 것은 종교적 근간을 뒤흔들 만한 사건이었기 때문이다. 그것이 오늘날 코페르니쿠스를 과학사를 넘어 문명사적 혁명의 아이콘으로 평가하는 이유일 것이다.

그러나 사실 코페르니쿠스설에는 여전히 해결되어야 할 문제가 남아 있었다. 애당초 〈코멘타리올루스〉에서 천구의 숫자를 34개로 줄이겠다고 공언했던 약속도 실은 지켜지지 못했다. 《천구의 회전에 관하여》에서 일부 큰 주전원은 제거되었지만, 그는 여전히 작은 주전원들에 의존했다. 그런 점에서 과학사학자 토머스 쿤이 지적했듯이, 코페르니쿠스의 지동설은 프톨레마이오스의 천동설보다 딱히 단순한 것도 아니었다.

아울러 코페르니쿠스설에는 여전히 천동설의 많은 잔재들이 남았다. 주전원, 이심원은 물론, 별들과 행성들을 실어나른다는 고대 이래 수정 천구의 관념은 여전히 건재했고, 행성과 별들의 원운동 또한 의심의 여지 없이 받아들여졌다. 완전한 혁명까지는 시간이 더 필요했던 것이다.

◆ 후대로 이어진 과학 혁명의 바통

《천구의 회전에 관하여》는 어떤 반응을 불러왔을까? 그가 오늘날 천문학의 혁명가로 회자되는 것과는 달리, 그 책은 출간 직후 인기를 끌지도 않았고, 교황청으로부터 큰 탄압에 직면하지도 않았다. 코페르니쿠스가 책 안에 쓴 교황 바오로 3세에게 바친 헌정사는 교황의 심기를 최대한 건드리지 않으려는 의도가 명백했다. 아울러 레티쿠스 대신 출판 일을 떠맡았던 오시안더는 익명의 서문을 삽입하여 코페르니쿠스의 이론은 단지 수학적 계산에 도움이 되는 가설에 지나지 않는다고 썼다. 당시 수학적 계산을 위해 만들어진 가설은 그것이 사실이라고 주장하지 않는 한, 그리 큰 문제가 되지 않았다. 에라스무스 라인홀트 같은 독일 천문학자는 코페르니쿠스의 이론에 기반을 둔 새로운 행성표(프로이센표)가 당시 교황청의 시급한 과제였던 역법 개정에 도움이 된다고 보았다. 이런 요인들이 복합적으로 작용한 결과였을까? 《천구의 회전에 관하여》는 1616년 갈릴레이의 재판 때까지 교황청의 금서 목록에 오르지 않았다.

미국의 천문학자 오언 깅그리치의 연구에 따르면, 《천구의 회전에 관하여》는 1543년 초판과 1566년 제2판을 합쳐 약 1,000부가량이 인쇄되었고, 당시 신학자들과 천문학자, 수학자들에게 널리 읽혔다고 한다. 그들의 반응은 제각각이었다. 지동설을 아예 거부하거나, 코페르니쿠스의 업적을 어느 정도 인정하면서도, 지동설을 받아들이길 주저하는 사람들이 대부분이었다. 1600년에 이르기까지 그 책을 읽고 코페르니쿠스주의자가 된 사람은 10여 명에 불과했다는 추정도 있다. 출판된 책의 수량에 비해서는 결코 많은 숫자라고 볼 수 없다.

그러나 일부 책들은 이후 천문학의 역사에서 가장 중요한 사건들과 연관된 사람들의 손에 건네졌다. 그중에는 덴마크의 천문학자 튀코 브라헤, 독일의 천문학자 요하네스 케플러 등이 있었다. 그들은 코페르니쿠스가 남긴 몇몇 중세적 잔재들을 정리했고, 갈릴레이와 뉴턴에게 과학 혁명의 바통을 넘겨주었다. 그런 점에서《천구의 회전에 관하여》는 틀림없이 과학 혁명의 서막을 연 책이었던 것이다.

함께 읽으면 좋은 책

- **《왜 하필이면 코페르니쿠스였을까》** 존 헨리, 몸과마음, 2003
- **《아무도 읽지 않은 책》** 오언 깅거리치, 지식의숲, 2008
- **《코페르니쿠스의 연구실》** 데이바 소벨, 웅진지식하우스, 2012

08

윌리엄 길버트
《자석에 대하여》
1600

행성들은 어떻게 빈 우주 공간에 떠 있을까?

윌리엄 길버트(William Gilbert, 1544~1603)

영국의 의사이자 물리학자. 케임브리지 대학에서 의학을 배우고 런던에서 병원을 개업했다. 의학 이외에도 물리학, 화학, 천문학 등에 관심을 가졌다. 1600년 《자석에 대하여》를 집필하여 자기 철학을 확립하는 한편 자기학과 전기학의 발달에 길을 열었다. 지구가 하나의 거대한 자석이라는 그의 주장은 지구 운동의 자연학적 근거가 되었으며, 17세기 케플러, 윌킨스, 훅을 거쳐 결국 뉴턴의 만유인력 법칙으로 발전했다.

※ 주요 저서:《자석에 대하여》《세계에 대하여》

자석은 예로부터 신비한 물체였다. 철이나 다른 자석을 접촉 없이도 잡아당기고 밀어내는 것이 마치 마법처럼 보였기 때문이다. 따라서 자석의 힘을 둘러싸고 온갖 신비한 생각이 싹트기도 했다. 어떤 이는 마늘과 함께 두면 자석의 힘이 약해진다고 주장했고, 또 어떤 이는 자석은 남편으로 하여금 아내의 의견에 동조하도록 만든다는 황당한 경험담을 이야기했다.

이런 신비한 도구였던 자석은 인류 문명에 큰 도움이 되기도 했다. 중국에서 만들어진 나침반은 자석의 방향성을 이용하여 먼바다를 항해할 수 있게 해주었다. 그러나 이 같은 자석의 실용성에도 불구하고, 자석이 왜 철을 끌어당기는지, 아울러 나침반이 왜 특정 방향을 가리키는지 등에 대해서는 1600년 영국인 의사 윌리엄 길버트가《자석에 대하여(De magnete)》를 출판하기 전까지 그 누구도 제대로 된 설명을 하지 못했다.

윌리엄 길버트는 1544년 영국 남동부 에식스주의 콜체스터에서 태어났다. 1569년 케임브리지 대학에서 의학 박사 학위를 취득했고, 1570년대 전반에는 런던에서 병원을 개업했다. 길버트는 이때부터 의사로 활동하는 한편, 의학 이외에도 물리학, 화학, 천문학, 항해술 등 다방면에 관심을 가졌다. 그는 16세기 천문학자 토머스 디게스에 이어 영국에서 코페르니쿠스설을 가장 이른 시기에 받아들인 사람들 중 한 명으로 인정받기도 한다.

◆ 지구 자체가 곧 하나의 자석이다

《자석에 대하여》는 원래《자석과 자성 물체에 대하여, 그리고 커다란 자석인 지구에 대해, 많은 논의와 실험을 통해 증명된 새로운 자연 철학》이라는 제목의 저서였다. 제목에서 예측할 수 있듯이, 길버트의 이 책은 단지 자석에 관한 연구가 아니라, 지구에 대한 새로운 자연 철학, 즉 자기 철학(philosophia magnetica)을 확립하기 위한 것이었다.

제1권은 고대 그리스 철학자 플라톤 이후 자석과 철에 관한 이야기를 다룬다. 길버트에 따르면, 자석과 철은 원래 같은 것이었다. 즉 "둘은 지구상의 최상부 또는 그 표면의 잔해물에서 쌍둥이처럼 태어났다." 그런데 자석과 철은 기본적으로 지구의 가장 많은 구성 요소인 흙에 속한다. 결국 자석과 철, 흙은 하나의 뿌리를 가지기 때문에 자석의 힘은 흙으로 만들어진 지구에 의해 통제된다고 볼 수 있다. 이것은 지구 자체가 곧 하나의 자석이며, 자성을 띠고 있다는 이 책의 결론을 미리 예측할 수 있게 해준다.

제2권은 자기력과 전기력이 어떻게 다른지에 대해 쓰고 있다. 자기력이란 자석과 같이 자성을 띤 물체가 일으키는 힘을 말하고, 전기력이란 호박이나 보석을 문지를 때 일어나는 정전기를 생각하면 된다. 길버트는 '베르소리움(Versorium)'이라는 작은 금속 바늘의 회전 실험을 통해 전기력이 자기력과는 전혀 다른 힘이라고 주장한다.

길버트에 따르면, 그 두 힘은 처음부터 다른 물질로 구성되었다. 습기를 가진 액질 물질이 전기력을 갖는 반면, 토질 물질은 자기력을 갖는다. 아울러 자기력은 상호 간에 끌어당기는 힘이지만, 전기력은 한쪽이 물체를 끌어당기는 힘이라는 차이가 있다. 당시까지 사람들은 자기력과 전기력을 같은 힘으로 생각했다. 그런 점에서 길버트는 이 장에서 전기력을 처음으로 자기력과 구분했고, 그것은 결과적으로 19세기 들어 영국의 과학자 마이클 패러데이가 그 두 힘을 '전자기력'으로 합칠 때까지 전기학과 자기학의 발전에 서로 다른 길을 열어주었다고 볼 수 있다.

제3권은 '소형 지구'라는 뜻의 지구를 본떠 구형으로 만든 자석, 즉 테렐라(terrella) 실험을 통해 지구의 자기장을 간접적으로 이해하려는 시도이다. 이 테렐라에서 철사나 바늘이 어느 방향을 가리키는지에 대한 세부적인 실험을 통해 길버트는 지구의 자기장을 상세히

베르소리움 | '베르소리움'이란 받침대 위에서 자유롭게 회전하는 금속 바늘이다. 나침반 바늘과 비슷하지만, 자화되지는 않는다. 마찰된 호박을 베르소리움에 갖다 대면 정전기의 당기는 힘 때문에 바늘이 빠르게 회전한다.

분석한다. 나침반의 자침은 길버트 이전까지만 해도 하늘의 북극이나 북극성 혹은 천구보다 먼 지점을 가리킨다고 믿었다. 그러나 길버트는 이런 주장이 잘못된 것이고, 나침반 자침이 가리키는 곳은 자석의 모체나 다름없는 지구의 남북 극 방향이라고 정리한다.

제4권과 제5권은 편각과 복각에 대한 이야기이다. 편각이란 지구의 자전축과 일치하는 지리적 북극(진북)과 나침반 자침이 가리키는 자기적 북극(자북) 사이의 오차를 뜻한다. 지구의 고지대와 산악지형 등 불규칙한 지형이 나침반에 오차를 일으키는 현상이다.

아울러 복각이란 지구의 임의의 지점에 놓인 자화된 철이나 자침의 방향이 수평면과 이루는 각도이다. 즉 자침의 기울기로 인한 현상이고, 이 기울기는 위도에 따라 다르게 나타난다. 그는 테렐라 실험을 통해 위도가 높은 곳으로 이동하면 자침은 점점 고개를 숙이고, 북극

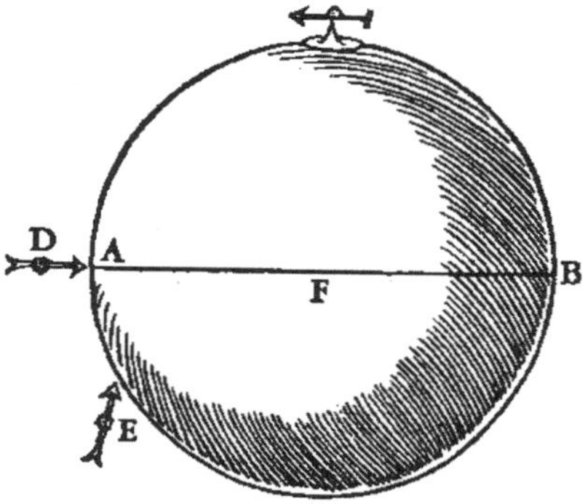

테렐라 | 길버트는 '소형 지구'를 의미하는 테렐라에 철사나 바늘을 올려놓는 실험을 통해 나침반의 자침이 가리키는 곳은 북극성이나 천구가 아니라, 지구의 남북 극 방향이라고 주장했다. 그림에서 A와 B는 북극과 남극을 의미한다. 바늘 D와 E는 북극 방향을 가리키고 있다.

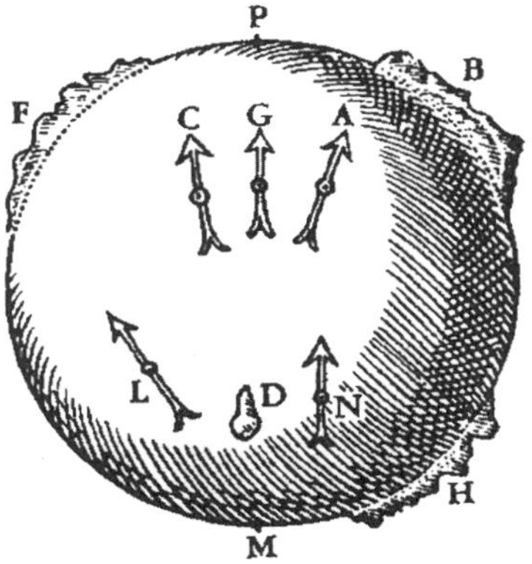

편각 | 편각은 지구의 지리적 북극(진북)과 나침반이 가리키는 자기적 북극(자북) 사이의 오차이다. 그림에서 P는 진북을 가리킨다. 테렐라가 B에서 크게 돌출되어 있을 때, A에 있는 자침은 진북 P를 정확히 가리키지 않는다. 자침 C도 마찬가지이다. C는 F에 있는 돌출에 영향을 받기 때문이다. 이때 자침 A나 C가 가리키는 자북과 진북 P 사이의 각도가 편각이다.

에서는 자침이 곧추서게 될 것이라고 말했다.

길버트는 베르소리움과 테렐라를 이용한 실험으로 동일한 위도에서는 복각의 크기가 항상 같게 나타난다는 점을 입증했다.

마지막 제6권은 《자석에 대하여》에서 가장 핵심적인 주장을 담고 있다. 길버트는 테렐라 위에서 베르소리움의 실험을 통해 얻은 결과들은 지구 위의 자석과 같은 모든 자성 물질에도 똑같이 나타난다고 주장했다. 그것은 한마디로 "지구는 거대한 천연 자석이다"라는 결론이었다. 이처럼 지구가 만약 천연 자석이라면, 어떤 일이 일어나는 것일까?

고대 그리스 철학자 아리스토텔레스는 흙으로 이루어진 지구는 불활성의 차가운 천체라고 보았다. 이런 지구에 대한 자연학적 사고

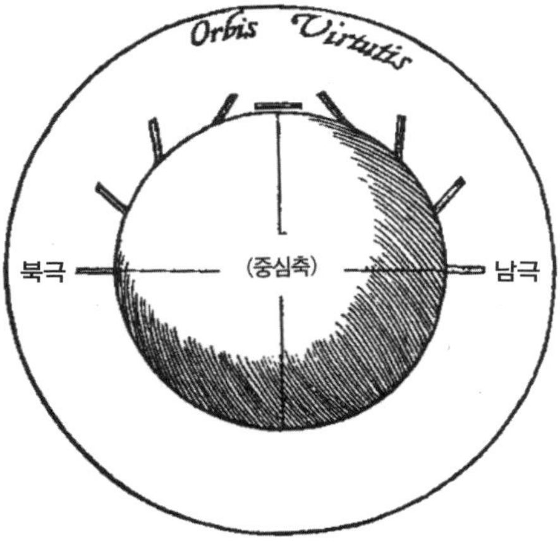

복각 | 복각은 지구상의 임의의 지점에서 나침반의 자침이 수평면과 이루는 각도를 말한다. 그림에서 볼 수 있듯이, 복각은 위도에 따라 변화한다. 즉 위도가 높은 곳으로 이동하면 자침은 고개를 점점 숙이고, 북극에서는 결국 자침이 곧게 서게 된다. 막대자석에 철가루를 뿌리면 자력선을 볼 수 있듯이, 지구도 막대자석처럼 자력선을 갖고 있기 때문이다.

는 지구가 우주의 중심에 멈춘 상태로 머물러 있다는 천동설과 잘 부합했다. 그러나 지구가 자성을 지닌 활성의 생명력 있는 천체라면, 그것은 지구의 자기적 일주 운동을 가능하게 만든다. 다시 말해 길버트는 자전과 공전과 같은 지구의 운동을 설명할 자연학적 근거를 지구에 새롭게 부여했던 것이다.

이것은 지구의 자전과 공전을 주장한 지동설 수용의 가장 큰 장애물 중 하나가 길버트에 의해 사라졌음을 의미한다. 길버트는 다음과 같이 말한다.

"내가 보기에 알렉산드리아의 프톨레마이오스는 지구가 원운동을 하면 이 세상이 부서져 버릴 것이라고 걱정했는데, 그것은 지나치게 소심하고 세심한 생각이다. 그는 왜 형언할 수 없고 상상할 수조차 없는 막대한 우주의 회전이라는 운동에 의해 이 우주가 파멸과 해체, 혼란이라는 천상의 대재앙을 맞을 것이라고는 걱정하지 않았단 말인가?"

조그마한 지구가 하루 한 바퀴씩 회전하는 것을 믿지 않는 사람들이 정작 거대한 우주가 지구를 하루에 한 바퀴씩 도는 것에 대해서는 별로 의심하지 않는 모순을 길버트는 정확히 간파했다. 또 길버트는 지구가 자전한다면, 지상의 물체는 우주 밖으로 날아가 버릴 것이라는 고대 이래 천동설 지지자들의 주장에 대해서도 비판했다. 그는 지구가 움직일 때 주위의 공기까지 함께 이동하기 때문에 지구가 빠르게 회전하더라도 공기 중의 사물들은 뒤처지거나 서쪽으로 이동하지 않는다고 설명했다. 이처럼 길버트는 지구 자성체론을 통해 지구를 활성의 생명력 있는 천체로 규정했고, 그에 따른 자전과 공전을 합리화시킴으로써 코페르니쿠스의 지동설에 새로운 자연학적 근거를 부여했던 것이다.

◆ 근대 과학 최대의 성취 만유인력 법칙의 시발점

길버트는 왜 오늘날의 과학적 주제로는 하찮은 것으로 여길 만한 자석에 관심을 가졌던 것일까? 역사적으로 자석은 온갖 신비주의가 끼어들기 쉬운 물체였다. 길버트는 "많은 철학자들은 불가사의한 일을 설명하다가 더 이상 이성이 나아가지 못할 때면 자석이나 호박을 꺼내 들었다. 호기심이 지나치게 강했던 신학자들도 신의 일들이 인간의 이해를 넘어설 때면 자석과 호박을 언급했다"고 지적했다. 한마디로 자석은 철학자나 신학자들이 이 세계를 더 이상 설명할 수 없을 때, 도피를 위해 마련한 안전장치이자 그 상징물이나 다름없었다는 것이다. 따라서 길버트가 자석에 관심을 가진 것은 단지 자석 자체의 연구를 넘어 고대 이래의 신비주의적 자연 철학에 대한 과감한 도전이었던 것이다.

길버트가 자석을 지구의 운동에까지 발전시켜가는 과정은 실험과 논증을 통한 방법이었다. 그는 테렐라와 베르소리움 같은 실험적 도구들을 활용함으로써 지구 자성체론에 도달했다. 물론 이런 길버트의 실험이 완전히 독창적이었던 것은 아니다. 그가 행한 어떤 실험들 중에는 사실 그에 앞선 13세기 프랑스의 천문학자 페트루스 페레그리누스나 16세기 영국의 항해사이자 나침반 제조 기술자 로버트 노먼, 이탈리아 건축가 델라 포르타 같은 자연 철학자들이 행했던 실험의 재현도 많았다. 그럼에도 불구하고, 길버트 이전의 자석 실험은 새로운 자연 철학을 의도한 것이 아니었고, 자석의 운동을 지구가 하나의 자석이라는 새로운 자연 철학으로 이끌어간 시도도 없었다. 그런 점에서 길버트의 연구는 충분히 평가받을 가치가 있었다.

길버트의 《자석에 대하여》는 곧 17세기 과학에 큰 영향을 미쳤다. 특히 그것은 중력 개념의 탄생에 중요한 바탕이 되었다. 일찍이 고대 그리스인들은 행성들이 딱딱한 천구에 박혀 지구 둘레를 회전한다고 보았다. 그러나 16세기 말 튀코 브라헤는 혜성의 관측을 통해 이

천구의 관념을 사실상 무너뜨렸다. 그리고 천구의 관념이 사라진 후, '행성들은 어떻게 빈 우주 공간에 떠 있을 수 있는가'라는 새로운 문제가 제기되기 시작했다. 아울러 요하네스 케플러가 행성의 타원 궤도 운동을 주장했을 때, 행성 운동의 물리적 힘에 대한 궁금증은 더욱 증폭되었다. 자연 운동으로 받아들이기 쉬웠던 원운동과는 달리, 타원 운동에는 뭔가 그 운동을 일으키는 물리적 힘이 있을 것이라는 의문이 제기되었기 때문이다. 케플러가 길버트의 자기 철학에서 영향을 받았음은 분명하다. 케플러는 튀코의 화성 관측 자료를 통해, 화성의 운동은 태양에서 뿜어져 나오는 영적인 힘, 즉 운동령(anima motrix)에 의해 일어난다고 보았다. 그것은 길버트가 지구를 스스로 움직이게 하는 자기 현상의 원천은 창조주가 놀라운 지성에 의해 본원적인 영혼의 힘을 지구에 심었기 때문이라고 보는 관점과 흡사했다.

영국의 과학자이자 기계 공학자였던 존 윌킨스도 1638년《달 세계의 발견(The Discovery of a World in the Moone)》이라는 저서에서 지구와 마찬가지로 달에도 '당기는 힘(attractive virtue)'이 있다고 주장했다. 17세기 무렵 영국의 과학자 크리스토퍼 렌과 로버트 훅도 비슷한 중력 개념을 이야기했다. 렌과 훅은 태양과 행성 사이에 작용하는 인력이 둘 사이의 거리의 제곱에 반비례한다고 보았다.

그리고 길버트에게서 출발한 이 지구 자성체론은 결국 뉴턴에 의해 지상계와 천상계를 아우르는, 만유인력이라는 하나의 힘과 법칙적 질서로 재탄생하기에 이르렀다. 그런 점에서 길버트의《자석에 대하여》는 근대 과학 최대의 성취였던 만유인력 법칙의 시발점이나 다름없었던 것이다.

함께 읽으면 좋은 책

- **《과학의 탄생》** 야마모토 요시타카, 동아시아, 2005
- **《자석 이야기》** F. 비터, 전파과학사, 2019
- **《중력에 대한 거의 모든 것》** 마커스 초운, 현암사, 2022

09

요하네스 케플러
《새로운 천문학》
1609

행성들은 어떤 궤도로 태양을 공전할까?

요하네스 케플러(Johannes Kepler, 1571~1630)

독일의 수학자이자 천문학자. 1596년에 펴낸 《우주의 신비》로 천문학자로서 이름을 알렸고, 그 업적에 힘입어 1600년 튀코 브라헤의 조수가 되었다. 지구 및 행성들이 태양을 중심으로 타원 궤도를 그린다는 행성 운동의 3가지 법칙을 발표함으로써 천동설과 지동설의 오랜 논쟁에 사실상 종지부를 찍었다.

※ 주요 저서: 《우주의 신비》 《새로운 천문학》 《우주의 조화》

1577년 덴마크 천문학자 튀코 브라헤가 벤섬에서 관측한 혜성은 유럽 전역에서 목격되었다. 당시 6세 어린이였던 요하네스 케플러도 엄마의 손에 이끌려 집 근처 작은 언덕에 올라 그 혜성을 바라보았다. 그날 밤은 아마도 케플러의 가슴에 천문학의 씨앗이 뿌려진 최초의 순간이었을 것이다.

케플러는 태생적인 가난과 불우한 집안 환경에서도 불굴의 의지로 고난을 딛고 일어선 과학자였다. 유년기부터 수학과 천문학에 남다른 재능이 있었으며, 성인이 된 뒤 독일 튀빙겐 대학의 미하엘 메스틀린 교수의 제자가 되면서 그의 재능은 본격적으로 꽃을 피우기 시작했다. 1596년 첫 책《우주의 신비(Mysterium Cosmographicum)》를 썼을 때 케플러의 이름은 이미 유럽에 알려지기 시작했다.

1600년 1월 케플러는 신성 로마 제국 황제 루돌프 2세의 고문관 호프만 남작의 마차를 얻어타고 프라하로 향했다.《우주의 신비》를 읽고 그 재능을 눈여겨본 튀코가 케플러를 조수로 초청한 것이다. 유럽 최고의 관측 천문학자와 함께 연구한다는 것은 짜릿한 일이었다. 그러나 정작 두 과학자의 첫 만남은 그리 반갑지 못했다. 덴마크 최고의 귀족이자 관측 천문학자였던 튀코와 여전히 가난함이 몸에 밴, 아직은 훗날이 기대되는 정도의 케플러는 처음부터 어색한 조합이었다. 52세와 29세라는 나이 차이는 물론이고, 화려하고 사교적인 튀코와 은둔형에 내성적인 케플러, 그리고 두 사람이 자랐던 정치적, 사회적 환경도 너무 달랐다. 한동안 케플러는 튀코 주변의 많은 조력자들 중 한 명일 뿐이었고, 그가 튀코와 대화라도 나눌 수 있는 시간은 어수선한 식사 시간 정도였다고 한다.

그러나 케플러에게는 튀코가 갖지 못한 뛰어난 수학적 재능이 있었다. 튀코는 케플러가 그 수학적 재능을 발휘하여, 천동설과 지동설을 절충해서 만든 자신의 천체 이론(Geoheliocentrism)을 증명해주기를 기대했다. 하지만 한편으로 그는 케플러가 자신의 관측 자료를 혹시라도 코페르니쿠스의 지동설을 증명하는 데 활용할까 봐 경계했다. 두 사람은 점점 가까워졌지만, 여전히 의혹을 거두지 못한 튀코는 케플러에게 한정된 자료와 과제만을 부여했고, 자신의 허락 없이는 그 외 자료의 열람이 불가능하다고 못 박았다. 결국 케플러에게 맡겨진 임무는 화성의 공전 궤도를 정확히 작도하는 것뿐이었다.

그러나 1601년 10월 24일 튀코는 갑작스러운 죽음을 맞이했다. 임종의 순간, 튀코는 케플러에게 황제 루돌프 2세에게 약속했던《루돌프 행성표(Rudolphine Table)》를 완성할 것, 그리고 자신의 행성 운동 체계를 수학적으로 증명해줄 것을 부탁했다. 튀코의 죽음 이후 케플러는 또 다른 난관에 부딪혔다. 이번에는 튀코의 사위이자 조수였던 프란츠 텡나겔이 튀코의 유가족을 대표하여 벤섬의 관측기구, 그리고 튀코의 관측 자료들에 대한 반환을 요구했다. 천문학자였던 텡나겔은 케플러를 대신하여《루돌프 행성표》를 단독으로 완성하고 싶은 욕심도 있었다. 지루한 공방 끝에 1604년 7월 양측은 가까스로 합의에 이르렀지만, 케플러가 튀코의 자료를 이용한 연구 성과를 발표할 때는 텡나겔의 동의를 얻을 것, 그리고《루돌프 행성표》를 텡나겔이 원하는 형태로 완성시킬 것을 전제로 한 것이었다.

튀코의 관측 자료들을 사용할 수 있게 된 케플러는 1609년《새로운 천문학(Astronomia Nova)》을 출간했다. 이 책에는 텡나겔의 공격적인 서문이 들어 있는데, 튀코와는 다른 케플러의 황당한 이론을 믿지 말라는 충고와 함께, 케플러의 업적이 튀코의 자료들에 토대를 두고 있음을 강조하는 내용이었다.

◆ 천동설의 가장 중요한 전제를 깨트리다

라틴어로 쓰인《새로운 천문학》의 원제목은《원인에 기반을 둔 새로운 천문학: 위대한 튀코 브라헤 선생의 관측으로부터 얻은 화성 운동에 대한 논평을 통해 고찰된 천체 물리학》이라는 긴 제목이다.

이 책은 총 5권 70개의 장으로 나누어진다. 케플러는 먼저 후원자였던 루돌프 2세와 그의 스승 튀코 브라헤에 대한 헌사를 썼다. 제1권은 프톨레마이오스, 코페르니쿠스, 튀코의 가설들이 행성 운동의 불규칙성을 어떻게 설명하는지 비교한다. 제2권은 튀코가 화성 운동을 원으로 생각한 것의 타당성을 검증한다. 제3권은 태양과 지구 사이의 궤도를 다룬다. 지구를 움직이는 행성으로 볼 때, 지구에서 바라

본 태양의 궤도가 어떻게 나타나는지를 설명한다. 케플러는 그것으로부터 화성 운동의 중요한 법칙을 이끌어낸다. 제3권 32장에서 그는 다음과 같이 말한다.

"독자들은 프톨레마이오스의 형식에 따른 모든 가설에서는 이심률•이 얼마나 크든지 간에, 근일점••에서의 행성의 빠른 속도와 원일점•••에서의 느린 속도는 우주의 중심으로부터 행성에 그은 선분의 길이에 거의 비례한다는 것을 알아야 한다."

이것은 흔히 케플러의 제2법칙으로 알려진 '면적 속도 일정의 법칙'이다. 그동안 완전한 원궤도를 믿었던 천동설에 따르면, 행성의 운동은 일정한 시간 동안 항상 같은 각거리를 이동한다는 것이었다. 행성이 언제나 동일한 (각)속도로 태양을 돈다는 것이야말로 완벽히 조화로운 우주의 모습이었다. 그러나 케플러의 제2법칙은 행성이 태양과 가까워질 때 속도가 빨라지고, 멀어질 때 속도가 느려진다는 것을 의미했다. 천동설의 가장 중요한 전제 하나가 마침내 케플러에 의해 깨져나간 것이다.

이어서 케플러의 제1법칙은 화성의 궤도에 대해 설명하는 제4권에 등장한다. 화성은 당시까지 알려진 3개의 외행성, 즉 화성, 목성, 토성 중에서 궤도 이심률이 가장 큰 행성이었다. 이심률이란 물체의 궤도가 완벽한 원에서 벗어난 정도를 수치화한 것이다. 결과론적인 이야기이지만, 화성의 이심률은 목성과 토성의 약 2배로, 화성은 목

• 물체의 운동이 원운동에서 벗어난 정도
•• 태양의 둘레를 도는 행성의 궤도 위에서 태양에 가장 가까운 점
••• 태양의 둘레를 도는 행성의 궤도 위에서 태양과 가장 멀리 떨어지는 점

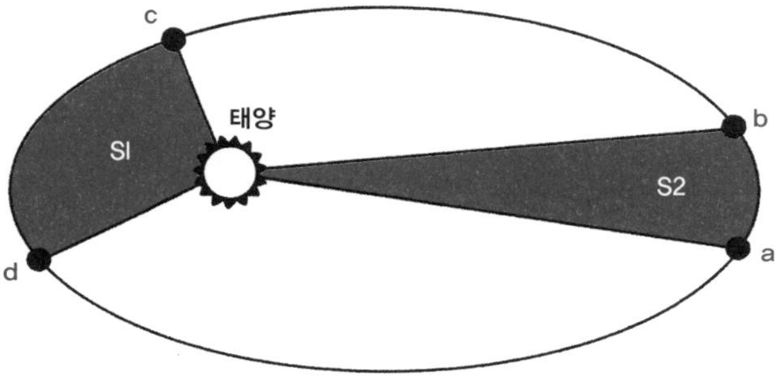

케플러의 제2법칙 | 흔히 '면적 속도 일정의 법칙'으로 불린다. 행성과 항성을 연결하는 선은 같은 시간 동안 항상 같은 면적을 쓸고 간다. 그림에서 볼 수 있듯이, 행성이 동일한 시간 동안 쓸고 간 S1과 S2의 면적이 같다면, 그 행성의 속도는 a에서 b로 이동할 때 느려지고, c에서 d로 이동할 때 빨라진다. 이것은 행성의 각속도가 항상 일정하다는 전통적인 천동설의 전제를 무너뜨린다.

성과 토성보다 더 일그러진 타원 궤도를 그리며 돈다. 따라서 화성에 관한 튀코의 정밀한 관측 데이터를 이용하여 화성의 타원 운동이 아닌, 원운동 모델을 설명하는 것은 처음부터 불가능한 일이었다.

당시 케플러가 발견한 화성의 실제 운동과 원운동 모델 사이의 불일치는 8각분이었다.* 그러나 튀코의 관측기구는 4각분의 10초까지 정밀한 측정이 가능했다. 그것은 8각분이라는 오차는 튀코의 관측기구가 일으킬 수 있는 오차 범위를 훨씬 넘어선다는 것을 의미했다. 선택지는 2가지였다. 튀코의 관측 데이터를 오류라고 결론 내리고 예전처럼 원운동 모델을 지키거나, 아니면 원운동 모델을 버리고 튀코

* 각도로 1도는 60각분이고, 1각분은 60각초이다. 튀코 브라헤 이전에는 천체 관측 오차가 20각분 이내라면 대체로 만족했다고 한다.

의 관측 데이터에 맞는 새로운 모델을 고안하는 길이었다. 케플러는 결국 후자를 선택했다.

그는 행성의 궤도에 긴 원, 계란형 등을 대입시켜보았고, 결국 타원 궤도를 가정했을 때 관측 데이터와 정확히 일치했다. 제4권 58장에서 케플러는 마침내 행성 궤도가 타원이라고 선언했다.

"내 주장은 49, 50, 56장에서와 같습니다. 43장의 원은 너무 크고 45장의 타원은 너무 작기 때문에 잘못되었습니다. 그리고 그것들이 각각 초과하거나 부족한 양은 동일합니다. 이제 원과 타원 사이에는 다른 타원을 제외하고는 어떤 형태도 들어갈 수 없습니다. 따라서 행성의 궤도는 타원입니다."

고대 그리스 이래 천문학자들의 뇌리를 지배했던 원운동의 속박에서 인류가 최초로 벗어난 순간이었다. 오늘날 우리는 케플러의 제1법칙을 '타원 궤도의 법칙'으로 부르고, 태양 주위를 공전하는 행성은 타원 궤도를 그리며, 이 타원의 한 초점에 태양이 위치한다고 이해한다.

케플러는 두 법칙을 발견하기까지 수많은 시행착오를 거쳤다. 그는《새로운 천문학》에서 다음과 같이 쓰고 있다.

"독자들이여, 만약 여러분이 이 신물 나는 과정에 지친다면 나를 측은히 여기시오. 왜냐하면 나는 많은 시간을 허비하고, 그것을 적어도 일흔 번이나 수행했기 때문입니다."

자신의 발견이 얼마나 많은 실패와 시행착오의 결과인지를 케플러는 독자에게 전달하고 싶었던 것이다.

튀코가 케플러에 대해 가졌던 우려는 결국 현실이 되었다. 튀코는 케플러가 자신의 관측 데이터를 활용하여 코페르니쿠스의 지동설이 아닌, 천동설과 지동설을 절충한 자신의 천체 이론을 증명해주길 기대했다. 그러나 케플러는 튀코의 정밀한 관측 데이터를 활용하여 결과적으로 코페르니쿠스설을 증명했고, 나아가 코페르니쿠스설이 버리지 못했던 몇 가지 천동설적 잔재들, 즉 원운동과 일정한 각속도 운동마저 폐기함으로써 지동설을 더욱 흔들림 없는 체계로 발전시켰던 것이다.

◆ 하나님이 설계한 우주의 조화를 더 믿었던 과학자

케플러의 《새로운 천문학》은 세상에 어떻게 받아들여졌을까? 케플러는 정작 자신을 유명하게 만든 3가지 법칙들에 특별한 이름을 붙이지 않았고, 나아가 그의 다른 발견들보다 더 가치 있게 여기지도 않았다고 전해진다.• 그것은 아마 독실한 루터파 기독교인으로 살았던 케플러가 하나님이 설계한 우주의 조화로움에 평생 빠져 있었던 것과 관련이 있다.

1596년 출간된 케플러의 첫 책《우주의 신비》의 원래 제목은《5개의 입체로 증명된 천구의 놀라운 비례, 수, 크기, 천체의 주기 운동

● 케플러의 3가지 법칙이란, 1738년《뉴턴 철학의 요소들(Éléments de la philosophie de Newton)》을 집필한 프랑스 계몽사상가 볼테르가 처음 명명함으로써 알려지게 되었다.

의 진실, 그리고 특별한 원인에 관한 우주의 신비를 담은 우주론 입문》이라는 긴 제목이다. 이 책에서 케플러는 다섯 도형과 원을 이용하여 행성 궤도의 조화로움을 보여주었다. 다면체 중에서 피타고라스 입체나 플라톤의 입체로 알려진, 모든 면이 같은 크기를 갖는 입체는 오직 5개뿐이다. 태양을 우주의 중심에 놓았던 케플러는 행성의 6개의 공전 궤도는 차례대로 5개의 다면체를 둘러싼 원이 대응한다고 생각했다. 케플러는 하나님이 우리에게 왜 6개의 행성만 주었는지, 그 이유는 하나님이 우주를 만들 때 이런 조화로움을 고려했기 때문이라고 여겼다.

케플러는 하나님이 우주를 수학적으로 설계했으리라는 믿음을 평생 저버리지 않았다. 그런 케플러가 우주의 조화로움을 상징하는, 행성의 원운동에 대한 미련을 쉽게 포기하기란 힘든 일이었다. 원은 케플러에게 여전히 우주의 조화를 말해주는 도형이었다. 그렇기에 케플러는 자신이 발견한 3가지 법칙보다는 《우주의 신비》에서 제시했던 다면체 우주론을 더 자랑스럽게 여겼다고 한다. 케플러는 1619년 《우주의 조화(Harmonices Mundi)》에서 행성 운동의 제3법칙인 '조화의 법칙'을 발표한 뒤, 2년 후 《우주의 신비》 초판에 각주들을 추가하여 제2판을 간행했다.

케플러는 각자의 궤도상에서 서로 다른 속도로 운동하는 행성들은 서로 다른 음정을 연주하는 중이라고 믿었다. 천체의 운동은 하나님이 작사, 작곡한 아름다운 노래였다. 그는 여전히 말년까지도 하나님이 창조한 우주의 조화로움을 전혀 의심하지 않았던 것이다.

함께 읽으면 좋은 책

- **《행성운동과 케플러》** 제임스 R. 뵐켈, 바다출판사, 2006
- **《케플러: 신앙의 빛으로 우주의 신비를 밝히다》** 성영은, 성약, 2011

10

윌리엄 하비
《동물의 심장과 혈액의 운동에 관한 해부학적 실험》
1628

혈액의 온몸 순환을 최초로 밝히다

윌리엄 하비(William Harvey, 1578~1657)

영국의 외과 의사, 해부학자. 스무 살 무렵 이탈리아의 파도바 대학에서 의학을 공부한 뒤, 영국으로 돌아와 런던에 병원을 개업했다. 틈틈이 동물들을 해부하면서 심장과 혈액의 순환 관계에 대해 깊이 연구했다. 1616년 런던 왕립 의과대학에서 혈액 순환에 대한 의견을 공식적으로 발표했고, 1628년 《동물의 심장과 혈액의 운동에 관한 해부학적 실험》이라는 책을 집필하여 혈액이 온몸을 순환하는 원리를 설명했다.

※ 주요 저서: 《동물의 심장과 혈액의 운동에 관한 해부학적 실험》

갈릴레이가 수학 교수로 파도바 대학에서 학생들을 가르치고 있을 때, 영국의 한 젊은이가 의학을 배우러 찾아왔다. 훗날 혈액 순환의 원리를 발견한 윌리엄 하비였다. 그가 파도바 대학에서 공부한 시기는 1598년부터 1602년까지 약 4년간이었다. 이 시기 동안 그가 갈릴레이와 만났을 가능성은 무척 높지만, 우리는 두 사람의 만남에 대한 정확한 기록을 찾을 수는 없다.

근대에 이르기까지 의학의 어떤 분야들은 여전히 주술이나 고문에 비견할 만큼 아슬아슬한 지점에 놓여 있었다. 마취제가 없었던 당시, 환자의 부패한 다리를 절단해야 할 때는 그 환자를 때려 기절시킴으로써 곧 엄습할 고통에서 해방시켰고, 16세기 프랑스 외과 의사 앙브루아즈 파레가 새로운 혈관 봉합법을 발견하기 전까지는 지혈한다는 명목으로 끓는 기름을 상처에 붓는, 고문과 다를 바 없는 의술이 행해지기도 했다.

혈액은 그중에서도 신비한 영역으로 남아 있었다. 1667년 11월 영국 왕립학회에서 열린 한 의학 실험은 오늘날에는 도저히 믿기 힘든 것으로, 평소 정신 착란에 시달리던 병자의 혈관에 양의 혈액을 주입하는 실험이었다. 그리스도를 상징하는 양의 혈액이 정신 착란을 치료할 수 있다는 믿음 때문이었다. 의술과 주술의 경계가 얼마나 모호했는지를 보여주는 에피소드가 아닐 수 없다.

윌리엄 하비는 1578년 영국 켄트주에서 태어났다. 16세 무렵 케임브리지 대학 카이우스 칼리지에 입학했고, 20세 무렵에는 당시 유럽 최고의 명문이었던 파도바 대학으로 유학을 떠났다. 당시 하비를 맞아준 사람은, 1543년《인체의 구조에 관하여》를 쓴 베살리우스로부터 파도바 대학에서 박사 학위를 받고 해부학 및 외과학 교수가 된 히에로니무스 파브리치우스였다. 하비는 파브리치우스의 집에 기거하며 의학을 공부했는데, 당시 파브리치우스의 연구 주제는 정맥의 밸브, 즉 판막의 기능에 관한 것이었다.

1602년 박사 학위를 취득한 뒤 영국에 돌아온 하비는 곧 런던에서 병원을 개업했고, 1618년부터는 제임스 1세의 궁정 보조의로 일하기 시작했다. 그는 틈틈이 동물들을 해부하면서 심장과 혈액의 순환 관계에 대해 깊이 연구했다. 1616년 런던 왕립 의과대학에서 하비는 혈액 순환에 대한 자신의 의견을 공식적으로 발표했고, 1628년 혈액 순환에 대한 자신의 이론을 담은《동물의 심장과 혈액의 운동에 관한 해부학적 실험(Exercitatio Anatomica de Motu Cordis et Sanguinis in Animalibus)》이라는 책을 집필했다.

◆ 혈액의 폐순환 vs 혈액의 체순환

약 70여 쪽의 라틴어로 쓰인 이 책은 먼저 동물 실험을 통한 혈액과 심장의 운동을 다루고, 이어서 인체의 혈액 순환에 대한 새로운 가설을 제시하고 있다.

고대 이래 혈액 이론은 2세기 무렵 활약했던 그리스 의학자 갈레노스의 설을 대체로 따른 것이었다. 갈레노스에 의하면, 인간이 섭취한 음식물은 간에서 혈액으로 바뀐다. 그리고 심장의 우심실에서 들어온 혈액은 우심실과 좌심실 사이의 격벽에 있는 조그만 구멍을 통해 좌심실로 이동한 뒤, 정맥을 따라 신체 말단에 가서 에너지처럼 소모된다.

그러나 하비는 이 같은 갈레노스의 혈액론에 의문을 느꼈다. 판막의 구조와 위치를 실험적으로 증명한 스승 파브리치우스는 1603년에 집필한《정맥의 판막에 관하여(De Venarum Ostiolis)》에서 판막의 기능은 댐의 수문처럼 정맥에서 혈액의 역류를 막는 것, 다시 말해 혈액의 흐름을 한쪽 방향으로 고정하는 역할을 하는 것이라고 주장했다. 아울러 판막이 제어하는 혈액의 방향은 갈레노스가 말했던 것처럼 신체 말단으로 흘러가 소모되는 것이 아니라, 신체 말단에서 심장 쪽이어야 한다는 것을 알려주었다.

또 하비는 만약 혈액이 갈레노스의 주장처럼, 신체 말단으로 흘러가 소모된다면, 인간은 하루 중에도 엄청난 양의 혈액을 새로 만들어야만 한다고 생각했다. 하비는 그 혈액의 양을 직접 계산해 보이기도 했다. 맥박이 한 번 뛸 때 56.6그램의 피가 방출되는데, 1분 동안 맥박의 평균 수는 72번으로 약 240킬로그램 가량의 피가 1시간 동안 방출된다. 만약 갈레노스의 주장처럼 혈액이 몸의 각 부위에서 에너지처럼 소모된다면, 우리 몸은 1시간 동안 적어도 240킬로그램 정도의 혈액을 생산해야 한다는 결론에 이른다. 이것은 도저히 불가능한 일이다.

이로써 하비는 자신의 혈액 순환론을 제시했다. 우심실로 들어온 혈액은 폐동맥을 통해 폐를 경유하고, 이후 폐정맥을 통해 좌심방으로 들어와 좌심실로 이동한다. 그리고 좌심실 안의 혈액은 심장의 펌프질을 통해 대동맥을 거쳐 온몸을 순환한다. 이렇게 온몸을 순환한 혈액은 대정맥을 통해 우심방으로 돌아와 우심실로 들어온다.

물론 하비가 이 같은 혈액 순환의 원리를 최초로 발견한 것은 아니었다. 하비 이전에 이미 혈액의 순환을 생각했던 사람들이 있었다. 시리아의 다마스쿠스에서 태어나 13세기에 활약했던 이슬람 의학자 이븐 알 나피스는 카이로에서 병원을 운영했는데, 심장 해부를 통해 갈레노스의 주장과는 달리, 심실 사이의 격벽에는 구멍이 없다는 사실을 밝혀냈다. 아울러 그는 심장의 혈액이 폐를 돌아오는 혈액 소순환, 즉 폐순환을 처음으로 발견했다. 다시 말해 심장 우측의 혈액은 폐동맥을 통해 폐로 전달되고 거기서 공기와 합쳐진 뒤 폐정맥을 거쳐 좌심실로 들어온다는 것을 확인한 것이다. 알 나피스 이후 거의 300년 뒤 파리 대학에서 베살리우스와 함께 공부했던 스페인 의사 미카엘 세르베투스도 1553년 《기독교의 회복(Christianismi Restitutio)》이라는 책에서 혈액의 폐순환을 주장했다.

그러나 하비 이전의 혈액 순환론을 주장한 학자들은 대체로 혈액이 우심실에서 폐를 돌아 좌심실로 돌아온다는 폐순환(소순환)에 대해서만 이야기했다. 하비는 이 기존 학자들의 폐순환 이론을 자신이 발견한 체순환•과 연결시킴으로써 혈액이 온몸을 순환하는 과정을 최초로 밝힌 것이다.

◆ 폐는 혈액의 순환에 어떤 역할을 할까?

하비가 혈액 순환론을 발표하자 엄청난 공격과 비난이 쏟아졌다. 그들은 주로 하비의 혈액 순환론이 해결하지 못한 난점을 파고들었다. 우선 동맥과 정맥이 어떻게 연결되어 있는지를 하비는 보여주지 못했는데, 그것은 하비에게 비판적이었던 사람들이 혈액 순환론을 받아들이지 않았던 가장 큰 이유였다. 아울러 하비는 우심실의 혈액이 좌심실로 바로 가지 않고, 왜 굳이 폐를 거쳐 좌심실로 가는지도 설명하지 못했다. 한마디로 혈액의 순환에서 폐의 기능이 불명확했던 것이다.

• 현대 의학에 따르면, 혈액의 체순환이란 좌심실의 수축에 의해 대동맥으로 밀려 나간 동맥혈이 동맥을 거쳐 온몸의 모세 혈관으로 나가 조직 세포에 산소와 영양분을 공급하고 이산화탄소와 노폐물을 받아 정맥혈이 되어 우심방으로 돌아오는 과정이다. 반면, 폐순환은 체순환을 마치고 우심방에서 우심실로 들어온 정맥혈이 우심실의 수축에 의해 폐동맥으로 간 다음 폐에서 산소와 이산화탄소의 교환을 통해 동맥혈이 된 뒤, 폐정맥을 통해 다시 좌심방으로 오기까지의 과정이다.

이런 문제들은 하비가 죽은 뒤에서야 해결되었다. 이탈리아의 생물학자 마르첼로 말피기는 개구리의 폐 조직을 현미경으로 관찰하던 중, 동맥과 정맥 사이에 육안으로는 볼 수 없었던 모세 혈관을 발견했고, 그것을 1661년에 발표했다. 하비의 혈액 순환론의 가장 고민스러웠던 문제 하나가 입증된 것이다. 또 영국인 의사 리처드 로워는 검붉은 색깔의 정맥혈이 폐를 통과하면서 선홍색의 혈액으로 바뀐다는 것을 알아냈다. 폐는 혈액에게 영향을 주는 어떤 역할을 하는 것이라는 추측이 가능했다. 18세기에 이르러 프랑스 화학자 라부아지에는 사람을 비롯한 모든 동물의 호흡이 동일한 연소 과정의 일종이라고 주장했다. 호흡은 공기 중의 특정 성분, 즉 산소와 관련이 있다는 것을 발견한 것이다. 19세기 무렵 마침내 의학자들은 폐는 호흡을 통해 들어온 산소를 흡수하여 혈액에 공급하는 한편, 혈액 속의 노폐물인 이산화탄소를 배출하도록 돕는 역할을 한다는 것을 알게 되었다.

이로써 17세기 무렵까지도 의술과 주술의 경계에서 방황하던 혈액 이론은 하비의 혈액 순환론을 통해 마침내 과학적 이론으로 재정립될 수 있었던 것이다.

함께 읽으면 좋은 책

- **《현대 의학의 선구자 하비》** 졸 쉐켈포드, 바다출판사, 2006
- **《하비가 들려주는 혈액 순환 이야기》** 손선영, 자음과모음, 2006

11

아이작 뉴턴
《자연 철학의 수학적 원리》
1687

더 멀리 내다보려면 거인의 어깨에 올라서라

아이작 뉴턴(Isaac Newton, 1642~1727)

영국의 수학자이자 물리학자, 천문학자. 1666년 페스트를 피해 울즈소프의 고향 집에 피신했을 때, 근대 과학의 핵심 이론들을 고안했다. 그가 발견한 것들은 빛의 이론, 반사 망원경의 원리, 미적분의 발명, 만유인력의 법칙 등 다방면에 걸쳐 있었다. 1687년 《자연 철학의 수학적 원리》에서 만유인력을 중심으로 지상계와 천상계의 역학을 통합했고, 그것으로 행성 운동을 설명함으로써 명실상부 최고의 근대 과학자의 지위에 오르게 되었다.

※ 주요 저서: 《자연 철학의 수학적 원리》 《광학》

1684년 8월 어느 날 핼리 혜성으로 유명한 영국의 천문학자 에드먼드 핼리는 케임브리지로 향하고 있었다. 그는 얼마 전 런던의 한 찻집에서 건축가 크리스토퍼 렌, 자연 철학자 로버트 훅과 함께 고민했던 문제 하나를 뉴턴에게 물어볼 참이었다. "태양이 행성을 끌어당기는 힘이 태양과 행성 사이의 거리의 제곱에 반비례한다면, 행성들은 어떤 궤도를 그릴 것인가?"라는 문제였다.

뉴턴은 핼리에게 이 질문을 듣자마자 기다릴 새도 없이 답했다. 그것은 타원 궤도이며, 본인이 얼마 전에 계산한 적이 있다는 것이다. 핼리는 반색했다. 그는 즉시 뉴턴이 계산한 종이를 보고 싶어 했다. 그러나 뉴턴은 복잡한 책과 서류 더미 안에서 그것을 바로 찾아내지 못했다. 대신 뉴턴은 핼리에게 다시 그것을 계산해서 보내주겠다고 약속했다. 그해 11월 뉴턴은 핼리에게 타원 궤도를 증명한 〈물체의 궤도 운동에 관하여(De motu corporum in gyrum)〉라는 소논문을 보냈다. 이 논문의 독창성에 놀란 핼리는 뉴턴에게 즉각 역학과 천문학 전체를 정리한 책의 집필을 권유했다. 핼리의 권유를 받아들인 뉴턴은 책의 집필을 시작했고 그로부터 약 3년이 지난 1687년 3월경 핼리에게 원고를 넘기게 된다. 뉴턴의 원고를 받아든 핼리는 즉시 원고를 책으로 출판하는 일에 매진했다. 미적지근한 왕립학회를 설득했고, 출판에 필요한 경비 또한 전액 자신이 부담했다.

과학 혁명의 대미를 장식한 뉴턴의 3가지 운동법칙

근대 과학의 역사상 불후의 명작으로 손꼽히는《자연 철학의 수학적 원리(Philosophiae Naturalis Principia Mathematica)》, 일명《프린키피아(Principia)》가 탄생한 배경이었다. 많은 과학사학자들은 코페르니쿠스의《천구의 회전에 관하여》가 과학 혁명의 서막을 열었다면, 뉴턴의《프린키피아》는 과학 혁명의 대미를 장식했다고 말한다. 그렇다면, 무엇이《프린키피아》를 그렇게 최고의 책으로 만들었을까?

이 책은 크게 3권으로 이루어져 있다. 가장 유명한 부분은 제1권 물체들의 움직임일 것이다. 뉴턴은 먼저 질량, 운동량, 관성, 구심력 등의 개념을 설명하는 것으로부터 시작한다. 그리고 그 유명한 뉴턴의 3가지 운동 법칙, 즉 관성의 법칙, 가속도의 법칙, 그리고 작용 반작용의 법칙이 등장한다. 이후 이 세 법칙에서 파생된 6개의 따름 정리(corollary)•가 제시된다. 이어서 제1권은 어떤 힘이 주어졌을 때 물체들이 그리는 궤도가 무엇인지를 수학적으로 증명하고 있다.

총 9장으로 이루어진 제2권은 저항이 있는 매질••에서의 물체들의 움직임을 논하고 있다. 제6장에서는 특히 진자의 운동과 저항에 대한 자세한 설명을, 그리고 제9장에서는 르네 데카르트의 소용돌이 우주론을 겨냥한 유체의 회전 운동을 말하고 있다. 데카르트의 소용돌이 우주론은 우주 공간을 가득 채운 매질로서의 입자가 소용돌이치면서 행성들의 운동을 일으킨다는 것이다. 그러나 뉴턴은 여러 가지 유체 역학적 사실들을 예시한 뒤, "소용돌이 가설은 궁극적으로 천문 현상과 맞지 않으며, 천체의 운동을 설명하기보다는 오히려 혼란스럽게 만든다"고 단언한다.

제3권은 태양계의 구조를 논하고 있다. 여기서 뉴턴은 그 유명한 만유인력이라는 힘을 도입한다. 법칙 13에서 그는 "태양을 향한 행성들의 무게는 태양의 중심에서부터 거리의 제곱에 역으로 비례하니, 만약에 태양이 가만히 있고 다른 행성들이 서로 힘을 가하지 않으면, 행성들의 궤도는 타원이 되며, 태양이 그들의 공통 초점이 된다"라고 썼다. 태양과 행성 간의 만유인력은 거리의 제곱에 반비례하는 형태로 작용하고, 이때 행성의 궤도는 타원이 된다는 것을 말하고 있다. 뉴턴은 이 밖에도 바닷물의 밀물과 썰물 현상, 그리고 혜성들의 운동 등을 만유인력을 도입하여 자세히 설명하고 있다.

물론 이 같은 뉴턴의 이론들이 어느 날 갑자기 아무런 배경 지식 없이 고안된 것은 아니었다. 뉴턴은 스스로 자신이 더 멀리 내다볼 수 있었다면, 그것은 거인들의 어깨에 올라섰기 때문이라고 말했다. 뉴턴의 발견은 상당 부분 선인들의 업적에 힘입은 것이었다. 뉴턴의 제1법칙으로 불리는 관성의 법칙은 뉴턴 이전의 갈릴레이와 데카르트

● 어떤 명제나 정리로부터 옳다는 것이 쉽게 밝혀지는 다른 명제나 정리

●● 어떤 물리적 작용을 한곳에서 다른 곳으로 전달해주는 매개물

의 관성 개념을 발전시키고 구체화한 것이다. 뉴턴 과학의 핵심적 개념으로 일컬어지는 만유인력도 17세기 초부터 윌리엄 길버트, 존 윌킨스, 요하네스 케플러 등에 의해 제기되고 있었다. 그들은 지구는 물론, 달과 태양이 끌어당기는 힘을 가졌다는 점을 일찍부터 주장했다. 갈릴레이는 바다의 밀물과 썰물이 지구의 자전 때문이라는 잘못된 해석을 내리기도 했지만, 바닷물이 왜 차고 빠지는지는 과학자들의 오랜 관심사였다.

그렇다고 해서 그 누구도 뉴턴의 업적을 결코 과소평가할 수는 없다. 지상의 낙하 현상과 행성들의 궤도 운동을 만유인력이라는 단일한 힘을 바탕으로 수학적으로 설명하고, 나아가 혜성의 운동, 밀물과 썰물에 이르기까지 종래 개별적으로 이해되거나 오류가 있었던 현상들을 하나의 일관된 체계 안에 바로잡고 완성시킨 사람은 뉴턴이 유일했기 때문이다.

◆ 프랑스 계몽주의에 영향을 준 뉴턴의 합리주의와 이성주의

《프린키피아》는 어떻게 받아들여졌을까? 재미있는 일화가 하나 전해진다. 어느 날 캠퍼스를 지나가고 있던 뉴턴을 본 한 학생이 "본인도 다른 누구도 이해하지 못하는 책을 쓴 사람이 저기 걸어가네"라고 했다는 일화이다. 역사가 A. 루퍼트 홀은 처음 뉴턴의 책을 이해한 사람은 고작 6명가량이었을 것으로 추정했다. 한마디로 독자에 대한 배려 따위는 없는 책이었다. 뉴턴은 미적분학의 발명자로서도 유명한데,《프린키피아》를 집필하던 당시 이미 미적분학을 알고 있었다. 그러나 그는 미적분학이라는 새로운 수학적 도구를 놔두고, 고도의 기하학을 사용하여 모든 명제를 증명했다. 미적분은 아직 많은 사람들에게 알려지지 않았기 때문에 뉴턴은 오래전부터 널리 알려진 기하학의 방법을 사용한 것으로 여겨진다. 그러나 혹자는 뉴턴이 수학을 어설프게 알고 있는 사람들의 공격을 받지 않기 위해 미적분보다 풀이 방법이 훨씬 복잡한 기하학으로 책을 난해하게 썼다고도 한다. 자신의 이론을 이해할 수 있을 정도의 사람들에게만 자신의 책을 비판할 권리를 허용했다는 것이다.

책의 출간 이후 강력한 비판의 화살이 날아들었다. 로버트 훅은 중력의 역제곱 법칙을 자신이 뉴턴보다 먼저 발견했다고 주장했다. 그것을 알고 있었을 뉴턴이《프린키피아》의 서문에서 적어도 자신의 이름을 언급했어야 한다는 것이다. 훅이 역제곱 법칙의 아이디어를 뉴턴과 관계없이 떠올린 것은 어느 정도 사실이지만, 그가 역제곱 법칙과 타원 궤도의 관련성을 수학적으로 증명한 기록은 발견되지 않는다.

기계론 철학자들이었던 데카르트주의자들도 비판 대열에 합류했다. 그들은 뉴턴의 중력 개념 자체를 혹독하게 비판했다. 데카르트주의자들은 뉴턴의 중력 개념은 중세의 연금술사들이 믿었던 신비한 원격 작용력의 부활에 불과하다고 공격했다. 그 같은 신비한 마술적 힘은 과학에서 추방되어야 한다는 것이다. 그들은 멀리 떨어진 두 물체가 허공을 가로질러 힘을 주고받는 것은 마술에서나 가능한 이야기이며, 비록 눈에 보이지 않더라도, 그 사이에서는 어떤 물질들에 의한 인접 작용이 일어난다고 추정했다. 달과 지구 사이도 텅 빈 공간이 아니라 소용돌이치는 입자와 같은 어떤 물질이 있다는 것이다. 단, 그러한 주장은 증명된 적이 없는, 가설의 영역에 머물렀다.

1713년 뉴턴은《프린키피아》제2판을 출판했는데, 여기에 일반해설(General Scholium)을 추가하여 자신의 책에 쏟아진 비판들에 답했다. 여기에는 "나는 가설을 만들지 않는다"라는 유명한 구절이 나오는데, 그것은 증명된 적 없는 소용돌이 입자가 텅 빈 허공을 가득 채우고 있다는 데카르트주의자들의 가설을 겨냥한 것이다.

그러나 뉴턴에게 중력의 원인은 큰 문제가 아니었다. 비록 그 원인을 모르더라도, 뉴턴은 중력이라는 힘을 가정함으로써 질량을 가진 물체들 사이의 움직임을 계산할 수 있다는 점이 중요했다.• 그것이야말로 과학의 유익함이고, 역사는 결과적으로 이런 뉴턴의 생각에 손을 들어주었다.

1727년 4월 4일 프랑스의 계몽사상가 볼테르는 영국에서 열린 한 과학자의 성대한 장례식에 참석했다. 그것은 뉴턴의 장례식이었다. 왕실의 유력자나 고위 정치가도 아닌 한 과학자의 장례식이 국가장으로 치러지는 것을 목격한 볼테르는 그때 큰 충격과 감동을 느끼게 된다. 그 색다른 경험은 프랑스로 돌아간 볼테르를 뉴턴 과학의 열

• 참고로 중력의 원인은 오늘날까지도 정확히 모른다. 아인슈타인은 일반 상대성 이론을 제시하여 질량이 큰 물체는 주변의 시공간을 왜곡시키고, 주변의 물체가 서로를 향해 떨어지게 한다고 보았다. 그러나 아인슈타인의 중력 이론도 여전히 가설의 영역에 머물러 있다.

렬한 전도사로 만들었다. 18세기 프랑스를 중심으로 시작된 계몽주의 운동에 뉴턴의 합리주의와 이성주의가 깊이 뿌리내리게 된 계기였다.

함께 읽으면 좋은 책

- **《아이작 뉴턴》** 제임스 글릭, 승산, 2008
- **《뉴턴의 시계》** 에드워드 돌닉, 책과함께, 2016
- (전4권)**《아이작 뉴턴》** 리처드 S. 웨스트폴, 알마, 2016

12

토머스 쿤
《과학 혁명의 구조》
1962

과학은 정말 진보하는 지식인가?

토머스 쿤(Thomas Kuhn, 1922~1996)

미국의 물리학자, 과학사학자. 하버드 대학에서 물리학을 전공한 뒤, 과학사학자의 길로 들어섰다. 1962년 《과학 혁명의 구조》를 출간하여 과학이 누적적으로 진보한다는 그동안의 통념에 일격을 가했다. 과학철학자 칼 포퍼에 대항하여 과학의 발전은 패러다임의 전환에 의해 혁명적으로 이루어진다고 주장했다. 그의 과학 혁명론은 20세기 후반 과학적 상대주의 진영이 힘을 키우는 데 있어 결정적인 계기가 되었다.

※ 주요 저서: 《코페르니쿠스 혁명》 《과학 혁명의 구조》 《구조 이후의 길》

과학이 발달한다는 것을 의심하는 사람은 드물 것이다. 과학의 발달은 실험과 관찰을 통한 합리적 증거의 결과물이며, 새 과학은 항상 낡은 과학보다 진보할 것이라는 믿음이다. 20세기를 넘어서며 과학의 승승장구를 목격한 일군의 철학자들은 이런 과학의 특성에 큰 관심을 갖게 되었다. 과학이 이렇게 진보하는 것은 여타의 학문들과는 다른, 과학 활동만이 가진 어떤 특별한 메커니즘 때문이 아닐까? 만약 그것을 발견할 수 있다면, 과학 이외의 학문에도 응용할 수 있지 않을까? 논리 실증주의를 대표하는 루돌프 카르나프, 반증주의자 칼 포퍼 등은 과학이 가진 이런 특별한 방법론을 규명하고자 노력했다.

그러나 1962년 이런 그동안의 믿음을 근본적으로 되묻는 저서가 출간되자 사람들은 경악하지 않을 수 없었다. 그것은 과학론에 관한 세기의 저작이라고 해도 손색이 없는 토머스 쿤의《과학 혁명의 구조(The Structure of Scientific Revolutions)》이다. 쿤은 왜 기존의 일반적인 믿음을 뒤집는 저서를 쓰게 되었을까?

1922년에 태어난 토머스 쿤은 하버드 대학에서 물리학을 전공했다. 1947년 가을 물리학 박사 과정을 밟고 있던 그는 당시 하버드 대학의 총장 제임스 코넌트가 개설한 교양 과학 수업에 강사로 참여했다. 그 수업은 문과 계열 학생들에게 물리학의 역사를 강의하는 수업이었다. 수업을 준비하던 쿤은 고대 그리스에서 등장한 아리스토텔레스의 물리학이 17세기에 뉴턴의 근대 물리학이 등장하기 전까지 어떻게 그렇게 오랫동안 서양인들의 의식을 지배했는지 의문을 갖게 되었다. 다시 말해 서양인들은 역학의 기본 법칙은 물론, 관성이나 중력 개념도 갖지 못한 그런 엉터리 같은 아리스토텔레스의 물리학을 왜 2000년가량이나 믿고 있었느냐는 것이다.

1949년 물리학 박사 학위를 취득한 쿤은 이 같은 의문에 사로잡힌 후 본격적인 과학사 연구자의 길로 들어섰다. 그 의문의 결실로 탄생한 것이 바로 1962년 과학에 관한 통념을 뒤흔든《과학 혁명의 구조》였다.

◆ '패러다임'이라는 개념을 과학에 처음 사용한 토머스 쿤

쿤에 따르면 과학은 누적적으로 발전하는 지식이 아니다. 그는 먼저 자신의 과학관을 설명하기 위해 패러다임(paradigm)이라는 개념을 제시한다. 패러다임이란 "어느 일정한 시기 동안 전문가 집단에게 모형 문제들과 그 풀이들을 제공하는 보편적으로 인식된 과학적 성취들"이다. 과학자 집단은 어느 시기든지 하나의 패러다임을 공유한다. 학생들은 이 패러다임을 배움으로써 과학자 집단의 일원이 되기 위한 준비를 한다. 학회, 연구자, 대학교수들은 이 패러다임을 공유하고 후속 세대에 전달함으로써 과학적 지식의 동일성에 기여한다.

좀 더 자세히 살펴보면, 이 패러다임은 기호적 일반화, 모형, 가치, 범례 등 4가지로 구성된다. 기호적 일반화란 수학 공식을 떠올리면 쉽게 이해할 수 있다. 우리는 뉴턴의 중력 법칙을 수학적 기호로 일반화시켜낼 수 있다. 모형이란 이 기호적 일반화를 구체적인 사례로 재구성한 것을 뜻한다. 우리는 사과가 떨어지는 것을 보고 그것을 뉴턴의 중력 이론에 연결시킨다. 가치는 말 그대로 패러다임에 대해 과학자들이 중요시하는 것을 뜻한다. 마지막으로 범례는 인상적인 성공 사례를 가리킨다. 패러다임을 공유한 과학자들은 그 패러다임에 의지하여 자연계로부터 다양한 사례들을 모은다. 이것을 다른 말로는 문제 풀이, 즉 퍼즐 풀이라고도 부른다.

쿤에 따르면, 과학은 정상 과학 → 변칙 사례 → 위기 → 새 과학의 순서로 진행된다. 매일 매일 바빠 보이는 듯해도, 사실 과학자들의 일상은 이렇게 구성된다. 대부분의 과학자들은 하나의 중심 패러다임에 의존하여 다양한 문제들을 풀어낸다. 예를 들어, 에너지 보존 법칙이라는 패러다임을 공유한 과학자들은 이 법칙에 의존하여 자연계의 다양한 현상들을 해석하고, 문제를 만들기도 하며, 그것을 풀어나간다. 쿤은 이것을 정상 과학이라고 부른다. 다시 말해, 정상 과학이란 하나의 잘 갖춰진 패러다임을 공유한 과학자들의 행동 양식이다.

과학자들은 다양한 퍼즐 풀이를 통해 패러다임을 강화시키는 경험적 사례를 발굴해나간다. 그것은 마치 입시를 앞둔 학생들이 수학 교재의 문제 풀이를 통해 수학 법칙을 매일 훈련하는 것과 다를 바 없다.

그러나 이처럼 흔들림 없어 보이는 정상 과학도 언젠가는 변칙 사례에 직면한다. 변칙 사례란 정상 과학이 가진 패러다임으로 결코 해결되지 못하는 이상적인 징후들을 일컫는다. 쿤에 따르면, 정상 과학자들 대부분은 이런 변칙 사례가 나타났을 때 동일한 반응을 보인다. 즉 대부분은 변칙 사례를 못 본 체 무시하거나 폐기해버린다.

그러나 만약 변칙 사례가 한두 개가 아니라, 대량으로 쏟아져 나온다면? 그것을 마냥 무시하기는 힘들다. 이때 일부 과학자들은 비로소 기존 이론에 뭔가 문제가 있을지도 모른다는 생각을 하게 된다. 쿤은 이것을 정상 과학의 위기라고 부른다. 정상 과학의 중심부보다는 주변부에 위치한 사람들일수록, 이 위기를 먼저 감지한다. 결국 그들은 변칙 사례를 설명하기 위해 기존 과학 이론 대신 새로운 과학 이론을 수용한다. 과학자들은 급속하게 이 새로운 과학 패러다임으로 빨려 들어간다.

프톨레마이오스의 천동설은 주전원과 이심원, 등각속도점 등을 고안해 넣는 등 천동설에 대폭적인 수정을 가했지만, 계속되는 변칙 사례, 즉 관측 오차의 누적에 시달렸다. 여기서 이 같은 변칙 사례를 예사롭지 않게 보는 사람들이 나타났다. 코페르니쿠스는 마침내 기존 패러다임(천동설)을 버리고 태양과 지구의 위치를 뒤바꿈으로써 문제를 해결했다. 과학 혁명이 도래한 것이다.

합리주의 vs 상대주의
과학의 본질을 둘러싼 논쟁의 시작

《과학 혁명의 구조》는 그야말로 논쟁적 저작이었다. 과학이 혁명적으로 교체된다는 주장은 과학의 누적적 진보와는 전혀 다른 과학관이었다. 가장 강력한 비판 세력은 칼 포퍼로 대표되는 반증주의 철학 진영이었다. 포퍼에 따르면, 과학의 발달은 열린 법정에서 철저한 증거에 의해 판결되는 엄정한 재판과도 같은 것이다. 과학 이론들이 대립할 때, 어떤 이론이 옳은지는 결국 실험적 증거물에 의해 판가름 난다는 것이다.

그러나 쿤은 그런 판결은 실제 과학의 역사에서는 작동하지 않는다고 말한다. 쿤은《과학 혁명의 구조》를 집필하기 전에《코페르니쿠스 혁명(The Copernican Revolution)》(1957)을 출판했다. 많은 사람들은 코페르니쿠스의 혁명은 천동설이라는 낡은 과학에 대한 지동설이라는 새로운 과학의 승리라고 믿는다. 그리고 그 과정야말로 과학 이론이 진보하는 좋은 예시라고 생각한다.

그러나 쿤에 따르면, 정작 천동설에서 지동설로의 교체 과정은 우리가 생각하는 것과는 많이 달랐다. 다시 말해 지동설은 천동설에 비해 더 좋은 과학 이론이었기 때문에 선택된 것이 아니었다는 것이다. 관측 정밀도는 천동설과 비슷한 수준이었고, 지구가 공전한다면 반드시 관측되어야 할 별의 연주 시차도 확인되지 않았으며, 금성의 위상에 최대 6배의 차이가 난다는 것도 망원경이 없었던 당시에는 확인 불가능했다. 그럼에도 불구하고 코페르니쿠스의 이론이 받아들여진 것은 실용적인 이유 때문이 아니라, 과학자들의 미적인(aesthetic) 취향 때문이었다. 쿤은 코페르니쿠스가 하늘의 기하학적 조화와 단순함을 중시하는 신플라톤주의에 특히 영향을 받았다고 강조한다. 그 결과 단순하고 조화로운 천문학을 미적으로 더 선호했다는 것이다. 이처럼 과학 이론의 경쟁과 선택에 과학자들의 취향을 배제할 수 없다는 주장은 큰 논란을 불러왔다.

쿤의 이론 중에서 '통약불가능성(incommensurability)'이라는 개념도 논쟁적이었다. 쿤에 따르면, 과학의 역사는 후행 패러다임이 선행 패러다임을 포괄하며 발전하는 것이 아니다. 패러다임이 교체되면, 문제의 관심이나 세계관, 언어적 개념들, 가치관 등이 모두 재구성된다. 따라서 두 패러다임 중 어느 쪽이 우월한지 판결해주는 하나의 공통된 기준은 있을 수 없다.

과학의 발달에 과학자의 취향이 개입한다거나, 선행과 후행 패러다임 사이의 우열을 가릴 수 있는 객관적 기준을 우리가 갖지 못한다는 생각은 엄청난 논란이 될 수밖에 없었다.

《과학 혁명의 구조》가 출판된 후, 과학의 발달을 바라보는 시각은 크게 두 진영으로 갈라졌다. 과학의 누적적 진보를 여전히 지키고자 하는 사람들, 이른바 과학적 합리주의자들이 한 편에 서 있었다면, 과학은 자연에 대한 어떤 가치관, 세계관의 전환이기에 공통된 합리적 기준으로 우열을 가릴 수 없다고 여기는 과학적 상대주의자들이 다른 한 편에 등장했다. 특히 상대주의 진영은 쿤을 계기로 급격히 그 영향력을 확대했다.

과학이 사회적으로 구성된다고 보았던 과학 사회학은 과학 지식

조차 사회적으로 구성될 수 있다고 보는 과학 지식 사회학으로 나아갔다. 과학은 여타의 신념 체계보다 나을 바 없다는 극단적 상대주의가 대두하기도 했다. 양 진영 간의 격렬한 대립은 1990년대에 일어난 과학 전쟁(Science War)•을 계기로 잠시 숨 고르기에 들어갔다. 그러나 그 여진은 계속되고 있다.

그런 점에서 과학의 발달에 대한 그동안의 이해에 도전한 쿤의 《과학 혁명의 구조》는 20세기 중엽 이후 과학의 본질을 둘러싼 대립과 논쟁의 시발점이 되었다고 해도 틀린 말이 아닐 것이다.

함께 읽으면 좋은 책

- **《현대과학철학 논쟁》** 토마스 쿤 외, 아르케, 2003
- **《과학혁명》** 로런스 M. 프린시프, 교유서가, 2017
- **《코페르니쿠스 혁명》** 토머스 쿤, 지식을만드는지식, 2016

• 1996년 앨런 소칼이라는 한 미국인 물리학자가 유명한 인문학 저널인 〈소셜 텍스트(Social Text)〉 특집호에 가짜 물리학 논문을 투고한 사건이다. 소칼은 〈경계 넘나들기: 양자 중력의 변형 해석학을 향하여〉라는 논문을 투고했지만, 약 2주 뒤 또 다른 잡지에서 자신의 앞선 논문이 과학 인문학 진영의 수준을 테스트하기 위해 의도적으로 날조한 논문이었다고 고백했다. 이 사건은 과학자들과 과학 인문학 진영의 진흙탕 싸움으로 번졌고, 결국 양쪽 모두에 깊은 상처를 남겼다.

3장

★

오늘날 과학의 위상을 만들어낸 근현대 과학 명저

13

안드레아스 베살리우스
《인체의 구조에 관하여》
1543

해부학,
의학의 중심부로 올라서다

안드레아스 베살리우스(Andreas Vesalius, 1514~1564)

벨기에 출신의 의사, 해부학자. 1533년 파리 대학 의학부에서 갈레노스의 해부학을 배운 뒤, 1537년부터 이탈리아 파도바 대학의 해부학 및 외과학 교수로 일했다. 인체를 직접 해부하고 관찰하는 실증적 태도를 의학에 도입했다. 1543년에 집필한 《인체의 구조에 관하여》는 근대 해부학의 출발을 알림과 동시에 의학계에 코페르니쿠스적 혁명을 일으킨 저서로 인정받는다.

※ 주요 저서: 《인체의 구조에 관하여》 《에피톰》

한국에서 월드컵이 열리던 2002년 국립 서울 과학관에서는 '인체의 신비전'이라는 색다른 전시회가 열렸다. 섬뜩한 시체 전시회라는 논란이 있기는 했지만, 당시 이 '인체의 신비전'은 해부된 인체의 몸 내부를 생생하게 보여주면서 큰 인기를 끌었다. 그런데 이 같은 전시회가 시작된 것은 언제쯤일까? 아마도 그 기원은 근대 초기 유럽의 해부학 극장(Theatrum Anatomicum)이고, 그 바탕에는 해부학의 역사에서 기념비적 저서로 일컬어지는 안드레아스 베살리우스의《인체의 구조에 관하여(De Humani Corporis Fabrica Libri Septem)》가 있을 것이다.

인체 해부의 역사는 사실상 인류 문명의 역사와 다를 바 없다. 살육이 난무하던 세계 곳곳의 싸움터나 고대 이집트에서 미이라를 만들던 현장, 또 로마 검투사들이 싸웠던 원형 경기장에서도 인체의 내부를 파악할 기회는 많았기 때문이다. 그러나 뚜렷한 의학적 목적을 가진 인체 해부는 근대 이전의 역사에서는 굉장히 드문 일이었다. 혹자는 기원전 5세기 무렵 활약했던 고대 그리스의 의사 알크마이온이 인체의 해부를 토대로 의학을 연구했다고 말하지만, 그 진위는 확실하지 않다. 좀 더 신뢰할 수 있는 것은 기원전 3세기 무렵 이집트 알렉산드리아에 살던 헤로필로스나 에라시스트라토스 같은 의학자들의 연구이다. 이들은 인체 해부를 토대로 췌장, 나팔관, 수막 같은 기관을 최초로 설명하고, 동맥과 정맥의 차이도 발견했다고 알려진다. 하지만 그런 해부의 시간은 오래가지 못했다. 로마에 기독교가 전파되면서 인체 해부는 터부시되었고, 법적으로도 금지되었기 때문이다.

고대 이후의 서양 의학에 가장 큰 영향을 미친 사람은 2세기 무렵의 그리스 의학자 갈레노스였다. 의학계의 아리스토텔레스로 불릴 만큼, 해부학, 생리학, 병리학, 치료학 등 의학 분야별로 방대한 저술을 남긴 그는 주로 돼지, 원숭이, 개 등의 해부를 통해 인체에 관한 의학적 지식을 획득했다. 그의 이론은 기독교 사회의 지지를 얻어냈을 뿐만 아니라, 중세 시대 동안 서양에서는 인체 해부가 금지되었기 때문에 별다른 비판에 직면하지 않은 채, 근대에 이르기까지 서양 의학을 실질적으로 지배할 수 있었다.

안드레아스 베살리우스가 등장하기 전까지 유럽의 의과대학들에서는 주로 갈레노스나 1025년《의학전범(The Canon of Medicine)》을 집필한 이슬람 의학자 이븐 시나의 이론을 가르쳤다.• 당시 의과대학의 전형적인 의학 교육은 의학 교수가 갈레노스나 이븐 시나의 서적을 낭독하면, 신분이 낮은 이발사이자 외과 의사가 의학 교수의 지시에 따라 해부한 인체 각 부위를 학생들에게 보여주는 방식이었다. 따

• 이븐 시나의 라틴명은 아비센나로, 그의 책《의학전범》은 자신의 의학적 경험은 물론, 갈레노스와 이슬람권의 의학적 지식, 인도, 페르시아의 의학까지를 총망라한 의학의 집대성이었다. 12세기 무렵 크레모나의 제라드가 라틴어로 번역한 이 책은 이후 중세 유럽 대학들의 의학 교과서로 사용되었다.

라서 해부는 갈레노스나 이븐 시나의 책 안에 이미 서술된 이론을 재차 확인하는 과정에 불과했다.

그러나 르네상스 이후 의학의 세계에도 새로운 기운이 싹트기 시작했다. 이탈리아 볼로냐 대학 등을 중심으로 몇몇 대학에서는 인체 해부가 시작되었고, 볼로냐 대학의 교수 몬디노 데 루치는 1316년 인체의 해부 문제를 정면으로 다룬 저서《해부학(Anathomia)》을 집필했다. 레오나르도 다빈치는 근육과 핏줄들이 살아있는 듯한 인체 묘사로 유명한데, 그 이유는 그가 약 30구가 넘는 인체를 직접 해부한 경험 때문이었다.

그리고 마침내 베살리우스의 시대가 찾아왔다. 베살리우스는 1514년 벨기에 브뤼셀에서 출생했다. 그의 집안은 조상 대대로 의학과 관련된 일에 종사했다. 따라서 어린 시절부터 그의 집에는 의학 관련 도서가 상당히 많았다고 한다. 그가 정식으로 의학을 공부한 것은 20세 무렵 파리 대학 의학부에 입학하면서부터였다. 당시 파리의 의학은 갈레노스나 이븐 시나의 영향력 아래 있었다. 그러나 베살리우스는 전통적 의학에 그다지 만족하지 못했다. 파리에서 3년을 보내고 벨기에 루뱅으로 돌아온 베살리우스는 1537년 그의 나이 23세 때 이탈리아 파도바 대학으로 건너가 의학 박사 학위를 받고 해부학 및 외과학 교수로 임명되었다. 당시 대부분의 나라들처럼 벨기에도 해부를 금지하고 있었기 때문에 베살리우스는 해부가 가능한 이탈리아를 택했다고 한다. 그가 직접 칼을 들고 인체를 해부하면서 하나씩 설명하는 해부학 수업은 학생들에게 큰 인기를 끌었다. 당시의 해부와 관찰 경험들을 모아 1543년에 스위스 바젤에서 출판한 책이《인체의 구조에 관하여(De Humani Corporis Fabrica Libri Septem)》이다.

인간 몸 장치에 관한 7권의 책

《인체의 구조에 관하여》는 총 7권으로 구성되었다. 이 책은 보통 우리말로 '장치'를 의미하는 《파브리카(Fabrica)》로 부른다. 라틴어 'Septem'은 '일곱'을 뜻한다. 따라서 이 책의 라틴어 제목을 직역하면, 《인간 몸 장치에 관한 7권의 책》이다.

이 책은 라틴어로 집필되었지만, 간혹 그리스어, 히브리어 등이 함께 사용되기도 했다. 약 714쪽에 이르는 이 방대한 저서는 해부학 백과사전이라고 할 만큼, 인간 몸의 많은 부분을 기록했다. 제1권은 뼈와 연골, 제2권은 근육, 제3권은 혈관계를 다루고 있다. 제4권은 신경, 제5권은 복부와 생식기, 제6권은 심장 및 폐 그리고 제7권은 뇌를 다루고 있다.

이 책에서 가장 눈에 띄는 것은 일찍이 볼 수 없었던 약 250여 개에 이르는 인체 해부에 관한 정교한 삽화들이다. 이 삽화들은 이탈리아 플랑드르의 예술가 얀 스테판 반 칼카르의 작품일 것으로 추정된다. 베살리우스가 이탈리아 르네상스 예술가로 유명한 티치아노 베첼리오의 학교를 방문했을 때 티치아노의 제자였던 칼카르를 처음 만났다고 알려진다. 베살리우스는 칼카르가 그린 인체 각 부위의 삽화에 알파벳을 써넣고, 그것들의 의학적 기능을 자세히 설명하고 있다.

첫 페이지에 등장하는 삽화는 베살리우스의 의학적 관점을 명확히 드러낸다. 당시까지만 해도 인체 해부는 신분이 낮은 외과 의사(해부업자)의 일이었고, 학생들은 간혹 해부에 참여하는 정도였다. 그러나 삽화 안의 베살리우스는 자신이 해부할 사체에 손을 얹음으로써 해부가 의학 교수의 중요한 임무라는 것을 보여주었다.

책의 서문에서 베살리우스는 자신이 갈레노스 이론의 오류를 약 200군데나 발견했다고 지적하고, 그가 결코 인체를 해부한 적이 없었을 것이라고 결론 내렸다. 베살리우스의 많은 새로운 발견들 중에서도 심장의 구조와 기능을 바로잡은 것은 중요하다. 갈레노스나 아리스토텔레스는 혈액을 실어나르는 동맥은 좌심실에서 나와 몸의 상부로 가고, 정맥은 우심실에서 나와서 몸의 하반신으로 간다고 설명했다. 그리고 우심실과 좌심실의 격벽 사이에는 눈에 보이지 않는 미세한 구멍이 있어서 혈액이 통과한다고 보았다. 그러나 심장을 직접 해부한 베살리우스는 격벽이 매우 두껍고 튼튼해서 혈액이 통과하는 것은 사실상 불가능하다고 말했다. 아울러 베살리우스는 인간의 턱뼈가 동물처럼 두 부분으로 나뉜다고 본 갈레노스의 이론을 오류라고 지적하고, 인간의 턱뼈는 하나로 이어져 있다고 주장했다.

삽화들을 통해 우리는 베살리우스가 해부한 인체가 어디서 온 것인지도 추정해볼 수 있다. 밧줄에 목이 매달린 채 근육이 늘어져 있는 어떤 삽화들은 삽화의 주인공이 분명 형장의 사형수였음을 직감할 수 있게 해준다.

◆ 서양 의학의 권위에 도전하다

1543년《인체의 구조에 관하여》가 출판되자 이 책은 일약 베스트셀러가 되었다. 이 책은 무엇보다도 고대 이래 서양 의학의 권위였던 갈레노스에 정면으로 도전한 책이었기 때문이다. 갈레노스의 의학은 당시까지만 해도 교회에 의해 강하게 뒷받침되고 있었다. 교회는 갈레노스가 인체에 관한 모든 것을 이미 발견해놓았다고 믿었기 때문에 새로운 의학이 출현하는 것을 반기지 않았다. 그런 점에서 갈레노스가 범했던 오류들을 바로잡은 베살리우스의 책에 사람들은 관심을 가질 수밖에 없었다.

아울러 이 책이 특히 인기를 끈 것은 기존의 조악한 중세 해부도와는 다른, 화려한 인체 구조 삽화들 때문이었다. 오늘날 보기에도 화려하고 정교한 삽화들은 베살리우스가 말하는 새로운 의학 이론이 마치 눈앞에서 펼쳐지는 것과 같은 효과를 불러왔다. 따라서 처음 목판에 새겨졌던 이 놀라운 삽화들은 곧 동판으로 옮겨져 유럽 전역으로 확산되었다.

그러나 여전히 갈레노스를 신봉하는 의학자들의 반격도 만만치 않았다. 그중 베살리우스의 파리 대학 유학 시절 베살리우스를 가르쳤던 스승 야코부스 실비우스도 그의 제자를 신랄하게 공격했다. 실망한 베살리우스는 또 다른 책을 쓰기 위해 준비하던 자신의 자료들을 모조리 불살라버렸다고 전해진다.

그러나《인체의 구조에 관하여》의 집필로 그는 이듬해 로마 제국 황제 카를 5세의 주치의가 되었다. 그 와중에도 그는 틈틈이 볼로냐, 피사 등 이탈리아 각지를 돌아다니며 공개 해부를 하기도 했다. 카를 5세가 퇴임하던 1555년 베살리우스는 약간의 수정과 추가를 거쳐 《인체의 구조에 관하여》 두 번째 판을 인쇄했다. 의학의 역사상 특기할 만한 사건은 이 책의 출판을 계기로 해부학이 의학의 중심부로 올라섰다는 점이다. 베살리우스와 함께 파도바 대학에서 공부했던 스페인의 세르베투스, 베살리우스로부터 박사 학위를 받고 파도바 대학의 교수가 된 파브리치우스, 이탈리아의 의사 마테오 콜롬보 등 많은 동료와 후배 해부학자들이 베살리우스의 실증적이고 비판적 정신을 이어나갔다.

아울러 인체의 해부는 더 이상 터부시될 사안이 아닌, 의학의 발전을 위해서 꼭 필요한 것이라는 공감대가 형성되었다. 해부가 사회적 관심사가 되면서 유럽 전역에는 각종 해부학 극장이 설립되기 시작했다. 1594년 파브리치우스가 파도바 대학에 해부학 전용 강의실 및 극장을 설립한 것을 시작으로, 1596년 레이던 대학, 1637년 볼로냐 대학, 1663년 웁살라 대학 등 유럽 각지의 대학에도 해부학 극장이 설립되었다. 당시 해부학 극장들은 오늘날 연극이나 영화를 관람하듯이, 입장료를 지불하기만 하면 누구든지 해부 도중의 인체나 해부가 완료된 인체를 관람할 수 있었다.

그런 점에서 베살리우스의 《인체의 구조에 관하여》는 고대 이후 오랫동안 터부시되었던 인체 내부를 전시의 대상으로 바꾼 데 이바지했을 뿐만 아니라, 근대 해부학의 출발을 알린 저서임이 틀림없다.

함께 읽으면 좋은 책

- **《재밌어서 밤새 읽는 해부학 이야기》** 사카이 다츠오, 더숲, 2019
- **《인물로 보는 해부학의 역사》** 송창호, 정석출판, 2015
- **《사람 해부학의 역사》** 퍼사우드 외, 소리내, 2022

14

프랜시스 베이컨
《신기관》
1620

과학 이론은 어떻게 유용한 기술이 되었나

프랜시스 베이컨(Francis Bacon, 1561~1626)

영국의 자연 철학자이자 법률가. 아리스토텔레스를 중심으로 한 자연 철학적 탐구에 대항하여 귀납주의적 과학관과 실험을 중시하는 학문 방법론을 제창했다. 그의 새로운 자연 탐구의 방법론은 근대 과학의 사상적 기반이 되었으며, 훗날 영국 왕립학회의 창립에도 중요한 바탕이 되었다.

※ 주요 저서: 《신기관》 《학문의 진보》 《새로운 아틀란티스》

프랜시스 베이컨은 우리가 알고 있는 전형적인 이미지의 과학자는 아니다. 그럼에도 불구하고, 그가 과학의 역사에서 꼭 언급되는 이유는 무엇일까? 르네상스 이후의 인문주의자들이 주로 인간성의 발견에 관심을 기울이고 있을 때, 그는 고대 그리스 이후 정체된 인간과 자연의 관계를 새롭게 되묻기 시작했다. 그리고 그의 새로운 자연에 대한 관념과 학문 방법론은 근대 과학의 사상적 주춧돌을 놓았다고 해도 과언이 아니다.

1561년 1월 런던에서 태어난 베이컨은 12세 무렵 케임브리지 대학 트리니티 칼리지에 입학했다. 15세 무렵에는 영국 대사의 수행원으로 프랑스로 건너가 약 2년간 체류했다. 18세 무렵 그는 중세 이래 법학원으로 유명한 영국의 그레이 인(Gray's Inn) 법학원에 입학하여 본격적인 법률가의 길을 걷기 시작했다.

1618년 57세의 나이로 대법관으로 지명되면서 베이컨의 정치적 성공은 정점을 찍게 된다. 그러나 그로부터 3년 뒤, 베이컨의 인생은 최대 위기에 처한다. 권력을 향해 거침없이 질주하던 그에게 큰 시련이 찾아온 것은 한 고발 사건 때문이었다. 그가 법관의 자격으로 피고인으로부터 뇌물을 받았다는 혐의였다. 유죄 판결의 결과, 그는 결국 정계를 떠나게 된다.

베이컨은 '박학다식'을 의미하는 폴리매스형 천재였다. 그는 법률가이자 정치가로서 바쁜 삶을 살면서도 자연에 대한 거대한 프로젝트를 착실히 수행해나갔다.

당초 베이컨은 '대혁신(Instauratio Magna)'이라는 6부작의 방대한 저서를 계획했다. 그것은 자연과 인간의 관계를 근대인의 관점에서 되묻는 혁신적인 프로젝트였다.

1605년 베이컨은 영국 국왕 제임스 1세에게 바치는 제1부《학문의 진보(The Advancement of Learning)》를 출간했다. 베이컨은 자신의 프로젝트의 서론에 해당하는 이 책에서 과거의 학문들을 총점검함과 동시에 새로운 학문의 출발을 알렸다.

이어서 1620년 그가 대법관으로 재직 중일 때 집필한 책이 그의 학문 체계의 중심을 이루고 있는 대혁신의 제2부《신기관(Novum Organum)》이었다. 이 책의 제목은 특히 주목할 필요가 있다. 고대 그리스의 대표적 철학자 아리스토텔레스의《기관(Organum)》을 명백하게 겨냥한 것이기 때문이다. 베이컨은 아리스토텔레스의 학문, 그리고 그것에 기반을 둔 스콜라 철학과의 결별을 제목에서부터 암시했던 것이다.

자연과 인간을 귀납적으로 탐구하다

《신기관》은 총 2권으로 구성된다. 제1권은 흔히 '우상론'으로 알려진다. 인간은 자연을 단지 잘 관찰함으로써 진리를 발견할 수 있는 것이 아니다. 인간이 자연을 거짓 없이 관찰하기 위해서는 먼저 인간의 정신에 뿌리 박힌 편견들, 즉 우상(idola)들을 제거해야 한다. 그 우상에는 '종족의 우상' '동굴의 우상' '시장의 우상', 그리고 '극장의 우상'이 있다. 종족의 우상이란 인간 종(species) 자체에 내재된 편견을 일컫는다. 동굴의 우상이란 인간 개개인이 가진 독특한 편견이다. 인간은 타고난 본성이나 교육, 관심의 차이 등에 따라 각자 편견에 물들 수 있다. 시장의 우상은 사회 집단이나 모국어 등 인간 상호 간의 접촉을 통해 쌓아 올린 편견이다. 마지막으로 극장의 우상은 기존의 철학 체계가 가진 오류에서 비롯된 편견이다. 인간이 자연을 제대로 관찰하기 위해서는 먼저 뿌연 안개처럼 정신을 흐리는 이런 편견들을 걷어내야 한다는 것이다.

제2권에서는 인간 정신이 자연을 탐구하는 구체적 방법을 기술한다. 그것은 한마디로 귀납적 방법론이다. 베이컨에 따르면, 진리의 탐구에는 2가지 방법이 있다. 첫째, 연역적인 방법이다. 일반적인 공리로부터 덜 일반적인 정리들을 연역해내는 방식이다. 둘째, 연역적 방법과는 반대로, 직접 획득이 가능한 공리들로부터 더 일반적인 공리들을 발견하는 귀납적 방법이다. 베이컨에 따르면, 인간은 연역적인 방법을 이미 오래전부터 사용해왔지만, 일반적인 공리를 끄집어내는 방식이 불분명하기 때문에 확실한 지식 추구의 방법이라고는 볼 수 없다. 아리스토텔레스를 겨냥한 이 같은 비판은 자연 관찰의 문제에도 적용된다. 아리스토텔레스주의자들은 인간이 자연에 적극적으로 개입하는 것을 꺼렸다. 왜냐하면 인간이 자연에 깊이 개입할수록 그것은 자연이라고 볼 수 없으며, 또 자연 관찰에 필요한 과학 도구들이 신이 인간에게 준 감각 기관보다 결코 뛰어날 리가 없기 때문이다.

그러나 베이컨에 따르면, 인간은 자연을 확고하게 지배해야 한다. 자연 지배는 인간이 하나님에게 부여받은 임무이다. 자연은 하나님이 인간에게 선물한 제2의《성서》와 다를 바 없고, 과학자들은 제2의《성서》를 땀 흘려 연구할 의무가 있다. 온갖 과일과 열매로 풍성한 과수원을 인간이 수확하는 것은 신의 축복이다. 특히 자연 지배는 실험이라는 적극적 개입을 통해 수행될 필요가 있다. 자연은 '하나님이 인간에게 주신 능력'인 기술을 통하면, 스스로의 비밀을 더 잘 드러내기 때문이다.

풍성한 자료들을 수집했다면, 이제 우리는 그 자료들을 엄밀하게 분류함으로써 자연의 법칙들을 발견할 수 있다. 이것이야말로 하나님이 자연에 부여한 섭리를 깨닫는 과정이다.

베이컨 이후 근대 과학은 거침없는 성공 가도를 달려왔다. 그 성공이 베이컨의 귀납주의 방식을 성실하게 수용한 결과임을 부인할 수 없다. 반복된 실험을 통해 도달한 갈릴레이의 낙하 법칙, 비글호 여행을 통해 풍부한 자료를 수집하고 마침내 자연 선택설에 도달한 다윈의 진화론을 떠올려보더라도, 그것을 쉽게 이해할 수 있다.

베이컨은 이 같은 새로운 학문 방법론이 인간의 삶을 크게 개선

할 것이라고 보았다. 그는 인간의 삶을 유용하게 해주는, 오늘날 보통 중국의 3대 발명으로 알려진 화약, 나침반, 인쇄술에 찬사를 던진다. 인쇄술은 학문에서, 화약은 전쟁에서, 나침반은 항해에서 천지개벽을 불러왔고, 그 어떤 제국이나 국가도 이 발명들보다 더 큰 힘과 영향을 미친 것은 없었다고 강조한다. 베이컨은 어디까지나 이론과 실천을 통일하고자 했다. "아는 것이 힘이다(Scientia est potentia)"라는 베이컨의 유명한 경구는 바꿔 말하면 과학 이론은 인간의 삶에 유용한 기술로 전환되어야 한다는 강력한 의지의 표현이었다.

◆ 근대 과학의 필수 도구 실험 과학의 탄생

그가 계획했던 6부작 프로젝트는 아쉽게도 미완성으로 끝나고 말았다. 《신기관》도 제2권은 미완성으로 끝나고 있다. 그러나 그의 프로젝트를 흐르는 일관된 신념은 과학을 인간의 삶에 유용하게 활용해야 한다는 것이었다.

1627년 그의 사후 출판된 《새로운 아틀란티스(New Atlantis)》는 그 같은 이념을 소설로 집필한 것이다.• 페루에서 태평양을 거쳐 아

• 플라톤은 《티마이오스(Timaeus)》와 《크리티아스(Critias)》라는 책에서 아틀란티스에 대해 언급했다. 누군가에게 전해 들은 형식으로, 플라톤은 과거 아틀란티스섬에 강대한 문명국가가 있었는데, 어느 날 강력한 지진과 홍수로 인해 바닷속으로 가라앉아버렸다고 기록했다.

시아로 향하던 배가 난파된 섬에 벤살렘이라는 왕국이 있었다. 배에서 내린 선원들은 오랫동안 대륙과 단절된 채 독특한 문명을 쌓아 올린 사람들과 만나게 된다. 그 섬의 주민들은 '솔로몬의 집'이라는 특별한 과학 기술 연구기관을 설립하고, 온갖 신기한 발명품들을 활용하며 행복한 삶을 누리고 있었다. 그것은 17세기에 베이컨이 소설로 그려낸, 과학 기술이 발달한 미래 도시의 모습이었다.

1660년 영국 왕립학회가 창립되었을 때, 베이컨의 이념은 학회의 설립에 큰 영감을 주었다. 왕립학회의 과학자들은 실험에 기초한 새로운 발견들을 쏟아냈다. 실험은 근대 과학의 필수 불가결한 도구가 된 것이다.

실험 과학의 탄생을 외쳤던 베이컨은 죽음 또한 극적이었다. 1626년 늦은 봄, 그는 마차를 타고 런던 근교를 지나 집으로 돌아가던 중 때아닌 폭설을 만났다. 그는 닭고기가 눈 속에서 부패하는지를 실험하다가 심한 감기에 걸렸고, 회복을 위해 들렀던 친구의 집에서 결국 숨을 거두었다.

함께 읽으면 좋은 책

- **《새로운 아틀란티스》** 프란시스 베이컨, 에코리브르, 2002
- **《학문의 진보》** 프란시스 베이컨, 신원문화사, 2007
- **《베이컨의 신기관》** 손철성, 한국철학사상연구회, 2021

15

로버트 훅
《마이크로그라피아》
1665

미시 세계에 있는 또 하나의 우주를 발견하다

로버트 훅(Robert Hook, 1635~1703)

영국의 과학자. 어린 시절 몹시 병약했지만, 그림과 만들기에는 특별한 재능이 있었다. 16세 무렵 옥스퍼드 대학에 입학했고, 실험 도구의 제작과 실험 능력을 인정받아 화학자 로버트 보일에 의해 조수로 발탁되었다. 1661년에 런던 왕립학회의 실험 책임자로 임명된 뒤 약 40년 동안 이 자리에 있었다. 현미경, 망원경, 공기 펌프, 온도계, 기압계, 풍속계 등 그가 만들거나 개량한 과학 도구들은 17세기의 실험 과학을 앞장서 이끌었다. 1665년 출판한 《마이크로그라피아》는 인류가 미시 세계로 들어가는 문을 활짝 열어주었다.

*주요 저서: 《마이크로그라피아》 《코메타》

1609년 이탈리아의 과학자 갈릴레이가 천체 망원경으로 거시 세계(우주)로 들어가는 문을 열어주었을 때, 그것과 정반대의 미시 세계에 또 하나의 우주가 있음을 발견한 사람이 있었다. 오늘날 '영국의 레오나르도 다빈치'로 불릴 정도로 박학다식했으며, 실험과 과학 도구 제작에 발군의 실력을 갖고 있던 로버트 훅이었다.

현미경은 렌즈를 통해 사물을 관찰한다는 점에서 망원경과 유사한 도구였다. 그러나 렌즈 2개를 겹쳐야 했던 망원경과는 달리, 현미경은 원리상 렌즈 하나로도 가능한 도구였기 때문에 그 출발은 안경의 역사와 거의 비슷했다. 물론 오늘날의 일반적인 현미경과 비슷한 형태, 즉 경통을 사용하고 렌즈 2개를 겹친 복합 현미경은 16세기 말에야 등장했다. 1590년경 네덜란드의 안경 제조업자였던 한스 얀선과 그의 아들 사하리아스 얀선은 약 10배율을 가진 최초의 복합 현미경을 만들었다. 이 현미경의 발명은 미시 세계를 새로운 과학의 영역으로 끌어들인 기념비적 사건이었다.

17세기 과학자들은 현미경을 곧 연구에 활용하기 시작했다. 이탈리아의 생물학자 마르첼로 말피기는 생물 해부학에 현미경을 사용했고, 모세 혈관과 혈액 속의 적혈구를 최초로 발견했다.

이처럼 인류가 미시 세계로의 탐험을 막 시작했을 때, 로버트 훅은 영국 남해안의 와이트섬에 있는 한 시골 교회 목사의 아들로 태어났다. 어린 시절 몹시 병약했던 그는 그림과 만들기에 재능이 있었고, 특히 10대 초반에는 화가가 되기를 꿈꿨다. 불행히도 자신에게 심한 물감 알레르기가 있는 것을 알게 된 훅은 결국 화가가 되는 도제 수업을 포기하고, 웨스트민스터 공립학교에 입학했다. 이 시기 훅은 훗날 그리니치 왕립 천문대를 설계한 건축가 크리스토퍼 렌과 친분을 맺게 된다. 16세 무렵 훅은 가난한 고학생의 신분으로 옥스퍼드 대학에서 새로운 미래를 꿈꾸는 길을 택했다. 그는 부유한 학생들의 허드렛일을 하면서 천문학, 화학 등의 과목을 수강했다. 그러나 실험을 조직하고 실험 도구를 만드는 데 탁월한 솜씨가 있다는 것이 알려지면서 훅은 옥스퍼드에 살고 있던 부유한 귀족 화학자 로버트 보일의 조수로 발탁되었다.

그즈음 보일은 '보이지 않는 대학(Invisible College)'•의 리더 존 윌킨스 등과 함께 런던 왕립학회의 결성을 주도하고 있었다. 마침 왕립학회에서 실험을 관리할 사람이 필요했고, 훅은 1662년 11월 왕립학회의 실험 관리인으로 임명되었다. 그는 이후 이 실험 관리인의 직책으로 약 40년 동안 왕립학회에서 일하게 된다.

1663년에는 옥스퍼드 대학에서 보일을 비롯한 여러 과학자들의

• '보이지 않는 대학'이란, 1645년 화학자 보일, 자연 철학자 윌킨스 등이 런던에서 만든 모임으로, 훗날 왕립학회로 발전하게 된다. 이 모임은 정치적 문제에는 관여하지 않고 오직 학문 연구만을 위해 활동했으며, 회원들이 정해진 장소에서 모인 것이 아니었기 때문에 '보이지 않는 대학'이라고 불리게 되었다.

조수로 일한 경력을 인정받아 석사 학위를 받았고, 이듬해부터 그레섬 칼리지에서 천문학 강좌를 진행하기도 했다. 이 시기 훅은 보일의 의뢰를 받아 진공 펌프를 제작하는 한편, 망원경, 현미경, 온도계, 기압계, 풍속계 등 다양한 과학 도구들을 만들거나 개량했다. 그중에서도 훅은 현미경 제작 솜씨가 특히 탁월했다. 훅은 자신이 고안한 현미경으로 미시 세계에 대한 놀라운 관찰을 진행한 결과 1665년 런던에서《마이크로그라피아(Micrographia)》라는 책을 간행하게 된다.

◆ 50배율 현미경으로 본 미시 세계의 조화로움

《마이크로그라피아》의 원래 제목은《마이크로그라피아: 현미경을 통해 확대해 본 미세한 것들의 생리학적 묘사: 관찰 및 연구》이다. 당시 대부분 라틴어로 쓰인 책들과는 달리, 이 책은 평이한 영어로 쓰여 많은 사람들이 쉽게 읽을 수 있었다.

이 책은 훅이 현미경으로 관찰한 다양한 물체들과 생물들, 곤충들을 정교한 삽화와 함께 설명하고 있다. 책의 앞부분에서 훅은 먼저 자신이 제작한 약 50배율의 복합 현미경 설계도를 소개한다. 훅의 현미경은 오늘날의 일반적인 현미경과는 조금 다르다. 이 현미경의 특이한 점은 물을 채운 유리구의 활용이었다. 이 유리구는 렌즈의 역할을 하는 것으로, 램프에서 뿜어져 나온 빛이 유리구 렌즈를 통과하며 모이고, 관찰 대상을 밝게 비춰준다.

이 책은 총 60개의 장으로 구성되었다. 먼저 제1장부터 제18장까지는 바늘, 면도칼, 옷감, 유리관, 부싯돌, 다이아몬드, 눈의 결정, 얼음, 숯, 코르크 마개 등 주로 무생물에 대한 관찰 기록이다. 예를 들어, 제18장에서 훅은 당시 포도주의 병마개로 쓰이던 코르크를 관찰한 기록을 다음과 같이 쓰고 있다.

"나는 깨끗한 코르크 한 조각을 가져다가 면도칼처럼 날카롭게 깎은 펜 칼로 그 한 조각을 잘라내어 표면을 아주 매끄럽게 만든 다음 현미경으로 아주 부지런히 관찰했습니다."

이 관찰에서 훅은 벌집처럼 보이는 코르크 조직 모양을 설명하기 위해 셀(cell)이라는 단어를 사용했다. 라틴어로 '셀'이란 다닥다닥 붙은 수도승들의 작은 방을 의미했다. 오늘날 세포라는 어휘는 바로 이 훅의《마이크로그라피아》에서 유래한 것이다.

제19장부터 제31장까지는 색이 변한 나뭇잎, 푸른곰팡이, 이끼, 해면동물, 해조, 로즈메리, 쐐기풀, 덩굴풀, 귀리, 비너스 도라지의 씨앗, 양귀비 씨앗, 쇠비름 등 주로 식물류에 대한 관찰을 다루고 있다.

이어서 제32장부터 제56장까지는 머리카락, 벌침, 새의 깃털, 파리의 다리와 날개, 잠자리 눈과 머리, 달팽이 이빨, 누에알, 진드기, 각다귀, 거미, 개미, 벼룩, 이 등 주로 곤충들을 다룬다. 훅은 이 곤충들의 초상화를 그리기 위해 겪어야 했던 어려움을 상세히 설명하고 있다. 그는 살아있는 개미를 그리기가 무척 힘들었던 듯, 결국 개미를 브랜디에 적셔 취하게 한 다음 움직일 수 없는 상태로 그렸다고 적고 있다.

제57장은 식초 속의 작은 뱀장어 같은 생물, 제58장은 공기에 대

한 관찰 기록이다. 마지막 제59장과 제60장은 망원경으로 본 별들과 달에 관한 기록을 담고 있다.

오늘날에도 특별한 과학적 목적이 아닌, 사물에 대한 단순한 호기심에서 현미경을 구입한 사람이라면, 아마도 자신의 머리카락이나 꽃잎, 칼날 등 우리 주변에서 쉽게 볼 수 있는 것들을 확대시켜 보는 것부터 시작할 것이다. 훅의《마이크로그라피아》도 이 같은 우리 주변의 친근한 것들에 대한 관찰 기록이다. 훅은 총 60개에 이르는 관찰 기록을 대부분 글로 설명했지만, 약 40여 개의 관찰에 대해서는 매우 정교한 삽화를 그려 넣었다.

훅은 17세기 영국의 기계론 철학을 받아들인 인물이었다. 기계론 철학이란 자연계가 정밀한 기계 장치와 다를 바 없고, 그 작동 원리는 기계적인 원인들로 파악 가능하다는 것이다. 톱니바퀴, 기어, 스프링, 정밀 시계 등과 같은 중세 말기 장인들의 정교한 기계 장치로부터 자극받은 과학자들은 이 자연계도 하나님이 제작한 정밀 기계와 다를 바 없다고 보았다. 현미경을 통한 훅의 미시 세계 관찰은 이 기계론 철학에 매우 부합했다. 훅은 이끼와 같은 식물의 성장 과정을 스프링, 해머, 핀 등 정밀한 시계 부품들의 재배열에 비유했다. 아울러《마이크로그라피아》는 현미경으로 확대해 본 면도날이나 바늘 끝 등 인간이 만든 인공물의 부실함과 비교할 때, 더럽고 하찮은 것들로만 여겼던 파리나 벼룩, 이, 진드기 등의 자연물이 얼마나 조화롭고 질서 잡힌 하나님의 창조물인지를 느끼게 해주었다. 다시 말해 현미경을 통해 들여다본 미시 세계의 아름다움은 하나님이 자연에 부여한 정교한 솜씨를 확인하는 과정이나 다름없었던 것이다.

◆ 로버트 훅, 뉴턴에 의해 지워진 남자

왕립학회에서 출판된 최초의 중요한 저서였던 이 책은 출간 즉시 과학 베스트셀러가 되었고, 로버트 훅을 당시의 생물학 분야에서 이름 있는 과학자로 각인시켰다. 훅의 복합 현미경은 과학자들에게 새로운 세계를 열어주었을 뿐만 아니라, 세포 생물학의 발달에 날개를 달아주었다.

《마이크로그라피아》는 많은 대중들뿐만 아니라 과학자들에게 영향을 미쳤다. 그중에서도 가장 대표적인 인물은 네덜란드의 직물 상인 안톤 판 레이우엔훅이었다. 두 사람은 만난 적은 없었지만, 레이우엔훅은《마이크로그라피아》를 읽고 감명을 받아 현미경을 직접 제작했다고 한다. 그의 새로운 현미경은 훅의 현미경을 훨씬 능가한 것으로, 정자, 박테리아 등 미생물을 관찰하는 데까지 성공했다.

그러나 훅은 광학, 역학, 천문학 등 생물학 이외의 분야에도 많은 관심을 가진 사람이었다. 특히 그는 어려운 과학적 주제들을 직관적으로 파악하는 데 탁월한 능력을 지닌 인물이었다. 하지만 그런 타고난 능력 때문인지 훅은 다른 사람들의 발견에 쉽게 개입하곤 했고, 그 결과 평생 많은 논쟁을 몰고 다녔다. 특히 뉴턴과의 악연은 역사에 오랫동안 회자될 정도이다.

1672년 1월 뉴턴은 빛은 작은 알갱이 같은 입자라고 주장하는 논문을 〈철학회보〉 지에 발표했다. 이것은 1660년대 중반에 뉴턴 자신이 행했던 빛과 색깔 실험에 기초한 발견을 보고한 논문이었다. 그러나 훅은 뉴턴의 생각과는 달리 빛은 에테르의 진동이나 파동이고, 색은 그 빛의 교란일 뿐이라고 반박했다. 빛의 이중성, 즉 입자성과 파동성을 당연시하는 20세기 양자 역학의 후예들은 아마 그런 둘의 싸움이 부질없는 것으로 보일 테지만, 어쨌든 빛에 대한 훅과 뉴턴 사이의 논쟁은 〈철학회보〉지에서 치열하게 전개되었고, 결국 뉴턴이 왕립학회에서 잠시 멀어지면서 두 사람의 논쟁은 수면 아래로 가라앉았다.

1687년 뉴턴의 《자연 철학의 수학적 원리》가 출판되고 중력 역제곱의 법칙이 세상에 알려지면서 두 사람 사이에는 두 번째 논쟁이 불을 뿜었다. 훅은 자신이 먼저 중력의 역제곱 법칙을 알아냈는데 뉴턴이 이를 가로채어 발표한 것이라고 주장했다. 이 두 번째 논쟁은 더욱 치열했고, 결국 두 사람은 더 이상 화해 불가능한 관계가 되고 말았다.

1703년 훅이 죽은 후, 뉴턴은 왕립학회의 회장 자리에 오른 뒤, 그에 관한 모든 원고와 기록들을 불태워버렸다. 공교롭게도 왕립학회의 사무실을 이전했을 때, 구건물의 벽에 걸려 있던 훅의 초상화조차 감쪽같이 사라져 버렸다. 현재 남아 있는 훅의 초상화는 회색 눈에 갈색 머리를 가진, 평균 키의 마른 남자였다는 훅에 대한 동시대인들의 기록을 근거로 한 것이다. 그래서 어떤 이는 연민과 아쉬움을 담아 《로버트 훅, 뉴턴에 의해 지워진 남자》•라는 훅의 전기를 집필하기도 했다.

함께 읽으면 좋은 책

- **《17세기 자연 철학》** 김성환, 그린비, 2008
- **《식물의 일생: 현미경으로 들여다본 식물의 과학적이며 예술적인 삶》** 콜린 살터, 국민출판사, 2018
- **《미생물: 현미경으로 본 커다란 세상》** 다미앙 라베둔트 외, 보림, 2020

- 中島秀人, 《ロバート·フック: ニュートンに消された男》, 東京: 朝日新聞出版, 1996. (《로버트 훅, 뉴턴에 의해 지워진 남자》, 나카지마 히데토, 동경: 조일신문출판, 1996.) 일본의 과학사학자 나카지마는 이 책에서 로버트 훅이 어떤 인생을 살았으며, 왜 뉴턴과 대립하게 되었는지를 흥미롭게 그려내고 있다. 국내에는 아직 번역 출간되지 않았다.

16

칼 폰 린네
《자연의 체계》
1735

고래는 언제부터 포유류로 분류되었을까?

칼 폰 린네(Carl von Linné, 1707~1778)

스웨덴의 식물학자. 어린 시절부터 식물에 관심이 많았고, 22세 무렵 웁살라 대학에서 본격적으로 식물학을 연구했다. 1735년 네덜란드로 건너가 식물의 새로운 분류법과 이명법을 제창한 《자연의 체계》를 출판하여 큰 명성을 얻었다. 종의 새로운 분류 체계는 린네의 사도들에 의해 유럽 각지로 전파되었고, 린네 학회가 각국에 설립된 배경이 되었다.

*주요 저서: 《자연의 체계》 《식물의 강》 《식물 철학》

1735년 린네는 고국 스웨덴을 떠나 네덜란드의 하이델베르크로 향했다. 그의 가방에는 학위 논문 한 편이 들어 있었다. 그가 하이델베르크를 방문한 목적은 유럽에서도 학위를 빨리 주기로 소문난 하이델베르크 대학에 박사 학위 논문을 제출하기 위해서였다. 네덜란드에 건너온 지 불과 6일 만에 린네는 말라리아의 원인에 대해 쓴 학위 논문으로 의학 박사 학위를 취득했다.

그러나 그의 가방에는 아직 꺼내지 않은 중요한 논문이 하나 더 들어 있었다. 식물학의 개혁을 주장한 그의 짤막한 원고, 즉 〈자연의 체계〉라는 소논문이었다. 린네의 네덜란드 방문 목적은 박사 학위를 취득하기 위한 것도 있었지만, 사실 서양 식물학의 본거지였던 네덜란드에서 식물학자들과 자신의 소논문을 논의하기 위한 것이었다. 네덜란드의 식물학자 얀 프레데릭 흐로노비위스(Jan Frederik Gronovius) 등 린네의 소논문을 읽은 식물학자들은 크게 감명을 받고, 린네에게 즉시 이 논문의 출판을 권유했다. 그것은 종의 분류와 명명법에 있어 새로운 기준을 확립한 린네의 획기적인 프로젝트였다.

오늘날 지구상에 얼마나 많은 생물종이 있는지 정확히 알기는 힘들다. 대략 1,500만의 생물종이 살고 있을 것으로 추정되고, 그중 학계에 공식적으로 보고된 것만 해도 약 150만 종에 이른다. 고대에 불과 수백 종이 있을 것이라고 생각한 것과 비교하면 이것은 상상할 수 없는 숫자이다. 특히 대항해 시대를 거치면서 유럽인들은 유럽 밖의 지역에서 일찍이 본 적 없었던 수많은 새로운 종들을 발견했고, 그 결과 종의 숫자는 폭발적으로 증가했다. 이 같은 새로운 종의 발견은 생물학자들에게 종을 효율적으로 분류해야 할 필요성을 제기했다.

근대 이전 생물학자들은 나름의 방식으로 종을 분류했다. 그들은 일반적으로 생물종의 특징을 묘사하는 것을 선호했다. 그러나 종의 명명법을 통일하는 기준이 없었기 때문에, 종의 이름은 지나치게 길어졌고, 같은 종에 대해서도 학자들에 따라 다른 명칭이 주어진 경우가 많았다. 예를 들어, 우리말로 '들장미'를 뜻하는 브라이어 로즈(Briar Rose)의 경우, 어떤 학자들은 로사 실베스트리스 이노도라 세우 카니나(Rosa sylvestris inodora seu canina, 냄새가 없는 삼림 지대 개장미)라고 부른 반면, 어떤 학자들은 로사 실베스트리스 알바 쿰 루보레, 폴리오 글라브로(Rosa sylvestris alba cum rubore, folio glabro, 털이 없는 분홍빛이 도는 흰색 삼림 지대 장미)라고 불렀다. 같은 종을 다르게 불렀을 뿐만 아니라, 종의 이름도 지나치게 길었던 것이다.

1707년 린네는 스웨덴 남부 스몰란드주의 한 작은 마을에서 태어났다. 그의 아버지는 교회 목사이자 아마추어 식물학자였다. 식물에 대한 린네의 관심은 아버지의 영향이 컸다. 어린 시절 살던 집에는 부모님이 가꾼 예쁜 정원이 있었고, 린네는 여기서 식물을 관찰하고 라틴어 이름을 외우며 시간을 보냈다고 한다. 당시 식물학은 신학이나 수학에 비해 별로 인기 있는 분야는 아니었다. 하지만 일부 식물들이 질병의 치료에 효과가 있다는 것이 알려지면서 식물학의 의학적 유용성을 뒷받침해주었다.

21세 때 린네는 의학을 공부하기 위해 스웨덴의 룬드 대학에 입학했다가, 1년 뒤 식물학 분야로 더 유명한 웁살라 대학으로 편입했다. 타고난 관심과 재능은 숨길 수 없었던 듯, 린네는 곧 웁살라 대학에서 식물학 지식이 가장 풍부한 학생으로 알려지게 되었다. 한 일화에 따르면, 당시 웁살라 대학의 의학 교수 올로프 루드베크(Olof Rudbeck)는 학생인 린네는 식물학을 공부할 사람이 아니라, 가르쳐야 할 사람이라고 평가했다고 한다.

1732년 5월 웁살라의 왕립 과학학회는 린네를 중심으로 한 식물학 원정대를 조직하여 북쪽 라플란드 지역에서 새로운 종들을 탐험할 기회를 주었다. 린네가 기존의 동식물 분류 체계에 문제점을 인식하고 나름의 대안을 생각한 것은 이 기간이었다. 1735년 린네는 웁살라 대학을 떠나 네덜란드 하이델베르크 대학으로 건너갔다. 네덜란드 식물학자들의 강력한 권유로 그해 린네는《자연의 체계(Systema Naturae)》를 출판하게 되었다.

◆ 복잡한 식물계에 질서를 부여하다

1735년 레이든에서 출판한《자연의 체계》초판은 일반 신문을 펼친 크기인 2절판의 12쪽에 불과했다. 출간 당시 이 책은 완성된 책이 아니었다. 그것은 아직 항목들이 다 채워지지 않은 거대한 테이블이나 다름없었다. 그러나 린네는 그 테이블을 채워나갈 방법론을 갖고 있었고, 그것은 식물학자들을 감동시키기에 충분했다. 린네는 이 책을 첫 출간한 이후 수차례 수정판을 냈고, 그때마다 테이블을 채워나갔다. 그는 초판 이후 30년 동안 약 12번의 수정판을 출판했는데, 1766~1768년 스톡홀름에서 출판한 제12번째 개정판은 8절판으로 크기가 축소되면서 분량은 2,400쪽으로 대폭 증가했다.

이 책에서 린네는 2가지 중요한 제안을 하고 있다. 첫째, 린네의 분류법(taxonomy)이라고 부르는, 식물을 분류하는 간편하고 효율적인 방법을 제안한 것이다. 린네 이전의 생물학자들도 종을 분류했고, 거기에는 인위 분류와 자연 분류라는 크게 2가지 방식이 있었다. 인위 분류란 인간의 관점에서 미리 정해놓은 기준에 따라 대상들을 분류하는 것을 말한다. 예를 들어, 약용 식물과 식용 식물 등의 분류이다. 반면, 자연 분류란 생물의 자연적 특징을 기준으로 분류하는 것으로, 생물 상호 간의 유연 관계나 진화 계통에 따른 분류라고 볼 수 있다.

문제는 린네 이전의 분류는 자연 분류와 인위 분류가 섞이고 혼동되었다는 것이다. 예를 들어, 고래는 인위 분류로는 물고기에 포함되지만, 자연 분류로는 상어나 물고기와 다르다. 고래는 새끼를 낳고, 상어나 물고기는 알을 낳는다.•

이 같은 혼동을 정리할 필요를 느낀 린네는 자연을 먼저 동물계,

• 린네도《자연의 체계》초판에서는 고래를 물고기로 분류했다. 그러나 1753년 제10판에서는 그것을 포유류로 분류했다.

식물계, 광물계로 나누고, 식물계를 계, 강, 목, 속, 종이라는 더 낮은 하위의 5단계로 분류했다. 그는 식물을 분류하기 위해 생식 기관에 토대를 둔 자웅 분류법(sexual system)이라는 방법을 사용했다. 수술과 암술의 숫자와 크기, 형태 등에 기초한 분류법이었다. 예를 들어, 린네는 식물계를 24개의 강으로 분류했는데, 그것은 식물의 성적인 시스템, 즉 식물의 꽃가루를 생산하는 꽃의 수컷 수정 기관, 다시 말해 수술의 숫자에 따라 분류한 것이었다. 이런 원칙에 따라 린네는 수술이 하나인 꽃은 모난드리아(Monandria)강으로, 둘인 꽃은 다이안드리아(Diandria)강으로, 셋인 꽃은 트라이안드리아(Triandria)강으로 분류했다. 오직 식물의 생식 기관을 근거로 한 이 같은 분류 방식은 당시에는 굉장히 낯선 시도였지만, 약 8천 종의 식물을 분류할 수 있는 나름 합리적인 체계로 받아들여졌다.

한편 린네는 속과 종을 신이 창조한 자연적인 범주로 생각한 반면, 목, 강, 계는 분류를 위해 인간이 고안한 체계라고 생각했다. 그는 "하나님이 창조하셨고, 린네가 조직하였다(Deus creavit, Linnaeus disposuit)"라는 말을 자주 했다고 한다. 린네는 철저한 창조론자였던 것이다.

둘째, 린네의 또 하나의 중요한 제안은 이명법이라고 부르는, 종을 명명하는 언어를 새로 만들어낸 점이다. 린네는 1758년《자연의 체계》 제10판에서 이명법을 최초로 제안했다. 이명법은 라틴어로 된 2단어 명명 시스템을 의미한다. 이 시스템을 사용하면 지구상 모든 종의 이름을 단 두 단어로 명명할 수 있다. 2단어의 첫 번째 단어는 속명(Genus)이고, 첫 글자를 대문자로 표기한다. 두 번째 단어는 종명

(Species)이다. 특정한 종을 구분하는 데 사용하는 특정 이름이다. 이것은 매우 효율적이고 혼돈 속에 질서를 부여하는 방식과도 같았다.

린네식 이명법에 따르면, 앞에서 언급한 들장미는 단순히 로사 카니나(Rosa canina)로 부르면 된다. Rosa는 '장미'를, canina는 '개', '송곳니'의 의미이다. 개의 이빨처럼 날카로운 가시가 달린 장미가 '로사 카니나'인 것이다. 린네 이전의 종명과 비교해보면, 종의 특징을 구구절절 묘사할 필요가 없고, 단순히 그 종의 특징이나 장소의 이름을 따는 것만으로 그 종의 고유성을 보여주기에 충분했다. 이 린네의 이명법에 따르면, 사자(Panthera leo)와 호랑이(Panthera tigris)도 같은 속(Panthera)에 속하지만, 서로 다른 종이라는 것을 쉽게 표현할 수 있다.

◆ 세계 각지로 전파된 린네 시스템

린네가《자연의 체계》에서 발표한 분류의 체계는 큰 인기를 끌었다. 도서관 서가에 책들을 분야별로 분류하여 꽂을 수 있듯이, 린네의 분류법과 이명법은 복잡한 식물들에 질서를 부여한 것과 다름없었다. 특히 린네의 분류 체계가 인기를 끈 것은 그즈음 식물 연구가 유럽 신사 숙녀들의 유행이자 상류 계급의 표식으로 자리 잡았기 때문이다. 그들은 들판에서 수집한 야생화를 식물 표본집에 깔끔하게 보관하는 문화를 즐겼다.

린네는 1735년부터 3년간 네덜란드에서 지낸 뒤, 1738년 스웨덴의 스톡홀름으로 돌아와 의사로 일했다. 스웨덴 왕립 과학 아카데미를 설립하는 데 관여했고 초대 회장이 되어 스톡홀름에서 3년을 머문 뒤, 1741년 웁살라 대학의 식물학 및 의학 교수가 되었다. 그의 나이는 아직도 30대 중반이었다.

그의 제자들은 린네 시스템을 세계 각지로 전파했다. 오늘날 진달래과에 속하는 속명 칼미아(Kalmia)에 이름을 남긴 핀란드 식물학자 페르 칼름이나, 1963년 멕시코 국화로 공식 지정된 달리아(Dahlia)에 이름을 남긴 스웨덴 식물학자 안드레아스 달을 비롯해서 영국 탐험가 제임스 쿡과 첫 태평양 항해를 함께 했던 스웨덴 동물학자 다니엘 솔란데르도 린네의 유명한 사도이다.

아울러 유럽 각지의 식물원들도 린네 시스템을 받아들이기 시작했다. 프랑스의 경우 1760년대 초 몽펠리에 식물원, 1774년 파리 식물원 등이 린네의 방식에 따라 식물을 재배치했다. 영국의 첼시 피직 가든이나 큐 왕립 식물원도 린네의 시스템을 받아들였다.

이어 유럽 각지에서 린네 학회가 설립되었다. 1778년 1월 린네가 뇌졸중으로 사망한 뒤, 그의 동식물 표본과 원고들은 제임스 에드워드 스미스라는 한 젊은 영국 식물학자에게 팔렸다. 런던에 돌아온 그는 1788년 린네 학회를 설립했다.• 프랑스에서도 린네 학회들이 생겨나기 시작했으며, 1790년 프랑스 혁명을 이끈 주도 세력은 린네의 동상을 세우기도 했다. 한마디로 18세기 말 유럽에서 린네는 거의

• 참고로 1858년 7월 1일 다윈과 월리스의 진화론 공동 발표도 런던의 린네 학회에서 이루어졌다.

신성시되었다.

그러나 유럽에서 열광적으로 받아들여졌던 린네의 시스템을 비판하는 사람들도 등장했다. 독일의 식물학자 율리우스 폰 작스는 린네를 "분류하고 조정하고 계급화시키는 기계"라고 다소 조롱 섞인 평가를 내렸다. 18세기 프랑스 식물학자 뷔퐁은 오직 수술만을 분류의 근거로 삼는 린네의 분류법을 다음과 같이 비판했다.

"린네의 방법은 뽕나무와 쐐기풀, 튤립과 매자나무, 느릅나무와 당근, 장미와 딸기, 참나무와 오이풀을 동일한 강 속으로 밀어 넣었다."

그리고 그는 덧붙였다.

"이유도 모른 채 당나귀는 말이 되고 고양이는 스라소니가 되라고 요구하는 것보다, 당나귀는 당나귀이고 고양이는 고양이라고 말하는 것이 더 간단하고 자연스럽고 당연하지 않을까?"

속과 종을 불연속적인 자연적 그룹으로 생각한 린네와는 달리, 뷔퐁은 자연이 불연속적으로 창조되었다는 생각을 거부했고, 분류 시스템은 자연의 연속성을 인간이 만들어낸 분석의 틀 안에 강제로 욱여넣은 것일 뿐이라고 주장했다. 이것은 린네와는 전혀 다른 진화적 사고였다. 뷔퐁의 수제자 라마르크가 용불용설•을 내세우면서 생물 진화론을 주장했음은 우연이 아니다.

린네의 분류법은 현대에 오면서 많은 비판과 수정을 거쳤다. 당초 식물계, 동물계, 광물계로 나누었던 분류의 범주도 오늘날에는 광

• 자주 사용하는 기관은 세대를 거듭하면서 발달하고 그러지 못한 기관은 점점 쇠퇴하여 소실되어 간다는 학설

물계를 제외하고 원핵 생물계와 원생 생물계, 균계가 추가되면서 보통 5계로 분류된다. 수술과 암술에 주로 의존했던 린네의 자웅 분류법은 식물의 유연 관계와 진화적 계통에 따른 자연적인 분류로 대체되었다. 나아가 린네가 받아들이지 않았던 종의 연속성의 관념도 다윈의 진화론을 거치면서 확고하게 자리 잡았다. 그러나 그의 이명법만큼은 예나 지금이나 여전히 흔들림 없는 지위를 차지하고 있다.

함께 읽으면 좋은 책

- **《정보화 혁명의 세계사》** 다니엘 R. 헤드릭, 너머북스, 2011
- **《식물분류학》** 이병윤 외, 한국방송통신대학교출판문화원, 2018
- **《분류학개론》** 김재근, 라이프사이언스, 2012

17

그레고어 멘델
《식물의 잡종에 관한 실험》
1866

20세기 유전학 발전에 혁명을 불러오다

그레고어 멘델(Gregor Mendel, 1822~1884)

오스트리아의 수도사이자 식물학자. 1843년 브륀의 성 토마스 수도원에 수도사로 들어갔다. 1851년부터 빈 대학에서 2년간 공부하는 동안 식물학자 프란츠 웅거와의 만남을 통해 식물학에 실험적 연구를 도입할 계획을 세웠다. 1854년부터 브륀 수도원의 정원에서 약 9년간에 걸쳐 완두콩 실험 등 유전 실험을 시도했고, 그 결과를 1866년 《식물의 잡종에 관한 실험》이라는 논문으로 발표했다.

※ 주요 저서: 《식물의 잡종에 관한 실험》 〈기상 관계에 관한 소고〉

자식은 왜 부모를 닮는가? 이 질문은 아주 오래전부터 인간의 관심사였다. 가장 일반적인 생각은 엄마와 아빠가 가지고 있는 각각의 특성이 섞여 자식에게 중간쯤으로 나타난다는 혼합 유전이었다.

다윈의 진화론에서도 유전은 중요한 주제였다. 생물 개체들이 왜 변이를 보이는지, 그리고 그 변이가 어떻게 후대에 전해지는지 의문이었기 때문이다. 다윈은 유전이란 생식 세포에 집결된 제뮬이라는 독특한 단위가 다음 세대에 전달된다는 판게네시스 가설을 세웠다. 그러나 이 문제에 대한 연구를 더 깊이 진행하지는 않았다.

다윈이 런던 근교의 다운 하우스에서 《종의 기원》을 집필하고 있을 때, 오스트리아의 한 수도원에서는 훗날 유전학과 생물학의 역사를 뒤바꿀 실험이 시작되고 있었다.

그레고어 멘델은 1822년 합스부르크 제국 내 하인첸도르프의 가난한 농가에서 태어났다. 원래 이름은 요한 멘델이었지만, 1843년 브륀(현재의 체코 브르노)에 있는 아우구스티누스회의 성 토마스 수도원에 견습 수도사로 들어갔을 때, 그레고어라는 새로운 이름을 얻게 되었다.

수도원에서의 삶은 꽤 지루했다. 그러나 멘델의 지적 재능과 성실함을 눈여겨본 수도원장은 그를 빈 대학에서 공부할 수 있도록 추천했다. 1851년 10월부터 빈 대학에서 멘델은 물리학, 수학, 화학, 곤충학, 고생물학, 식물학 등 다양한 자연 과학적 지식을 습득했다. 그중 식물학자 프란츠 웅거와의 만남은 이후 멘델의 운명에 결정적인 영향을 미쳤다. 웅거는 자연 상태에서 발생하는 변이가 새로운 종의 형성으로 이어진다고 믿는 인물이었다. 또 그는 식물 형질의 발현을 제대로 이해하는 길은 계획된 실험적 연구가 중요하다고 생각했다.

약 2년간의 수학을 마치고 1853년 멘델이 브륀으로 돌아왔을 때, 그는 이미 식물 잡종의 기원과 발생을 탐구하기 위한 실험적 연구를 계획한 상태였다. 그가 선택한 식물은 완두콩이었다. 완두콩은 성장 기간이 매우 짧으며 개활지나 화분에서도 쉽게 재배가 가능할 뿐만 아니라, 종자와 식물체가 뚜렷한 형질을 가지고 있기 때문이다.

1854년부터 약 9년간의 실험적 연구는 1863년에서야 마무리되었다. 그리고 1865년 2월과 3월 멘델은 두 차례에 걸쳐 브륀자연과학연구회의 월례 발표회에서 〈식물 잡종에 관하여〉라는 구두 발표를 진행했다. 1866년에는 〈브륀자연과학연구회보〉 제4권에 〈식물의 잡종에 관한 실험(Versuche über Pflanzenhybriden)〉이라는 제목의 약 45쪽짜리 논문을 발표했다. 훗날 유전학의 발전에 신기원을 연 이 논문에서 멘델은 완두콩 실험에 대한 9년간의 과정과 결과를 자세히 보고했다.

◆

완두 재배 실험과 '유전 인자'의 발견

멘델은 먼저 종자 판매상에서 15가지 대립 형질을 가진 총 34변종의 식용 완두콩을 수집했다. 첫 2년간의 예비 실험은 이들 중 22개의 순계(순수계통) 완두를 골라내는 작업이었다. 완두는 하나의 꽃 속에 수술과 암술을 모두 갖고 있다. 따라서 완두를 계속 자가 수분시키면 부모와 똑같은 형질을 가진 순계 완두를 얻어낼 수 있다.

본 실험을 준비하면서 멘델은 22개 순계 완두에서 7가지 대립 형질, 즉 종자의 모양과 색, 꽃의 색, 꼬투리 모양과 색, 꽃의 위치, 줄기의 키를 선택했다. 이후 실험은 매우 단순한 과정의 반복이었다. 그는 이번에는 타가 수분(인공 수정)을 통해 7가지 대립 형질의 완두를 7년 동안 되풀이해서 교배시켰다. 예를 들어, 줄기의 키 차이에서 나타난 대립 형질의 경우, 멘델은 6~7인치 정도의 키가 큰 줄기 개체와 0.75~1.5인치 정도의 키가 작은 줄기 개체를 교배시켰다. 그는 줄기 키의 유전적 성질을 밝혀내기 위해 10개체를 대상으로 37회 인공 수정을 했다고 쓰고 있다. 즉 키가 작은 완두끼리 자가 수정이 되지 않도록 꽃술을 거세하고, 키 큰 완두와 키 작은 완두를 인공 수정시킨 것이다.

그 결과는 식물학자들이 가진 통념과 매우 달랐다. 키 큰 완두와 키 작은 완두를 교배해 태어난 완두, 즉 잡종 제1세대는 중간 크기의 완두가 아니라, 키가 큰 완두였다. 멘델은 다음과 같이 보고했다.

"반복된 실험에서 줄기 키가 1인치와 6인치인 것을 교배하면, 예

외 없이 6인치에서 7.5인치 사이의 키를 가진 줄기가 태어났다."

오늘날 우리는 이것을 '우열의 법칙'이라고 부른다. 우성이란 잡종 제1세대에 나타난 특성을 가리킨다. 이 경우 우성은 키가 큰 완두였던 셈이다.

그러면 열성 형질은 어디로 사라져 버린 것일까? 그 답을 찾기 위해 멘델은 잡종 제1세대를 이용한 제2세대 실험을 진행했다. 그 결과 제2세대에서는 우성 형질 상태 외에 열성 형질 상태도 다시 나타났다. 멘델은 그 실험 결과를 다음과 같이 보고했다.

"1,064개의 식물 개체 중 줄기가 긴 것은 787개, 줄기가 짧은 것은 277개 였다. 따라서 상대적인 비는 2.84:1이었다."

이 밖에도 실험을 통해 얻은 7가지 대립 형질의 실험 결과들을 종합하면, 우성 형질의 형태와 열성 형질의 형태의 평균비는 2.98:1이 되었다. 하지만 중간 형태의 대립 형질을 가진 완두는 어떤 실험에서도 나타나지 않았다.

이 실험을 통해 멘델은 유전을 결정하는 입자, 즉 유전 인자의 존재를 확신했다. 기존의 혼합 유전적 사고에서는 빨간색과 파란색 물감이 섞여 보라색 물감이 되듯이, 부모의 특성이 섞여 자식에게 나타난다고 생각했다. 그러나 멘델에 따르면, 제1세대의 각 잡종은 우성 인자 하나와 열성 인자 하나씩을 갖고 있다. 따라서 이 잡종을 교배시켜 4개의 인자를 서로 짝지으면, 그중에서 2개의 열성 인자가 합쳐진 것이 태어난다. 평균 4개의 완두 중 하나의 비율로 키 작은 완두가 태어나는 이유이다. 오늘날 우리는 이것을 '분리의 법칙'이라고 부른다. 잡종 1세대에 나타나는 형질 상태를 우성이라 부른다면, 나타나지 않고 잠재되어 있는 형질 상태를 열성이라고 부른다. 그러나 이 열성은 잡종 2세대에서 다시 나타나게 되는 것이다.

멘델은 이 밖에도 두 쌍 이상의 대립 형질이 동시에 유전될 때, 각각의 형질을 나타내는 유전자는 서로 다른 유전자에 영향을 주지 않는다는 것을 발견했다. 예를 들어, 줄기 키의 유전자와 꽃의 색 유전자는 서로 영향을 미치지 않는다. 이른바 '독립의 법칙'이다.

결과적으로 이 같은 멘델의 실험은 기존의 식물학 연구와는 그 방법은 물론 결론도 다른 것이었다. 멘델이 실험에 사용한 완두는 약 2만 8,000포기였고, 그중 1만 2,835포기를 세밀히 조사했다. 실험 대상이 늘어날수록 우연은 배제될 수 있다고 본 것이다. 이처럼 통계학을 식물학 연구에 도입함으로써 그는 당시까지 지배적이었던 혼합 유전의 관념을 뒤엎고, 식물 잡종에 유전을 결정하는 입자, 즉 유전인자라는 새로운 개념을 도입할 수 있었던 것이다.

◆ "곧 나의 시대가 오리라!"

그렇다면, 멘델의 논문 〈식물의 잡종에 관한 실험〉은 세상에 어떻게 받아들여졌을까? 20세기 유전학의 혁명을 몰고 온 이 논문은 뜻밖에도 금방 잊히고 말았다. 멘델이 활동했던 연구회와 학술지는 브륀이라는 당시 유럽에서도 변방의 한 소도시를 기반으로 한 것이었다. 이 논문을 발표하기 전까지 멘델은 한 번도 식물 관련 논문을 발표한 적

없는 무명의 인물이었으며, 그의 연구 방식 또한 전통적인 식물학과는 전혀 달랐다. 기존의 식물학은 주로 관찰적 방법을 통해 이론을 만들어냈다면, 멘델은 직접 재배 실험을 설계하고, 그 실험 결과를 통계적 방식으로 분석했다.

논문이 간행되자 멘델은 따로 약 40부의 별쇄본을 당시 저명한 유럽의 식물학자들에게 보냈다. 그러나 멘델의 실험 결과가 가진 의미를 제대로 이해한 사람은 아무도 없었다. 훗날 다윈의 서재에서도 멘델의 논문이 발견되었지만, 다윈이 멘델의 논문을 읽은 흔적은 찾아볼 수 없었다.

1884년 1월 멘델은 61세의 나이로 사망했다. 사망 전 그는 친구들에게 "곧 나의 시대가 오리라(Meine Zeit wird schon kommen)"라는 말을 즐겨 했다고 전해진다. 그리고 그 예언은 머지않아 현실이 되었다.

멘델이 논문을 발표한 지 34년이 지난 1900년 네덜란드 식물학자 휘호 더 프리스, 독일의 식물학자 카를 코렌스, 오스트리아의 식물학자 에리히 폰 체르마크 등이 각기 독립된 연구를 진행하면서 멘델의 논문을 재발견했고, 〈독일식물학회보〉 18권에 투고한 논문들에 그것을 인용했다.

유전이라는 개념이 명확해지자 이제 생물학자들은 유전을 담당하는 물질을 찾기 시작했다. 1904년 미국의 유전학자 월터 서턴은 유전 물질이 세포핵의 중심에 있는 소시지 모양의 물질 안에 있다고 발표했다. 사람들은 이 소시지 모양의 물질을 염색해서 관찰했기 때문에 염색체라고 불렀다.

1909년 덴마크의 유전학자 빌헬름 요한센은 염색체 안에서 유전

인자를 발견하고, 그것을 유전자(Gene)로 부르길 제안했다. 1928년 프레데릭 그리피스는 폐렴 쌍구균을 이용한 실험에서 DNA가 유전 물질이라는 것을 확인했다. 살아생전의 멘델은 비록 큰 명성을 누리지는 못했지만, 그가 시작한 유전학은 이제 과학의 중심부에서 화려한 부활을 시작한 것이다.

함께 읽으면 좋은 책

- **《현대 유전학의 창시자 멘델》** 비체슬라프 오렐, 전파과학사, 2008
- **《정원의 수도사》** 로빈 헤니그, 사이언스북스, 2006
- **《유전학의 탄생과 멘델》** 에드워드 에델슨, 바다출판사, 2002

18

제임스 왓슨
《이중 나선》
1968

DNA는 어떻게 유전 물질을 전달할까?

제임스 왓슨(James Watson, 1928~)

미국의 생물학자이자 유전학자. 1950년 인디애나 대학에서 유전학 박사 학위를 취득하고, 이듬해 영국 케임브리지 대학 캐번디시 연구소에 박사 후 연구원으로 합류했다. 프랜시스 크릭과 함께 DNA의 분자 구조를 연구한 결과, 1953년 4월 과학 잡지 〈네이처〉에 DNA가 이중 나선 구조임을 주장하는 논문을 발표했다. 유전의 매커니즘을 최초로 밝힌 이 논문은 오늘날 유전자 편집 기술의 발전에 중요한 출발점이 되었다.

※ 주요 저서: 《이중 나선》《왓슨 분자생물학》《지루한 사람과 어울리지 마라》

1953년 4월 25일 과학 잡지 〈네이처〉에는 20세기 유전학의 역사를 뒤바꾼 논문 한 편이 투고되었다. 첫 문장은 다음과 같이 시작한다.

"우리는 여기에 데옥시리보 핵산의 구조를 제안하고 싶다. 이 구조는 생물학적으로 대단한 관심을 불러일으킬 신기한 특징을 가지고 있다."

이 논문은 불과 2페이지짜리의 짧은 논문이었지만, 생명체의 모든 유전 정보를 총괄하는 DNA의 구조를 최초로 밝힌 기념비적인 논문이었다. 그런데 우리 눈에 보이지도 않는 DNA의 구조는 과연 어떻게 밝혀지게 된 것일까?

멘델이 유전 법칙을 발견한 지 2년 뒤인 1868년 스위스의 생물학자 프리드리히 미셰르는 한 흥미로운 실험을 준비하고 있었다. 그는 동네 병원에 들러 환자들이 사용했던 붕대에서 고름을 긁어냈다. 고름에는 백혈구가 많이 붙어 있었고 그 백혈구에는 세포핵이 있기 때문이다. 그는 이 세포핵에서 인을 함유한 산성 물질을 추출했고, 그것을 뉴클레인이라고 명명했다. 훗날 이것은 핵산으로 불리게 되는데, 오늘날 우리는 이 핵산이 유전 물질인 DNA와 리보 핵산(RNA)으로 이루어져 있다는 것을 알고 있다. 결과적으로 미셰르가 발견한 것은 DNA였지만, 당시 그는 더 이상의 것을 알지는 못했다. 이후 유전 물질이 무엇인지, 아울러 그것이 세포핵 안의 어디에 존재하는지가 많은 생물학자들의 관심사가 되었다.

1902년 미국의 유전학자 월터 서턴은 세포가 분열할 때 핵 속의 염색체가 반으로 나뉘는 것을 발견하고, 유전 물질은 염색체 안에 존재한다고 발표했다. 이 서턴의 주장은 1910년 미국의 생물학자 토머스 헌트 모건의 유명한 초파리 실험을 통해 확인되었다.• 모건은 빨간 눈 초파리와 돌연변이인 흰 눈 초파리를 여러 세대에 걸쳐 교배시켰고, 그 결과 유전 인자가 염색체 위에 있다는 것을 증명한 것이다.

이후 과학자들은 염색체가 DNA와 단백질 등으로 이루어졌다는 것을 알게 되었다. 그러나 1900년대 초까지만 해도 염색체 내의 단백질과 DNA 중 어느 쪽이 유전 물질인지를 특정하는 데는 어려움이 있었다. 그러던 중 1928년 영국의 세균학자 프레더릭 그리피스는 폐렴 쌍구균을 이용한 형질 전환 실험을 통해 DNA가 유전 물질임을 강력히 시사했다. 1943년에는 그리피스의 실험을 조금 변형시킨 캐나다 출신의 세균학자 오즈월드 에이버리가 박테리아의 유전 형질이 순수하게 정제된 DNA 분자를 통해서 다른 박테리아로 전달될 수 있다는 것을 밝혔다. 그것 또한 DNA가 유전의 기본 물질임을 말해주는 것이었다. 이제 이 DNA가 어떤 모습인지를 밝히는 일이 생물학계의 중요한 관심사가 되고 있었다.

• 초파리는 2주마다 한 세대가 바뀐다. 1년이면 25세대를 사는 셈이기 때문에 이 기간은 진화가 일어나기에 충분한 시간이다.

DNA의 구조를 밝히기 위해 의기투합한 왓슨과 크릭

이 책《이중 나선》은 DNA 이중 나선 구조를 발견한 미국의 분자 생물학자 제임스 왓슨이 1967년에 출판한 회고담이다. 왓슨은 1951년부터 1953년까지 약 3년간 DNA 이중 나선 구조의 발견 과정에서 자신이 체험한 것들, 즉 새로운 아이디어와 그가 만났던 사람들에 대해 진솔하게 이 책에 담아내고 있다.

1950년대 직전 DNA의 화학적 구조를 두고 경쟁했던 과학자들은 미국 캘리포니아 공과대학의 화학자 라이너스 폴링과 런던 킹스 칼리지의 물리학자 모리스 윌킨스, 그리고 그와 같은 연구실의 생물 물리학자 로절린드 프랭클린 등이었다.

1950년 미국 인디애나 대학에서 유전학 박사 학위를 취득한 왓슨이 이듬해 영국으로 건너갔을 때, 그의 나이는 불과 23세였다. 1951년 봄 케임브리지 대학 캐번디시 연구소에 박사 후 연구원으로 일하기 시작한 왓슨은 그곳에서 35세의 영국인 생물학자 프랜시스 크릭과 운명적으로 만나게 된다. 왓슨이 회고하기를, 크릭은 연구실에서도 목소리와 웃음소리가 유독 큰 사람이었고, 남의 연구에 참견하길 좋아하는 한마디로 독특한 성격의 소유자였다. 그럼에도 불구하고, 이런 크릭의 성격은 묘하게 왓슨과 매우 잘 맞았고, 무엇보다 DNA의 중요성을 깊이 공감했다는 점에서 금방 친해질 수 있었다고 한다. 결국 누가 먼저라고 할 것도 없이, 왓슨과 크릭은 DNA의 분자 구조를 밝히는 일에 2년간 의기투합하게 되었다. 그 결과 두 사람은

1953년 〈네이처〉지에 DNA가 이중 나선 구조임을 밝힌 〈핵산의 분자구조: 데옥시리보 핵산의 구조(Molecular Structure of Nucleic Acids: A Structure for Deoxyribose Nucleic Acid)〉라는 논문을 발표했다.

논문에서 왓슨과 크릭은 먼저 미국의 화학자 폴링과 생화학자 로버트 코리(Robert Corey)가 함께 발표한 DNA 삼중 나선 구조, 그리고 영국의 생물 물리학자 브루스 프레이저(Robert Donald Bruce Fraser)가 발표한 삼중 나선 구조는 화학적으로 불안정하다는 것을 지적했다. 그러면서 "우리는 이들과 근본적으로 다른 DNA의 염기 모델을 제안하려고 한다. 이 구조는 2개의 나선형 체인이 각각 같은 축 둘레에 감겨 있다"고 썼다. 즉 왓슨과 크릭이 제시한 DNA의 이중 나선 구조는 나선의 뼈대가 인산과 당으로 되어 있고, 나선 안쪽으로는 4가지 염기가 달린 모습이었다. 한쪽 가닥에 달린 염기가 다른 가닥에 달린 염기와 수소 결합을 이루는데 이것이 염기쌍이다. 이 구조의 새로운 특징은 DNA 염기인 아데닌과 티민이 쌍을 이루고, 구아닌과 시토신이 쌍을 이룬다는 점이다. 따라서 만약 둘 중 어느 한쪽만 알게 되면, 반대편은 저절로 알 수 있다. 이 염기쌍의 순서가 생명체의 유전 정보를 전달해주는 핵심인 것이다. 왓슨과 크릭은 이 같은 특정한 염기쌍이 유전 물질의 복사 메커니즘을 제안한다고 주장했다.

《이중 나선》은 왓슨과 크릭이 DNA의 이중 나선 구조의 발견에 이르기까지 많은 시행착오의 과정이 필요했음을 보여준다. 그리고 결과는 그런 고뇌의 정당하고 아름다운 열매라고 해도 과언이 아니다.

그러나 이 책은 단지 과학의 성공 신화만을 보여주지는 않는다. 저자 왓슨은 DNA의 이중 나선 구조의 발견 과정이 과학계 내에서

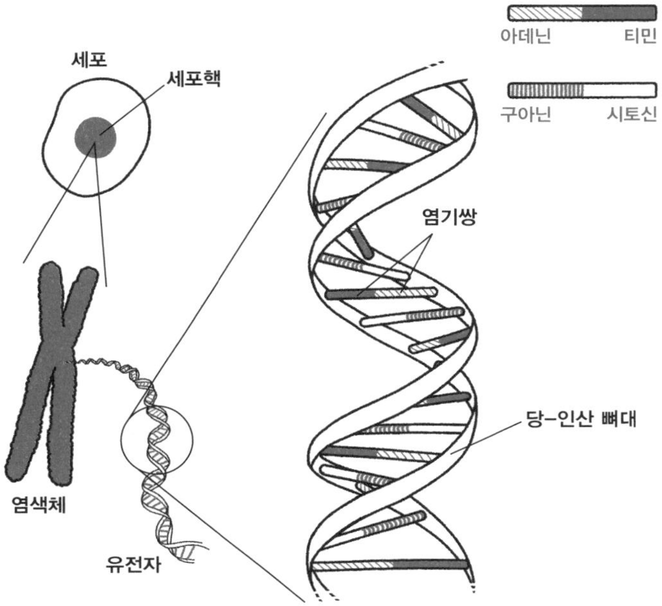

DNA 이중 나선 구조 | DNA는 당과 인산의 뼈대가 사슬처럼 이어지고, 이 사슬 두 가닥 사이에 각각의 염기쌍들이 결합한 이중 나선 구조이다.

벌어지는 일반적 현상, 즉 반대를 위한 반대와 정정당당한 경쟁, 그리고 개인적 야심이 뒤얽힌 것이었음을 가감 없이 보여준다. 예를 들어, 왓슨과 크릭의 강력한 경쟁자였던 폴링이 DNA는 당-인산 뼈대가 가운데에 있는 삼중 나선 구조라고 발표했을 때, 그 구조가 이미 자신들이 전년도에 실패했던 것임을 알고 뛸 듯이 기뻐했다는 내용, 또 그들은 폴링의 계속적인 실패를 위해 축배를 들었다는 내용 등은 과학 현장의 속살을 여지없이 보여주는 장면이 아닐 수 없다.

또 윌킨스와 프랭클린은 킹스칼리지의 연구실 동료이면서도 서로 사이가 좋지 못했다. 윌킨스가 나선 구조의 발견에 매우 중요한 프랭클린의 'DNA X선 회절 사진'을 자신의 조수 윌슨을 시켜 몰래 복사해두곤 했다는 부분은 마치 산업 스파이 같은 활동을 연상시킨다.

많은 사람들은 과학자들이 누구보다도 합리적이고 이성적이며, 공정한 경쟁 앞에서 깨끗이 승복할 것으로 생각한다. 그러나 현실의 과학자들은 나와 경쟁하는 동료 과학자가 혹시 나보다 먼저 똑같은 이론을 발표하여 내 업적을 가로채버리지는 않을까, 늘 노심초사한다. 과학자들의 감정은 시시각각 변하는 인간의 감정과 별반 다를 바 없다는 것을 저자 왓슨은 솔직하게 보여주고 있는 것이다.

◆ 혁명적인 기술로 유전 질환 치료 시대를 열다

DNA 이중 나선 구조의 발견은 다윈 이후 생물학계를 뒤흔든 가장 빛나는 업적이었다. 1962년 왓슨, 크릭, 윌킨스는 그 공로로 노벨 생리의학상을 수상했다. 왓슨과 크릭은 DNA 이중 나선 구조 발견의 주역이었다. 윌킨스는 두 사람의 발견에 필요한 많은 기초적 연구를 수행한 공로가 인정되었다. 그러나 X선 회절 사진으로 중요한 공헌을 했던 프랭클린은 제외되었다. 그녀는 1958년 불과 38세의 젊은 나이에 난소암으로 세상을 떴다. 사망자에게는 노벨상을 수상하지 않는 것이 관례였다.

DNA의 이중 나선 구조가 밝혀지면서 생물학계는 완전히 새로운 시대로 접어들었다. DNA가 세포 내에서 어떻게 작동하고 유전 물질을 전달하는지 알아내면서 유전학은 곧 여러 신기술로 이어졌다.

1960년경 대장균에서 DNA를 잘라내는 능력을 가진 특이한 제한 효소(restriction endonuclease)가 발견되었다. 이것은 훗날 유전자 편집 기술의 기초가 되는 놀라운 발견이었다. 즉 DNA의 특정 염기 서열을 인지하여 특정 부위의 DNA를 제한 효소로 잘라냄으로써 인간이나 동식물 세포의 유전자를 교정할 수 있게 된 것이다. 1980년대 중반 제1세대 기술로 불리는 징크 핑거(ZFN)가 발견되었고, 1996년 무렵부터 유전체의 교정에 활용되었다. 징크 핑거는 아프리카에 서식하는 발톱개구리에 붙은 특정 단백질에서 따온 것이다. 2009년에는 2세대 유전자 가위인 탈렌(TALEN)이 발견되었다. 탈렌은 3개의 염기 서열에 1개씩 결합하는 징크 핑거와는 달리, 1개의 염기 서열에 1개씩 결합하는 점에서 훨씬 정교한 기술을 가능하게 했다.

그리고 2012년 무렵 제3세대 유전자 가위로 불리는 크리스퍼(CRISPR-Cas9)가 등장했다. 크리스퍼란 "규칙적인 간격을 갖는 짧은 회문 구조의 반복(Clustered Regularly Interspaced Short Palindromic Repeats)"이라는 뜻이다. 2012년 캘리포니아 버클리 대학의 제니퍼 다우드나와 프랑스 출신의 독일 막스플랑크연구소 연구원 에마뉘엘 샤르팡티에가 이끄는 공동 연구팀은 크리스퍼의 중요한 역할을 하는 캐스나인(Cas9) 효소를 찾아냈다고 발표했다. 크리스퍼 유전자 가위는 교정하려는 DNA를 찾아내는 리보 핵산(RNA)과 DNA를 잘라내는 제한 효소인 캐스나인을 결합하여 만든 것이다. 이 크리스퍼는 종래의 징크 핑거나 탈렌보다 훨씬 단순하고 깨끗하게 유전자를 잘라낼 수 있다는 점에서 혁명적인 기술로 주목을 모으고 있다.

이 유전자 가위 기술은 과거에는 생각할 수 없었던 일들을 가능하게 하고 있다. 인간은 유전자 교정을 통해 병충해에 강한 과일들은 물론, 농축산물의 생산성을 향상시킬 수 있고, 나아가 인간의 유전 질환을 치료할 방법을 얻게 되었다.

그런 점에서 왓슨과 크릭의 DNA 이중 나선 구조의 발견은 과거 신의 영역에 머물렀던 생명과 유전의 문제를 인간의 영역으로 끌어내린 중요한 출발점이 아닐 수 없다.

함께 읽으면 좋은 책

- **《크리스퍼가 온다》** 제니퍼 다우드나 외, 프시케의숲, 2018
- **《지루한 사람과 어울리지 마라》** 제임스 왓슨, 반니, 2016
- **《놀라운 가설》** 프랜시스 크릭, 궁리출판, 2015

19

리처드 도킨스
《이기적 유전자》
1976

이타적 행동도 유전자의 이기적 본능일까?

리처드 도킨스(Richard Dawkins, 1941~)

미국의 동물 행동학자. 케냐의 나이로비에서 태어났다. 옥스퍼드 대학에서 생물학을 전공했고, 캘리포니아 버클리 대학에서 교편을 잡았다. 1976년 《이기적 유전자》를 옥스퍼드 대학 출판부에서 발표함으로써 인간과 동물의 행동 양식을 유전자 단위에서 재해석했다. 이후 다윈의 진화론을 유전자적 시각으로 뒷받침하는 한편, 신과 과학의 문제에 이르기까지 폭넓은 과학적 주제로 글을 쓰고 있다.

※ 주요 저서: 《이기적 유전자》 《확장된 표현형》 《만들어진 신》 《무지개를 풀며》

1859년 다윈의《종의 기원》은 생물 진화의 원리를 밝힌 기념비적인 저서였다. 인간이 어디에서 왔고, 어디로 향하고 있는지 처음으로 자신을 이해할 수 있는 길이 열린 것이다. 그러나 다윈의 자연 선택설이 생물의 모든 현상을 다 설명할 수 있었던 것은 아니다. 예를 들어, 진화가 사실이라면 왜 중간 단계의 화석이 충분하지 않은가? 또 동물들은 생존 경쟁이라는 다윈 진화론의 대원칙에도 불구하고, 왜 가끔 이타적인 행동을 보이는가? 이런 질문들은 다윈 진화론에 남겨진 과제였다.

특히 동물의 이타적 행동 양식은 적자생존과 생존 경쟁으로 말해지는 다윈 진화론에서 쉽게 이해하기 힘든 부분이었다. 우리는 사자에게 먹잇감으로 잡힌 물소를 동료 물소들이 힘을 모아 구출하려는 행동을 볼 수 있다. 꿀벌은 꿀 도둑을 방어하기 위해 침을 쏘지만, 침을 쏘게 되면 내장이 침과 함께 빠지기 때문에 그 꿀벌은 곧 죽음을 맞이한다. 생존 경쟁을 피할 수 없는 물소들이나 꿀벌들이 왜 굳이 자신을 위험에 빠뜨리면서까지 그런 이타적 행동을 하는지는 쉽게 설명할 수 없는 문제였다.

물론 그런 동물의 이타적 행동을 설명하려는 시도가 전혀 없었던 것은 아니다. 대표적인 이론은 그룹 선택설이었다. 그룹 선택설이란 생존 경쟁의 단위가 집단, 다시 말해 종(species)이기 때문에, 종 전체의 이익을 위해서라면 개체들은 희생을 마다하지 않는다는 주장이다. 그룹 선택설의 지지자들은 개체들이 자기희생을 마다하지 않는 집단이 곧 이 세계의 지배적인 종이 되었다고 믿는다. 반면, 개체 선택설도 제기되었다. 생존 경쟁에 내몰린 개체들은 종이 아니라, 오직 개체의 이익에 따라 움직인다는 것이다. 결국 '자연 선택은 종의 이익을 위해 이루어지는가? 아니면 개체의 이익을 위해 이루어지는가?' 이런 의문은 20세기 중엽까지도 뚜렷한 답을 얻지 못하고 있었다.

도킨스는 한때 아버지의 근무지였던 케냐의 나이로비에서 태어났고, 어린 시절을 그곳에서 보냈다. 그는 케냐에서의 어린 시절이 훗날 동물 행동학에 관심을 갖게 된 배경이었다고 말하곤 했다. 1962년 옥스퍼드 대학 생물학과에 입학한 그는 이곳에서 박사 학위를 받은 뒤 캘리포니아 버클리 대학에서 교편을 잡았다. 그의 관심 분야는 동물 행동학과 유전학이었고, 1976년 옥스퍼드 대학 출판부에서 자연 선택의 단위가 유전자임을 주장하는《이기적 유전자(The Selfish Gene)》를 출간함으로써 세상을 깜짝 놀라게 했다.

◆ 사자가 사자를 잡아먹지 않는 이유

《이기적 유전자》는 총 13장으로 구성되었다. 도킨스가 이 책을 쓴 목적은 제1장에서부터 명확하게 드러난다. 그는 자연 선택의 기본 단위가 종도 그룹도 개체도 아닌 유전자임을 밝히고자 이 책을 썼다고 한다.

책의 초반부, 즉 제2장 '자기 복제자들', 제3장 '불멸의 코일', 그리고 제4장 '유전자 기계'까지 도킨스는 이 책의 중심 주제가 되는 유전자의 기원에 대해 지금까지 학계에서 연구된 과학적 추론을 통해 이야기를 풀어나간다. 그 대략적인 내용은 태초의 원자들로부터 시작한다. 이 원자들은 서로 만나 화학 반응을 일으키고 안정된 분자를 형성했을 것이다. 그러다가 원시 수프(primordial soup)• 속에서 스스로를 복제할 수 있는 기능을 가진 놀라운 특성의 분자가 우연히 생성되었고, 그것은 마치 시멘트의 주형과 같은 역할을 하며 자기 복제자를 찍어내기 시작했다. 이 복제의 과정에서 생겨난 오류들은 생명에 필요한 개량을 일으켰다.

물론 이 자기 복제자들도 다윈의 진화 이론에서 말한 것처럼 생존 경쟁에 내몰렸다. 그런데 이 같은 경쟁 아래에서 자기 복제자들은 자신의 안정성은 증가시키고, 경쟁 상대의 안정성은 무너뜨리는 방법을 효과적으로 찾아갔다. 이때 자신의 둘레에 단백질로 물리적인 벽을 만들어 스스로를 방어하는 분자, 즉 최초의 살아있는 세포가 등장했다. 이 자기 복제자, 즉 유전자는 이제 스스로를 운반하고 생존을 도모하기 위한 안정된 도구를 제작한다. 그것은 곧 생존 기계이다.

• 영국의 생물학자 J.B.S. 홀데인이 1929년에 발표한 개념으로, 원시 바다에 있던 메탄과 암모니아, 물 등이 태양의 자외선에 의해 단백질의 재료인 아미노산, 당과 같은 최초의 유기화합물로 바뀌었다는 주장이다.

도킨스는 말한다. 불멸의 존재인 유전자는 "노화와 죽음에 빠지기 전에 언젠가는 수명을 다할 몸에서 빠져나와 그 고유한 방식과 목적을 위해 몸에서 몸으로 이동한다." 인간을 비롯한 모든 동물은 이 유전자를 보존하도록 맹목적으로 프로그래밍된 로봇 차량이자 생존기계라는 것이 초반부의 핵심적인 내용이다.

이어서 제5장부터는 이런 이론을 뒷받침하는 유전자의 실질적 행동 양식을 설명하고 있다. 제5장은 ESS(Evolutionarily Stable Strategy), 즉 '진화적으로 안정된 전략'이라는 개념을 다룬다. 이 개념은 원래 영국의 진화 생물학자 존 메이너드 스미스가 주장한 것이다. 사자가 사자를 잡아먹지 않는 것은 자연의 섭리 때문이 아니라, 그들에게 동족을 잡아먹는 것이 ESS가 아니기 때문이다. 다시 말해 사자가 사자를 잡아먹으면 사자의 유전자는 점점 줄어들고 말 것이다. 그것은 진화적으로 안정된 전략이라고 볼 수 없다. 사자가 가젤을 만났을 때, 가젤이 사자에 맞서 싸우기보다 도망가는 것은 그것이 진화적으로 안정된 전략이기 때문이다. 결국 사자나 가젤의 행동은 자신들의 유전자를 지키고 확산시키기 위해 프로그래밍된 행위일 뿐이다.

제6장에서 제8장까지는 혈연 간의 관계 속에서 유전자를 다루는 내용이다. 특히 제6장은 유전자의 이기적 특성을 보여주는 '유전적 근연도(Genetic Relatedness)'라는 중요한 개념이 등장한다. 유전적 근연도란 두 사람의 혈연자가 한 개의 유전자를 공유할 확률을 의미한다. 우리는 엄마가 아이를 보호하려는 행동이 모성애 때문이라고 말한다. 하지만 도킨스에 따르면, 그것 또한 단지 모성애 때문이 아니라, 유전자를 지키기 위해 프로그래밍된 전략이다. 이것은 물론 모성

애를 부정하는 것이 아니다. 아이는 엄마의 유전자를 나눠 갖고 있기 때문에, 그 유전자를 지키기 위한 선택의 결과가 모성애라는 이름으로 표현되고 있을 뿐이다. 사람들이 혈연 관계 사이에서 가끔 냉정한 선택을 하는 것도 이 유전적 근연도로 설명될 수 있다.

예를 들어, 부모와 자식 간의 근연도는 반드시 1/2이다. 자식은 엄마, 아빠로부터 유전자를 받을 확률이 50퍼센트이기 때문이다. 이처럼 자식이 아빠의 유전자를 가질 확률이 1/2이라면, 조카는 1/4, 사촌은 1/8이다. 따라서 아빠가 조카보다 자기 자식을 더 예뻐하는 것도 이 유전적 근연도로 설명 가능하다는 것이다. 그러나 만약 당장은 나에게 손해가 나더라도, 혈연을 도움으로써 내 유전자의 복제본을 더 남길 수 있다면, 나는 기꺼이 스스로의 희생을 감수하는 선택을 하게 된다. 하지만 그런 위험을 무릅쓰는 것은 그런 행동을 취함으로써 구할 수 있는 유전자의 총량이 손실될지도 모를 유전자의 총량을 넘어설 때만이다.•

참고로 8촌은 1/128이다. 따라서 도킨스는 "8촌 간은 이타적 유전자의 관점에서 본다면, 지나가는 행인과 다를 바 없다"고 말한다. 1/128의 유전적 근연도도 생면부지의 사람보다는 유전적으로 가깝

• 당초 J.B.S. 홀데인이 제시한 이 아이디어는 20세기 진화 이론가 영국의 윌리엄 해밀턴에 의해 일명 '해밀턴의 공식'으로 정리되었고, 이 책의 저자 도킨스에게 수용되었다. 해밀턴 공식에 따르면, 혈연 관계에 대한 이타적 행위는 rb〉c(r: 유전적 근연도, b: 이득, c: 손실)로 설명할 수 있다. 예를 들어, 나와 유전적 근연도(r)가 1/8인 사촌 8명이 물에 빠졌다고 하자. 사촌들을 구함으로써 입을지도 모를 손실은 자기 자신(1)의 죽음이다. 그렇다면, 1/8×8=1이라는 공식이 성립한다. 따라서 해밀턴의 규칙에 따르면, 적어도 8명 이상의 사촌이 물에 빠졌을 때 자신은 물에 뛰어들 것이고, 7명 이하의 경우는 뛰어들지 않을 것이다. 물론 이것은 공식 그대로를 적용했을 경우이다.

지만, 자식이나 조카에 비하면 매우 먼 거리에 있는 것은 분명하다.

제7장은 '가족 계획'이다. 도킨스는 여기서 일찍이 윈-에드워즈가 주장했던 '집단 선택설'을 비판하고 있다. 사람뿐만 아니라 동물도 산아 제한을 한다. 윈-에드워즈는 동물이 산아 제한을 하는 이유는 그것이 집단 전체의 이익을 위한 행동이라고 주장해왔다. 그러나 도킨스에 따르면 그것은 집단과 같은 공공의 이익 때문이 아니다. 먹이가 풍성할 때 동물이 더 많은 자식을 낳는 이유는 자식들에 전해진 유전자 복사본을 잘 돌볼 수 있다는 확신이 들기 때문이다. 반대 환경에서는 물론 자식의 숫자를 줄이게 된다. 이런 행동 양식 또한 유전자적으로 설명될 수 있다는 것이다.

제8장 '세대 간의 다툼'은 부모와 자식 간의 유전자를 둘러싼 양육 투쟁을, 제9장 '암수의 다툼'은 다양한 성 선택의 문제를 유전자적으로 풀어내는 내용이다. 제10장 '내 등을 긁어다오, 나는 네 등에 탈 것이다'에서는 동물들의 이타적 행위에 대해 다룬다. 일벌은 번식을 하지 않음에도 불구하고 열심히 일한다. 그런데 자신의 유전자를 남길 필요가 없는 일벌들이 왜 굳이 열심히 일하는 것일까? 그것은 일벌들이 여왕벌을 자신의 유전자를 보존하기 위한 대리인으로 사용하기 때문이다. 동물들의 이타적으로 보이는 행동들도 사실은 유전자적 관점에서는 이기적인 행위라는 것이 이 장의 주된 내용이다. 그러나 이렇게 유전자가 이기적이라면, 결국 인간의 이타적 행위나 선량함은 무의미한 것이 되고 마는 것일까?

이에 대한 도킨스의 대답은 바로 제11장 '밈-새로운 복제자들'에서 제시된다. 인간에게는 이기적 유전자만으로 설명할 수 없는 특이성이 있다. 다시 말해 인간은 동물과는 달리 밈(Meme)이라는 새로운 복제자를 갖고 있다. 이 밈이란 한 사람이나 집단에게서 다른 지성으로 전달되는 모방 가능한 생각이나 믿음을 뜻한다. 예를 들어, 인기 있는 케이팝(K-POP)은 대중들에게 금방 퍼져나간다. 또 인간은 선량한 행위를 하나의 문화로 받아들이고, 그것을 흉내 내곤 한다. 거기에 반드시 이기성이 개입되는 것은 아니다. 예를 들어, 2001년 도쿄 신오쿠보의 전철역에서 한국인 유학생 이수현 씨가 선로에 떨어진 사람을 구하려다가 목숨을 잃은 안타까운 사건이 있었다. 우리는 이런 김수현 씨의 행동에 어떤 이기성이 개입되었으리라고는 생각하지 않는다. 타인이 위기나 어려움에 처했을 때 본능적으로 돕는 것은 유전자의 이기성으로 설명 불가능하다. 그것은 타인을 도움으로써 인류애를 발전시켜온 인간의 숭고함이라는 밈, 즉 문화적 복제 현상이라고 볼 수 있다.

도킨스는 "이 지구에서는 우리 인간만이 유일하게 이기적인 복제자들의 폭정에 반역할 수 있다"고 주장하는데, 그것은 이처럼 모방을 통해 전달되는 밈을 우리가 갖고 있기 때문이다. 유전자의 이기성이 우리를 지배한다고 해도, 그것이 인간의 이기적 행동을 정당화하지 않는 것도 그 때문이다. 범죄가 이기적인 유전자의 어쩔 수 없는 행동은 아니라는 것이다. 인간에게는 그것을 반역할 수 있는 이성과 능력이 있다.

도킨스를 향한 비판과 그의 연구가 갖는 독창성

도킨스는 1998년 《무지개를 풀며(Unweaving the Rainbow)》라는 책에서 자신이 1976년에 《이기적 유전자》를 처음 출판했을 때, 사람들이 보였던 반응을 소개했다. 그 반응은 당혹스러움과 분노, 찬사가 뒤섞인 것이었다. 논쟁적인 책인 만큼 오해도 함께 퍼져나갔다. 그중 가장 일반적인 오해는 부모가 자식을 돌보는 숭고한 행위, 인간의 협력과 같은 이타적 행위가 모두 유전자의 이기적인 본능이라는 오해였다. 아울러 '범죄가 만약 유전자의 프로그래밍이라면, 우리가 범죄인을 처벌할 수 있는 근거가 있는가?'라는 의문이 제기되기도 했다. 하지만 그런 오해는 도킨스의 《이기적 유전자》를 오독한 것임이 곧 판명되었다. 인간에게는 이기적인 유전자의 폭정에 반역할 수 있는 힘이 있다고 도킨스는 줄기차게 주장해왔기 때문이다.

아울러 도킨스의 이론은 새로울 것이 없다는 비판도 제기되었다. 다시 말해 도킨스의 이론은 그 이전의 진화 생물학자들의 이론을 짜깁기한 것에 불과하다는 것이다.

영국의 진화 생물학자 윌리엄 해밀턴은 1964년 〈사회적 행동의 유전적 진화(The Genetical Evolution of Social Behaviour)〉라는 논문에서 생물이 이타적 행동을 하는 것은 자신과 비슷한 유전자를 더 많이 퍼뜨리기 위한 것이라는 '혈연 선택 이론(Kin selection theory)', 그리고 자신의 행동으로 본인이나 친족이 얻을 포괄적 이득이 자신의 희생으로 입을 피해보다 크다면 남을 돕는 행동이 진화할 수 있다는 '포괄적

적합도 이론(Inclusive fitness theory)'을 제시했다. 미국의 진화 생물학자 조지 윌리엄스는 1966년《적응과 자연 선택(Adaptation and Natural Selection)》이라는 저서에서 '진화의 과정에서 나타난 복잡한 적응이 과연 무엇의 이득을 위한 진화인가'에 대해 처음으로 구체적 질문을 던졌다. 윌리엄스는 여기서 기존의 집단 선택설을 설득력 있게 비판하고, 자연 선택의 단위가 유전자임을 밝혔다. 또 미국의 진화 생물학자 로버트 트리버스는 1971년 〈상호 이타주의의 진화(The Evolution of Reciprocal Altruism)〉라는 논문에서 유전자의 공유가 없더라도 개체 간에 신뢰가 쌓였을 때는 호혜적 이타주의가 발전할 수 있다고 주장했다. 1973년 영국의 진화 생물학자 존 메이너드 스미스는 조지 프라이스와 함께 〈네이처〉지에 쓴 〈동물 갈등의 논리(The logic of animal conflict)〉라는 논문에서 '진화적으로 안정된 전략(ESS)'이라는 개념을 처음 주장했다. 이 진화 생물학자들의 이론은 사실 도킨스의《이기적 유전자》의 각 장에 반영되어 있음을 알 수 있으며, 초판 서문에서 도킨스도 위에 언급한 4명의 학자들로부터 큰 영향을 받았다고 쓰고 있다.

그런 점에서 도킨스의 이기적 유전자 이론은 선행 학자들의 연구를 종합한 것임은 틀림없다. 물론 도킨스의 독창이 전혀 없었던 것은 아니다. 밈 이론은 특히 그의 독창적 이론으로 평가받는다. 아울러 이 모든 선행 이론들을 종합하여 다윈의 자연 선택설의 본질과 인간의 행동 양식을 유전자적 단위에서 설득력 있게 주장한 것은 도킨스의 뛰어난 능력 때문이었음을 누구도 부인할 수 없다.

함께 읽으면 좋은 책

- **《무지개를 풀며》** 리처드 도킨스, 바다출판사, 2015
- **《다정한 것이 살아남는다》** 브라이언 헤어 외, 디플롯, 2021
- **《공감하는 유전자》** 요아힘 바우어, 매일경제신문사, 2022

4장

★

서양 중심주의에 일격을 가한 동양의 과학 명저

20

송응성
《천공개물》
1637

"이 책은 입신출세와는 추호의 관계도 없다"

송응성(宋應星, 1590년경~1650년경)

중국 명나라 말의 관리이자 백과사전 집필자. 젊은 시절 과거에 실패한 후, 지방의 말단 관리로 일하면서 중국의 농업과 수공업 기술에 관심을 가졌다. 50세 무렵 《천공개물》을 집필했다. 기술에 관한 백과사전적 저서로 일컬어지는 이 책은 당시 중국 사회의 기술 천시 풍조에 맞서 실증적, 경험적 태도를 견지한 것으로 유명하다.

※ 주요 저서: 《천공개물》 《야의》 《논기》 《담천》

《천공개물(天工開物)》은 기술에 관한 중국 최초의 백과사전적 저서이자, 서양인들에게도 잘 알려진 책이다. 그러나 이 책은 중국에서 거의 300년가량 잊혔다가 20세기 들어 재발견된 비운의 책이기도 하다.

저자 송응성은 명나라 말기인 1587년 중국 중남부에 위치한 강서성(江西省)에서 태어났다. 28세가 된 1615년 무렵 향시(鄕試)에 도전하여 합격했고, 이후 진사(進士)가 되기 위해 4년마다 열리는 북경의 회시(會試)에 응시했다. 그러나 결국 실패한 후 과거 시험으로 출세하기를 단념했다. 이후 여러 지방에서 말단 관리를 지내던 그가 1637년 나이 50세에 이르러 집필한 책이《천공개물》이다.

17세기 초는 명에서 청으로의 정치 권력의 교체와 함께 중국 사회에 변화가 시작되던 시기였다. 이탈리아 출신의 선교사 마테오 리치 등 예수회 선교사들이 북경에 도착한 이후 서양의 새로운 문물과 서적들이 중국어로 번역되기 시작했다. 1612년 이탈리아 출신 예수회 선교사 우르시스가 서양 농전수리(農田水利) 전문 서적인《태서수법(泰西水法)》을 저술했고, 1627년 스위스 출신의 예수회 선교사 요한 테렌츠 슈렉은 중국인 왕징(王徵)의 도움을 얻어 서양 기계 공학을 소개한《기기도설(奇器圖說)》을, 1639년에는 서광계(徐光啟)가 중국의 전통 농업 기술을 집대성한《농정전서(農政全書)》를 간행했다. 서양 기술 서적들의 번역과 새로운 문물의 도입은 일부 중국 지식인들로 하여금 실사구시와 이용후생의 학문에 눈을 돌리게 만들었다. 송응성이 이 책을 집필하게 된 것도 당시 변화하고 있던 중국 사회와 결코 무관하지 않았다.

◆ 중국 산업을 총망라한 기술 백과

《천공개물》은 총 3권 18편으로 구성되어 있다. '천공개물'이라는 제목에 대해서는 저자 송응성도 따로 설명한 바 없지만, 아마도 '천공' 즉 하늘이 내려준 조화로, '개물' 즉 인간의 솜씨를 발휘한다는 의미일 것이다. 이 책의 가장 큰 특징은 기존의 기술 서적들이 몇몇 단편적인 기술의 소개에 머물렀던 것과는 달리, 17세기 중엽 중국의 농업과 수공업을 총망라한 백과사전적 기술 서적이라는 점이다.

상권에서는 주로 농업 기술로서 곡물, 의복, 염색, 곡물의 손질, 제염, 제당 등을 다루었다. 중권에서는 수공업 기술에 대한 내용이 대부분으로, 도자기 제조, 주조(鑄造), 배와 수레, 단조(鍛造), 소석(燒石), 제유(製油), 제지(製紙) 등을 다루고 있다. 그리고 마지막 하권에서는 금속 공업과 농업을 중심으로 한 제련(製鍊), 무기, 먹과 안료, 누룩, 주옥(珠玉) 등에 관해 다루었다.

송응성은 제1편에서 농업을 다루고, 마지막 제18편에서 주옥, 즉 보석을 다루었는데, 책의 순서를 이렇게 배치한 이유는 오곡을 귀하게 여기고, 금옥을 천하게 여긴다는 중국의 오랜 격언에 따른 것이라고 썼다. 다시 말해 백성의 생활을 안정시키기 위해서는 금은과 같은 사치품보다는 농업을 중시해야 한다는 것이 저자의 생각이었다.

송응성은 이 많은 지식을 어떻게 수집했던 것일까? 그것은 그의 출신 배경과 관련이 깊다. 송응성의 고향인 강서성은 중국에서도 사탕수수, 쪽, 모시 등의 농산물은 물론 석탄, 철, 주석, 금, 은, 구리 등 지하자원이 풍부한 곳이며, 도자기와 제지의 유명한 산지였다. 그런 지리적 조건은 저자의 경험과 삶 속에 충분히 녹아 있으며,《천공개물》을 집필하는 데 중요한 지식 기반이 되었다. 그 밖에도 송응성은 중국 전역을 여행하면서 기술에 관한 정보를 수집하는 한편, 조선이나 일본 및 서양의 지식들은 자료를 통해 입수했을 것으로 보인다.

송응성은 책을 집필하면서 기존의 방술서나 본초서에 등장하는 미신적인 생각들을 배제하고자 노력했고, 책 중간에 삽화들을 그려 넣어 독자들의 이해를 돕고자 했다.

이 책을 통해 우리는 중국 전통 기술의 전반적 수준은 물론, 농업, 금속 제련, 방직 기술, 도자기 제조와 같은 당시의 몇몇 기술들은 세계적인 수준과 견주어보더라도 중국이 매우 앞서 있었다는 것을 알 수 있다. 예를 들어, 밀랍법에 의한 거대한 종의 주조법은 중국의 독창적인 기술이었고, 아연의 제련은 당시 중국이 가장 앞선 분야이기도 했다.

아울러 이 책에는 중국의 기술들만 아니라, 조선과 일본의 기술이 언급되기도 한다. 예를 들어, 저자는 제지 기술에 대해 말하면서 조선 종이와 일본 종이의 특징을 중국 종이와 비교하기도 했다. 그는 조선의 백추지(白硾紙)는 무슨 원료를 써서 만들었는지 알 수 없으며, 일본에서는 종이를 만드는 데 발을 쓰지 않는다고 기록했다. 아울러 비록 단편적인 수준에 머물렀지만, 사탕이나 총포 기술 등 서양의 기술에 대해 언급하고 있기도 하다.

그러나 이 책은 어떤 의미에서 단순한 기술 백과사전에 머물지 않는다. 책을 읽다 보면, 송응성은 명분의 학문에만 빠져 있던 당시의 관료 사회에 경종을 울리고 있음을 알게 된다. 예를 들어, 곡물에 대해 이야기하면서 송응성은 "귀족의 자제들은 농민을 마치 죄수 보듯 하고, 학자의 집안에서는 농부를 업신여긴다. 아침저녁의 끼니로 그 맛을 알면서도 정작 그 유래를 잊은 사람이 많다"고 썼다. 또 역사상의 박식가들이 "그 흔한 대추꽃이나 배꽃도 알지 못하면서 전설의 초평(草萍)• 을 아는 체하고, 가까이 있는 솥의 거푸집을 만져본 적도 없으면서 옛날의 거정(莒鼎)••에 대해 시끄럽게 떠든다"고 비판했다.

물론 방대한 지식을 모으다 보니 잘못되거나 과장된 표현들이 등장하기도 한다. 사실은 중국 전역에서 얻을 수 있는 유황이 북녘의 오랑캐 땅에서는 나지 않는다고 쓰거나, 석탄을 캐낸 후 구멍을 흙으로 메꿔두면, 20~30년이 지나 석탄이 다시 생겨나고, 아무리 캐도 없어지지 않는다는 것 등은 잘못된 정보이다.

• 《공자가어(孔子家語)》〈치사편(致思篇)〉에 나오는 전설의 과일이다. 초나라 소왕(昭王)이 강을 건너는데 둥근 홍색 물체가 떠 있었다. 공자에게 사람을 보내 물으니, "그것은 초평이란 과일인데 쪼개서 먹을 수 있지만, 폭풍우가 있는 날 오직 패왕(霸王)만이 그것을 얻을 수 있다"는 답이 돌아왔다. 공자 같은 박식가조차 사실은 존재하지도 않는 과일을 마치 잘 아는 것처럼 설명한 것을 비판하는 것이다.

•• 춘추 전국 시대 거국(莒國)에서 주조한, 다리가 3개 달린 전설의 식기를 말한다.

300년간 잊혔다가 재조명되기까지

이 책이 간행될 당시 중국은 명청 교체기에 있었다. 그 같은 혼란한 시대 상황으로 인해《천공개물》은 출간 당시에는 거의 주목을 받지 못했다. 예수회 선교사들을 통해 서양의 새로운 과학 기술 지식이 전래되면서 중국 사회는 서서히 변화를 맞이하고 있었지만, 당시 중국은 여전히 유교 중심의 사회였다. 과거에 급제하는 것이 청년들의 가장 큰 바람인 반면, 기술과 공예는 '기기음교(奇技淫巧)', 즉 기묘하고 음탕한 기질의 결과라고 천시했다. 이런 사정을 잘 알고 있던 송응성도《천공개물》의 머리말에서 "과거 급제에 뜻을 둔 문인들은 이 책을 책상에서 치워버리기 바란다. 또한 이 책은 입신출세와는 추호의 관계도 없다"라고 경고하고 있을 정도이다.

그런 이유 때문인지, 1781년 청의 건륭제 당시 황실 장서 약 7만여 권을 분류하여 수록한《사고전서(四庫全書)》에 이 책은 빠져 있었다. 물론 책의 출판 직후에 일부 기술 관련 서적들에는 이 책의 존재가 언급되기도 했다. 1664년에 출간된 방이지(方以智)의《물리소식(物理小識)》에 이 책이 인용되었고, 1725년《고금도서집성(古今図書集成)》에도 일부 내용들이 인용되었다. 하지만 그사이《천공개물》의 원본은 중국에서 사라져버렸다.

《천공개물》은 늦어도 19세기 초까지는 조선에 들어왔던 것으로 보인다. 실학자 이규경은 1834년 화학 기술 서적인《오주서종박물고변(五洲書種博物攷辨)》을 썼는데, 이 책의 서문에서《천공개물》을 참고했다고 썼다. 그러나 중국과 마찬가지로 유학 중심의 국가로서 기술을 천시했던 조선에서도《천공개물》은 별 주목을 끌지 못했다.

이 책은 일본에도 전해졌다. 1708년 가이바라 에키겐(貝原益軒)이 본초서인《대화본초(大和本草)》에서《천공개물》을 인용했다. 기무라 겐카도(木村蒹葭堂)는 중국어판《천공개물》을 소장했는데, 이 겐카도의 책은 1771년 오사카의 서림관생당(書林管生堂)에서 일본어 가나를 붙여 일본판으로 출판되었다.

중국에《천공개물》이 다시 알려진 것은 20세기 들어서였다. 1912년 중국의 저명한 지질학자 정문강(丁文江)은《천공개물》의 기술사적 중요성을 간파하고, 그 원본을 찾고 있었다. 그러던 중 당시 일본에서 지질학을 공부하던 장홍쇠(章鴻釗)라는 사람이 1926년 관생당본을 중국에 가지고 들어오면서 거의 300년 만에 이 책은 중국에 다시 알려지게 되었다. 제2차세계대전 직후에는 중국에서 오랫동안 사라져버렸던《천공개물》의 중국어 원본(초각본)이 발견되면서 송응성의 업적은 마침내 재조명되기 시작했다. 중국 정부는 1986년에 이르러서야 서둘러 송응성의 고향 집을 복원하고 기념관을 건립했다.

함께 읽으면 좋은 책

- **《선조들의 학문과 기술(하)》** 유영준, Pi-TOUCH, 2017
- **《『무예도보통지』의 동아시아 도검무예 교류사》** 곽낙현, 학고방, 2018
- **《전쟁이 발명한 과학기술의역사》** 도현신, 시대의창, 2019

21

홍대용
《의산문답》
1766

조지 오웰의 《1984》에 버금가는 조선 최고의 과학 소설

홍대용(洪大容, 1731~1783)

조선 후기의 문신, 실학자, 천문학자. 청년 시절 조선 유학계의 거두였던 김원행의 석실서원에서 수학했고, 29세 무렵 나주에서 나경적을 만나 혼천의, 자명종 등을 함께 제작했다. 35세 무렵 북경 사신단에 합류하여 청나라의 변화상을 목격하고, 천주당에서 서양의 문물과 천문 도구들을 관람했다. 연행 후, 《의산문답》을 집필하여 조선 유학계를 통렬히 비판함과 동시에 지구 자전설, 무한 우주론 등 새로운 우주론을 제창했다.

※ 주요 저서: 《의산문답》 《을병연행록》 《주해수용》 《임하경륜》

흔히 과학 소설이라고 하면 2004년 영화로도 만들어진 아이작 아시모프의 《아이, 로봇(I Robot)》이나 조지 오웰의 《1984》같은 책을 떠올릴 것이다. 그러나 조선 시대에도 그에 버금가는 과학 소설이 있었다는 것을 아는 독자들은 얼마나 될까? 조선 최고의 과학 소설이라고 불러도 손색이 없는 실학자 홍대용의 《의산문답》 이야기이다.

1731년 충청도 천원군에서 태어난 홍대용은 12세가 되던 해에 당대 조선 유학의 거두 김원행•이 설립한 석실서원에 입학하여 약 10년간 유학을 공부했다. 홍대용이 과학자로 성장하는 데 있어 중요한 첫 번째 사건은 1759년 그의 나이 29세 때 나주 목사로 부임한 아버지를 따라 나주로 내려갔을 때였다. 그때 그는 화순에 살던 과학 도구 제작자 나경적을 만난다. 이미 70세에 이른 고령이었지만, 홍대용의 초청으로 나주를 방문한 나경적은 홍대용과 함께 혼천의와 자명종 등을 제작하고 천체를 관측했다. 그리고 홍대용은 당시 제작한 혼천의와 자명종을 자신의 고향 천원군의 수촌마을에 설치하고 '농수

• 김원행은 사람과 만물의 본성이 같다는, 당대 조선 학계를 주도하던 노론 낙론계의 거두였다.

각'이라고 이름 붙였다.

홍대용이 과학자로 성장한 두 번째 사건은 1765년 그의 나이 35세 때 조선 정부가 파견한 사신 행렬의 기록관이자 작은아버지였던 홍억의 추천을 받아 북경 사신단에 합류한 일이다. 북경에서 약 60일간을 머무르는 동안 그는 당시 조선 연행사(조선이 청나라에 파견한 사신 및 사절단)들의 필수 코스였던 북경 천주당(명나라 말 서양 선교사들이 북경에 건립한 성당)을 수차례 방문했다. 당시 서양에서 온 예수회 선교사들은 북경 관상대(1442년 건립된 중국의 국가 천문대)의 책임자인 흠천감을 겸하고 있었다. 따라서 그들의 본거지나 다름없는 북경 천주당은 선교사들을 만나고 서양의 천문 지식을 얻기에 더없이 좋은 곳이었다. 홍대용은 그곳에 있던 각종 서양 회화는 물론, 자명종, 세계 지도 등 과학 도구들에 큰 감명을 받게 되었다. 《의산문답》은 홍대용이 60일간의 북경 연행을 마친 후인 1766년 자신의 경험과 사상을 토대로 집필한 것으로 여겨진다.

◆ 만물은 둥글고 거기에는 특별한 중심이 없다

《의산문답》에서 '의산'이란 '의무려산(醫巫閭山)'의 줄임말이다. 이 의무려산은 중국과 조선의 국경 부근에 있는 성스러운 산이다. 따라서 의산문답이란 의무려산에서 나눈 문답이라는 뜻이다.

《의산문답》은 한 편의 창작 과학 소설이다. 이 책은 약 30년간 재야에 숨어서 독서를 하며 유교, 도교, 불교의 이치를 모두 깨달은 허자(虛子)라는 가상 인물이 드디어 자신의 뜻을 펼치고자 세상 밖으로 나오면서부터 시작된다. 허자는 북경에서 즉시 자신의 지식을 시험하기 위해 60일 동안 머무르며 여러 선비들과 이야기를 나누지만, 결국 자신을 인정해주는 사람이 단 한 명도 없음을 탄식하고 쓸쓸히 귀국길에 오른다. 조선에 돌아오던 허자는 세상으로부터 아예 도피할 결심을 하고 의무려산에 오르는데, 이때 나무 위에 지은 집에 홀로 사는 실옹(實翁)이라는 이름의 한 거인과 만나게 된다. 이때부터 소설은 당시 조선의 고루한 유학자를 상징하는 허자와, 그의 무지를 끊임없이 일깨우는 실옹 간의 문답식 대화로 진행된다.

허자와 실옹의 대화는 먼저 '사람과 사물이 동등한가?'라는 주제를 놓고 벌어진다. 허자는 사람, 짐승, 초목 중에서 오직 사람만이 귀한 존재이고, 짐승이나 초목은 지혜도 깨달음도 없으며 예법도 의리도 없다고 말한다. 그러나 실옹은 이런 허자의 의견을 즉시 반박한다. 사람에게 사람의 예의가 있는 것처럼, 짐승의 예의는 떼를 지어 다니는 것이고, 초목의 예의는 여러 줄기가 하나로 뭉쳐져 잎이 무성한 것이다. 따라서 사람의 입장에서 만물을 볼 것이 아니라, 하늘의 입장에서 만물을 보아야만 공평하다는 것이다. 사람과 만물이 평등하다는 이 같은 인물균(人物均) 사상은 조선 사회의 강고한 신분제에 대한 비판이 될 수 있었다. 사람과 짐승, 초목이 다 같이 귀한 존재라면, 사람과 사람 사이의 차별은 더더욱 있을 수 없기 때문이다.

그런데 홍대용은 이 같은 인물균 사상을 단지 도덕적 관점이 아니라, 천지의 조화에 근본을 둔 것으로 이해했다. 실옹은 먼저 만물이 둥글듯이 지구도 둥글다고 말한다. 이 같은 실옹의 이야기는 '하늘은 둥글고 땅은 평평하다'는 전통적인 천원지방설(天圓地方說)을 믿는 허자에게는 도무지 이해가 가질 않는 말이었다. 허자의 의문에 대해 실옹은 월식 때 달에 비친 지구의 그림자를 보면서도 지구가 둥글다는 것을 믿지 못하는 허자를 꾸짖는다. 더군다나 지구가 평평하다면, 태산과 같은 높은 산에 오를 때 왜 수만 리 먼 나라까지 보이지 않겠는가 하고 반문한다. 하지만 여전히 의심이 많은 허자는 만약 지구가 둥글다면, "새의 깃털이나 짐승의 털처럼 가벼운 것도 밑으로 떨어지는데, 무거운 땅덩이가 떨어지지 않는 까닭은 무엇입니까?"라고 묻는다.

이에 대해 실옹은 본래 넓은 하늘, 즉 우주는 천지사방의 구분이 없기 때문에 위와 아래의 형세도 없으며, 그렇기에 어딘가로 떨어진다는 것 자체가 틀린 생각이라고 답한다. 그리고 그 유명한 지전설(地轉說)이 등장한다.

"무릇 땅덩이는 하루에 한 바퀴를 도는데, 지구의 둘레는 9만 리이고 하루는 12시간이다. 9만 리를 12시간에 도니, 그 운행 속도는 번개나 포탄보다 빠르다."

지구가 이렇게 빠르게 회전하면, 지구를 감싸고 있는 기가 부딪치면서 땅에 모이게 된다. 이것이 바로 지면의 세력, 즉 땅이 끌어당기는 힘이다. 비록 그 원인에 대한 해석은 다를지라도, 이것은 근대 서양 물리학에서 말하는 인력과 다름없다. 여전히 의문이 많은 허자는 "지구의 회전이 그렇게 빠르고 부딪치는 기운도 그처럼 격렬하다면, 그 위세가 몹시 사납고 세찰 터인데, 사람이나 사물이 쓰러지거나 넘어지지 않는 이유는 무엇입니까?" 하고 묻는다. 실옹은 우리가 지구를 둘러싼 기(氣) 안에서 활동하기 때문이라고 답한다.

이어서 실옹은 무한 우주론을 설파한다.

"하늘에 가득 찬 별들은 모두 나름의 세계가 아닌 것이 없으니, 별들의 세계에서 본다면 지구도 하나의 별일 뿐이다. 수많은 별의 세계가 하늘에 흩어져 있는데 오직 이 지구만 공교롭게 그 중심에 있다는 것은 이치에 맞지 않는 일이다."

지구는 수많은 별들 중 하나일 뿐이고, 그렇기에 무한한 우주의 중심이 될 수 없다는 것이다.

그러면서 홍대용은 실옹의 입을 빌려 자신의 우주론을 주장한다. 실옹은 "금성, 수성, 목성, 화성, 토성, 즉 오위는 태양을 둘러싸고 있으므로 태양이 그 중심이 되고, 태양과 달은 지구를 둘러싸고 있으므로 지구가 그 중심이 된다"라고 말한다. 이것은 당시 중국에 들어온 예수회 선교사들이 전해준 우주론, 다시 말해 지동설과 천동설을 절충한 튀코 브라헤의 우주론이다. 물론 홍대용의 우주론은 튀코와 조금 달랐다. 튀코는 지구가 자전도 공전도 하지 않는다고 보았지만, 홍대용은 지구의 자전을 인정했기 때문이다.•

이런 홍대용의 우주론이 인물균 사상은 물론, 화이일야(華夷一夜) 사상을 뒷받침한다는 점은 중요하다. 화이일야란 중국과 오랑캐는 같다는 것으로, 중국이 세계의 중심이라는 중화사상(中華思想)과 반대되는 말이다. 만약 지구가 둥글고 회전한다면, 거기에는 특별한 중

• 이런 홍대용의 우주론을 지동설(地動說)과 구분하기 위해 '지전설(地轉說)'이라고 부른다. 홍대용은 지구 구형론과 지구 자전설을 받아들였지만, 지구의 공전에 대해서는 인정하지 않았기 때문이다.

심이 있을 수 없다. 세상의 중심은 상대적인 것이기 때문에 중국 중심의 중화사상은 받아들여질 수 없기 때문이다. 그렇기에 중국이든 오랑캐든 하늘에서 본다면 각각 자기 나라 사람들끼리 서로 사랑하고, 자기 임금을 높이며, 자기 나라를 지키고, 자기 풍속을 좋게 여기는 것은 당연한 이치이다.

이처럼 홍대용은 허자라는 인물을 통해 당시 성리학에 빠져 어떠한 변화와 개혁도 거부하는 기득권자들을 통렬히 조롱함과 동시에, 실옹을 내세워 이용후생과 실사구시를 생각하는 새로운 학문을 대변하고자 했던 것이다.

◆ 변화와 개혁을 두려워하는 조선 성리학에 보내는 경고장

오늘날 조선의 대표적 과학 소설로 일컬어지는 《의산문답》은 집필 당시에는 별로 알려지지 않았고, 실학자들의 책에 일부 거론되었을 뿐이다. 훗날 실학자 이규경은 《오주연문장전산고(五洲衍文長箋散稿)》에서 홍대용의 우주론을 소개했다. 《의산문답》이 한국에 본격적으로 소개된 것은 1930년대에 이르러서였다. 일제의 식민사학에 대항하여 조선학의 필요성을 자각한 정인보, 안재홍 등은 이익, 정약용과 더불어 홍대용을 실학자라 명명하고, 우리 학문의 자생적 성장을 밝히고자 노력했다. 이때 오랫동안 필사본으로만 전해져오던 《의산문답》은 최초로 활자본으로 인쇄되었다.

비록 홍대용의 우주론이 지구 자전설에 머물렀고, 그것도 그에 앞선 조선의 천문학자 김석문의 책을 통해서였다거나*, 서양 선교사들에게 지동설을 들었기 때문일 가능성이 제기되지만, 그럼에도 불구하고 홍대용의 주장은 당대 조선의 성리학계에서는 파격적이었고, 근대를 향한 비판적 사고였다는 점에 변함이 없다. 물론《의산문답》은 자연 과학적 저서만에 한정되지 않는다. 홍대용이 주장한 과학적 이론들은 당시 홍대용이 그렸던 조선 사회의 정치적, 사회적 개혁을 뒷받침하기 위한 것이었다. 그런 점에서 홍대용의《의산문답》은 변화와 개혁을 두려워하는 조선 성리학에 보내는 경고장이나 다름없었던 것이다.

함께 읽으면 좋은 책

- **《홍대용과 항주의 세 선비》** 김명호, 돌베개, 2020
- **《지구자전설과 우주무한론을 주장한 홍대용》** 박성래, 민속원, 2012
- **《담헌 홍대용 연구》** 문석윤 외, 사람의무늬, 2012

* 김석문은 튀코 브라헤의 우주 체계를《역학도해(易學圖解)》에서 소개하고, 더 나아가 지구가 하루 한 바퀴씩 자전한다는 지전설을 주장했다.

22

최한기
《기학》
1857

동서양 학문을 융합한 독자적인 지식 체계의 구축

최한기(1803~1877)

조선 후기의 철학자. 개성에서 태어나 한양으로 이주한 뒤 줄곧 도성 내에서 살았다. 관직에 나가지 않고, 평생 학문과 독서, 저술 활동에 몰두했다. 중국에서 들어온 서적들을 사들이는 데 많은 돈을 썼다. 서양 과학을 수용하고, 그것을 기학(氣學)이라는 자신의 독자적 철학 체계 안에서 재해석함으로써 동서양 학문을 융합했다. 경학 시대를 끝내고 근대 학문의 시대를 열었다는 점에서 19세기 조선 최고의 사상가로 인정받는다.

※ 주요 저서: 《기측체의》 《기학》 《인정》 《지구전요》 《신기천험》

19세기 무렵 과학 기술의 위력을 앞세운 서양 문명의 세계 진출은 동아시아 문명에 새로운 과제를 던져주었다. 그것은 '유학을 중심으로 한 전통 학문 위에 어떻게 서양 과학을 접합시킬 것인가?'라는 문제였다. 동아시아 3국, 즉 한중일 중에서도 근대화를 신속하게 추진했던 일본의 경우, 그 같은 유학과 근대 학문의 교량 역할은 19세기 철학자 니시 아마네(西周)에게 주어졌다.

유학이란 애당초 리(理)의 통일성, 즉 물리(자연의 법칙)와 심리(인간의 법칙)를 동일시하는 특징을 지닌다. 따라서 심리라는 인간 내면의 리를 규명하면, 그것은 사실상 자연의 법칙과 동일한 것이라고 여겼다. 특히 12세기 중국의 유학자 주희(朱熹)에 의해 체계화된 성리학은 인간 내면의 리를 규명함으로써 윤리를 중시하는 학문으로 체계화되었고, 이때 자연은 성리학적 윤리의 정당성을 뒷받침하는 부차적인 역할을 수행할 뿐이었다. 이 같은 성리학에서는 자연의 법칙에 대한 연구가 사실상 큰 의미를 갖지 못했던 것이다.

니시의 학문 방법론의 특징은 성리학의 리를 물리와 심리로 구분함으로써 물리, 즉 자연에 대한 법칙적 탐구를 가능하게 했으며, 동시에 서양 과학 수용의 길을 열어주었다는 점이다.

유학 특히 성리학 중심의 지적 체계를 구축했던 19세기 조선 사회도 마찬가지의 문제에 직면해 있었다. 최한기는 전통적 성리학과 서양 학문의 과도기에 위치한 인물이었다. 그의 삶에 대해서는 여전히 많은 부분이 알려지지 않는다. 그는 개성에서 태어나 한양으로 이주한 뒤 줄곧 도성 내에서 살았으며, 지리학자 김정호와 친분이 있었다는 것, 그리고 평생 관직에 나가지 않고, 학문과 독서, 저술 활동을 했다는 것이 알려져 있을 뿐이다. 당시 청나라를 통해 조선에 들어온 서적들은 모두 최한기를 거쳐 갔다고 전해질 정도로 그는 새로운 지식을 갈구했으며, 문인 육당 최남선은 최한기가 쓴 저술이 무려 1,000권에 이른다고 했을 만큼, 그는 19세기 조선 학계에 거대한 발자취를 남겼다.

그러나 최한기의 학문이 가진 놀라운 특징은 기존 유교 경전의 뜻을 해석하거나 풀이하던 경학적 전통과는 완전히 단절된 새로운 학문, 즉 기학(氣學)이라는 동서 학문을 융합한 독자적인 학문의 체계를 구축했다는 점일 것이다. 니시의 학문이 유학과 근대 학문의 교량에 위치하면서도, 사실상 서양의 자연 과학과 자연 과학적 방법론의 수용을 목표로 한 것이었던 반면, 최한기는 단지 서양의 자연 과학을 수용한 것에 그치지 않고, 그것을 기학이라는 자신의 독자적인 학문 체계 안에서 재해석함으로써 결과적으로 동서양 학문의 융합이라는 독창적 과제를 수행했던 것이다.

최한기의 많은 저술 중에서도 1857년 그의 나이 55세에 집필한 《기학》은 특히 동서양 학문의 융합을 보여주는 걸작으로 손꼽히는 책이다.

◆ 사람은 몸과 마음의 기를 대기에서 얻어온 존재이다

《기학》은 총 2권으로 나누어진다. 《기학》의 각 권은 특별한 소제목이 없는 총 225개의 단편들로 이루어져 있다. 그러나 글의 전체적인 내용은 한마디로 기(氣)의 학문을 소개하고, 그것을 활용함으로써 '어떻게 동서양 학문을 융합한 새로운 시대를 준비할 것인가'에 대한 것이다.

최한기가 《기학》을 집필한 목적은 서(序)에 명확하게 드러난다. 최한기는 '기학'이 말 그대로 기의 운행 원리를 밝히는 학문이라고 역설하고, 기의 원리를 밝히는 이유는 인간의 활동이 기의 법칙을 따름으로써 모든 것이 조화롭게 통일되는 대동 사회를 이룰 수 있기 때문이라고 본다. 이 같은 최한기의 기 일원론은 고대 그리스 철학자들이 만물을 아르케, 즉 하나의 '근원' '시원'으로 환원했던 것처럼, 기라는 개념에 자연과 인간의 모든 활동을 환원하고 있는 것과 유사하다고 볼 수 있다.

제1권에서 최한기는 자신의 학문 체계 안에서 기가 가진 의미를 조명한다. 최한기 이전의 전통 학문에서 기는 보통 무형, 즉 아무런 형체도 없는, 무형의 신비한 어떤 것이라고 보았다. 그러나 최한기는 자신이 말하는 기는 증험(이미 경험함)이나 경험 가능한 유형의 어떤 것이라고 주장한다. 그는 "조용하고 어두운 곳에 들어가 발가벗고 기를 관찰하면 몸에서 나오는 기를 볼 수 있고, 기를 맡으면 몸에서 나오는 기의 냄새를 맡을 수 있다"고 말하거나, "바가지를 물 위에 거꾸로 엎어누를 때 물이 들어가지 않는 이유는 기가 바가지 속에 가득 차 있기 때문이다"라고 말한다. 아울러 사람은 몸과 마음의 기를 대기에서 얻어온 존재라고 규정한다. 즉 대기는 사람의 몸 가운데를 뚫고 피부 사이에 스며 두루 퍼지면서 생명을 이룬다. 따라서 만약 그 기가 잠시라도 막히어 끊어지면 사람은 더 이상 생존이 불가능한 것이다. 그것은 마치 물고기가 물을 벗어나서 살 수 없듯이, 사람도 기로 가득 찬 세계를 벗어나서는 살 수 없다는 것을 의미한다.

최한기에 따르면, 기를 이처럼 유형의 어떤 것으로 보는 이유는 헛된 낭설들을 배격하기 위해서이다. 즉 불교나 기독교, 이슬람에서 말하는 공(空)이나 신(神)의 개념, 또는 성리학의 리의 개념 등은 애당초 증험이나 확인이 불가능한 것으로, 헛된 망상과 낭설을 만들어왔다. 다시 말해 증험이나 확인이 불가능한 것이라면, 어떤 거짓이나 허튼소리도 그 옳고 그름을 증명할 길이 없으며, 확인 불가능한 개념을 두고 논쟁하는 것은 더 이상 무의미하기 때문이다.

최한기는 기의 규명 여하에 따라 학문을 새롭게 재편한다. 그에 따르면, 학문이란 대략 1000년을 주기로 상고(上古), 차고(次古), 중고(中古), 근고(近古), 방금(方今)의 단계로 발전해왔다. 상고와 차고는 인류의 삶의 대원칙이 이루어진 주(周)·진(秦) 시대를, 중고는 도교, 불교 등의 신비한 학설이 등장한 한(漢)·당(唐) 시대를, 근고는 성학과 이학, 심학 등이 발달한 송(宋)·원(元)·명(明) 시대를, 그리고 방금은 실증과 경험을 기반으로 한 서양 과학이 유입하는 작금의 시대를 일컫는다. 그는 방금의 학문, 즉 현세의 학문은 자연 과학의 발달과 깊은 관련이 있다고 생각한 것이다.

이처럼 최한기가 기의 규명을 학문 발달의 새로운 기준으로 설정한 것은 중요한 의미를 지닌다. 조선의 지식 체계를 주도했던 성리학은 리, 즉 '천지 만물의 이치'가 인간의 마음속에 내재해 있다고 보고, 그것을 연구하면 모든 이치를 밝힐 수 있다고 보았다. 리는 인간과 자연을 관통하는 하나의 보편적 원리라고 여겼기 때문이다. 그러나 최한기의 기학은 기로 이루어진 자연계의 법칙에 대한 탐구를 중시하는 학문이며, 그런 점에서 기학은 성리학과는 달리, 인간의 내면보다는 자연을 우선적으로 탐구하는 학문이다. 이것은 기학이 자연에 대한 탐구의 결실인 물리, 즉 자연에 대한 법칙적 탐구를 가능하게 했으며, 아울러 서양 과학 수용의 길을 열어준 것임을 의미한다.

최한기에 따르면, 기학은 다양한 학문들로 구성된다. 예를 들어, 정치학(政學), 경전에 관한 학문인 경학(經學), 천문학 혹은 수학에 해당하는 역수학(歷數學), 기를 측정하고 활용할 도구를 제작하는 기계학(器械學), 기의 정밀함을 터득하는 기예공장(技藝工匠)의 학, 사물의 다름과 응용을 연구함으로써 기의 원리에 통달하는 격물학(格物學), 예에 관한 학문인 전례학(典禮學), 형법에 관한 학문인 형률학(刑律學) 등이다. 그는 이 모든 학문이 기의 원리를 따를 때 비로소 의미 있는 학문이 된다고 역설한다.

최한기에게 있어서 자연 과학과 인문 과학의 구분은 원리적으로 큰 의미를 갖지 못했다. 물리와 심리라는 성리학적 리의 구분 위에 설계된, 자연 과학과 인문 과학을 구분하는 니시의 학문 분류와 견주어 볼 때, 최한기에게 있어서 모든 학문은 기의 인식과 법칙, 활용 등이 공통적으로 관련되어 있기 때문이다. 그런 점에서 최한기의 기학은 동시대 니시의 학문 구상과는 달리, 그 자체로 인문 과학이면서 자연 과학이라는 통합적 성격을 띨 수밖에 없었던 것이다.

제2권에서 최한기는 기학을 실제에 활용하는 방법을 논하고 있다. 최한기는 공자와 맹자 같은 성현의 가르침도 이 기의 운행 원리에 어긋나면 그것을 반드시 지켜야 하는 것이 아니라, 기의 운행 원리에 맞게 수정해야 한다고 주장한다.

그는 기가 운화(運化)[•]하는 범주를 일신운화, 통민운화, 천지운화로 나눌 수 있다고 보았다. 이러한 운화의 구성 단위는 각각 인간, 사회, 자연에 해당한다. 이때 일신운화는 통민운화에 구속되고, 통민운화는 천지운화에 구속된다고 생각했는데, 천지운화가 우주 속에 충만한 기의 운동을 의미한다면, 통민운화는 인류 역사와 공동체의 운행을 의미했으며, 일신운화는 개인의 삶의 원리를 의미했다. 그는 인간, 사회, 자연이 상호 간에 구분되면서도, 궁극적으로는 일기(一氣)의 운화로서 통합되기를 기대했다. 그런 점에서 최한기의 기학은 자연 과학과 인문 과학의 통합 위에 성립하는 새로운 지식의 체계였다고 말할 수 있다.

• 최한기에 따르면 운화란 기의 생생한 기운이 살아 움직이고 운행하고 변화함을 의미한다.

◆ 자연의 법칙과 인간의 법칙을 하나의 원리로 포괄하다

19세기 중엽에 활약했던 최한기는 방대한 저술을 남겼지만, 사실상 오랫동안 우리 역사에서 거의 잊힌 사상가였다. 그가 학계의 조명을 받기 시작한 것은 20세기에 이르러서였다.

본격적인 연구가 시작된 것은 1960년 북한의 사회과학원 역사연구소에서 간행된 《조선 철학사》에서였다. 그들은 최한기를 '유물론적 유기론자(唯氣論者)'라고 규정했는데, 이것은 당시 유물론 철학에 기반을 둔 북한의 상황을 그대로 최한기 학문에 투영한 것이었다. 이후 최한기의 연구는 한국에서도 본격적으로 시작되었고, 이우성은 그를 실학과 개화사상의 가교자로, 박종홍은 경험주의를 중시한 사상가로 규정했다. 이 같은 시도는 최한기 연구의 본격적인 출발이었던 점에서 중요한 의미를 갖는다. 그러나 실학에서 개화사상으로 이어진 근대 학문이 의식적이든 무의식적이든 서양의 학문을 모델로 한 것이라면, 동서양 학문을 융합함으로써 독자적인 영역을 구축한 최한기의 학문을 그 안에서 해석하려는 시도는 한계가 있을 수밖에 없었다. '근대' '근대성'이라는 개념에 대한 반성적 고찰 없이, 그것을 모든 문명이 당연히 통과해야 할 지점으로 여기고, 최한기의 학문에서 서구적 근대에 가까운 것만 추출하는 것은 결국 최한기 학문을 심각하게 왜곡하는 결과를 불러오기 때문이다.

1990년대 들어 한국에서는 최한기에 대한 본격적인 연구 성과가 쏟아져나왔다. 연구자들은 그의 사상이 단지 서양 학문으로의 귀결이 아니라, 또 다른 근대 학문의 가능성을 말해준다는 점에 주목했다.

아울러 최한기의 기학은 자연 과학과 인문 과학을 분리시켰던 근대 학문에도 경종을 울리는 것이었다. 19세기 이후의 근대 학문은 자연의 법칙과 인간의 법칙을 분리하고, 자연의 법칙을 인간과는 전혀 무관한 객관적 법칙으로 여겼다. 그 결과 과학자들의 행위는 단지 객관적인 자연의 법칙을 밝힌다는 명목하에 절대시되고 성역화되었다. 그런 과정은 결국 과학이 심리(윤리)와 무관한 학문이라는 오해를 심어주었으며, 두 차례의 세계 대전을 통해 과학자들의 전쟁 참여를 묵인한 것으로 이어지기도 했다.

그런 점에서 자연의 법칙과 인간의 법칙을 기라는 하나의 원리 안에 포괄하는 최한기의 기학은 근대 서양 과학과는 다른, 윤리에 기반을 둔 새로운 과학의 모델을 생각하게 한다는 점에서 큰 의의를 지닌 것이다.

함께 읽으면 좋은 책

- **《최한기의 학문과 사상 연구》** 권오영, 집문당, 1999
- **《운화와 근대》** 박희병, 돌베개, 2003
- **《독기학설》** 김용옥, 통나무, 2004

23

유카와 히데키
《눈에 보이지 않는 것》
1946

원자 내부로의 탐험, 그 새 시대를 연 중간자의 발견

유카와 히데키(湯川秀樹, 1907~1981)

일본의 물리학자. 1934년 양성자와 중성자 사이를 오가면서 강한 상호 작용(강력)을 일으키는 중간자라는 새로운 입자를 예측했다. 1947년 영국인 물리학자 세실 파월 등은 유카와가 예측한 중간자(파이 중간자)를 마침내 발견했고, 그 결과 유카와는 일본인 최초의 노벨 물리학상 수상자라는 영예를 차지했다.

※ 주요 저서: 《눈에 보이지 않는 것》 《현대 과학과 인간》

1911년 뉴질랜드 출신의 물리학자 어니스트 러더퍼드는 훗날 과학의 역사에서 가장 아름다운 실험 중 하나로 손꼽히는 실험을 준비하고 있었다. 이른바 알파 입자 산란 실험이었다. 러더퍼드는 방사선 원소인 라듐에서 나오는 알파 입자를 얇게 편 금박에 쏘아주었다. 이때 대부분의 입자들은 금박을 그대로 뚫고 통과했지만, 일부 입자들은 튕겨져 나왔다. 마치 부드러운 푸딩에 쏜 총알이 튕겨져 나오는 것과 같은 기상천외한 실험 결과는 원자핵 시대의 개막을 본격적으로 알리는 사건이었다.

이 실험 결과는 몇 년 전 러더퍼드의 스승이자 영국의 물리학자인 조지프 톰슨이 주장했던 원자 모형을 뒤집는 것이었다. 톰슨에 따르면, 원자는 전체적으로 양전하를 띤 원자에 음전하를 띤 전자가 박혀 있는 일명 '건포도 푸딩 모형'이라는 것이다. 그러나 금의 원자에 쏘았던 알파 입자들의 일부가 튕겨져 나온다는 것은 톰슨의 모형과는 달리, 원자 내부에 엄청난 질량의 무언가가 존재하리라는 추측을 가능하게 했다. 그것이 곧 원자핵이었다. 이 실험을 통해 러더퍼드는 양전하를 띤 원자핵의 둘레를 음전하를 띤 전자가 회전하는 새로운 원자 모형을 발표했다. 행성들이 태양의 둘레를 회전하듯이, 미시 세계에도 그와 유사한 현상이 벌어지고 있다는 것은 많은 사람들에게 신비감을 안겨주었다.

그러나 1932년 과학계를 뒤흔든 또 한 번의 놀라운 뉴스가 날아들었다. 영국의 물리학자 제임스 채드윅은 베릴륨 복사가 원자핵에 충돌할 때의 에너지 교환에 대해 연구했고, 그 결과 새로운 입자인 중성자를 발견했다. 1920년 러더퍼드는 이미 원자 내부에는 양성자와 전자 이외에도 양성자와 같은 무게를 지니지만, 전기적으로 중성인 입자들이 존재한다고 예측했고, 그것을 중성자라고 불렀다. 오랜 실패 끝에 이 중성자의 존재가 채드윅에 의해 마침내 확인된 것이다. 독일의 물리학자 베르너 하이젠베르크는 곧 원자핵이 중성자와 양성자의 결합으로 이루어졌다는 원자핵 구조론을 제기했다.

유카와 히데키가 교토 대학에 입학할 당시, 원자핵의 문제는 세계 물리학계의 뜨거운 이슈가 되고 있었다. 1929년 대학을 졸업한 유카와는 은사 타마키(玉城嘉十郎) 교수의 연구실에서 본격적인 물리학 연구자로서의 첫발을 내디뎠다. 유카와가 관심을 가진 것은 핵력의 문제였다. 중성자는 양성자와 거의 비슷한 질량을 갖고 있지만, 전기적으로는 중성이다. 반면, 양성자는 양전하를 띤 입자이다. 그렇다면, 전기적 성질이 서로 다른 양성자와 중성자가 어떻게 그렇게 강한 원자핵으로 뭉쳐 있을 수 있을까? 이 문제가 곧 전 세계 물리학자들의 관심을 집중시킨 것이다.

◆ 일본인 최초의 노벨 물리학상 수상

《눈에 보이지 않는 것》은 제2차 세계대전이 끝난 이듬해인 1946년에 출간된 책이다. 태평양 전쟁의 와중에도 유카와는 틈틈이 자신의 연구와 물리학자로서의 소회를 담은 짧은 글들을 남겼고, 전후 그 단편들을 모아 출판한 것이 바로 이 책이다. 총 3부로 구성된 이 책의 제1부는 이론 물리학에 대한 간단한 소개로 시작한다. 유카와는 물리학의 역사를 고대부터 현대까지 간단히 정리한 뒤, 당시 물리학계의 최대 관심사였던 핵력의 문제에 자신이 왜 관심을 갖게 되었고, 마침내 중간자(meson)라는 새로운 입자를 예측하게 되었는지 쓰고 있다.

1930년대에 핵력의 문제가 제기된 후, 세계 물리학계는 그 힘의 실체를 규명하기 위해 경쟁적으로 움직였다. 그중에서도 1934년 엔리코 페르미의 베타 붕괴 이론은 유카와에게 중요한 암시를 던져주었다. 보통 원자핵 속의 중성자는 안정 상태에 머물지만, 양성자 수보다 중성자 수가 많으면 원자핵 속의 중성자가 베타 붕괴를 일으켜 양성자로 바뀐다. 이때 방출되는 전자가 바로 베타선이다. 페르미는 이 베타 붕괴를 일으키는 핵과 전자들 사이의 상호 작용을 약한 상호 작용(약력)이라고 불렀다. 약한 상호 작용이란 소립자들 사이에 작용하는 상호 작용의 일종으로, 그 힘이 핵력이나 전자기력보다 훨씬 약하기 때문에 붙여진 이름이다.

페르미의 베타 붕괴 이론에 자극받은 유카와는 1934년 11월 중간자론을 발표하고, 이듬해 〈소립자의 상호작용에 대해(On the interaction of elementary particles)〉라는 영어 논문을 발표했다. 논문에서 유카와는 양성자와 중성자 사이를 오가면서 강한 상호 작용(강력)을 일으키는 입자가 존재한다고 예측하고, 그것을 '중간자'라고 명명했다.

유카와는 다음과 같이 쓰고 있다.

"양자와 중성자가 함께 원자핵을 이룰 경우, 거기에 작용하는 힘(핵력)은 우리들이 지금껏 알고 있던 중력이나 전자력과는 전혀 다른 것이다. 이 핵력은 어떤 미지의 입자를 동반해야 한다. 이것이 오늘날 '중간자'라고 부르는 입자이고, 그 질량은 전자의 약 200배이며 전자와 같은 크기의 음전기 또는 양전기를 띤다고 추정할 수 있다."

중간자라는 명칭은 그 입자의 질량이 전자와 중성자(또는 양성자)의 중간 정도였기 때문에 붙여진 이름이다.

제2부는 유카와가 물리학자로 성장하기까지 자신의 과거를 회상하는 글들을 모은 것이다. 유카와의 아버지 오가와 타쿠지(小川琢治)는 교토제국 대학의 지질 광물학과 교수였다.• 어린 시절에 집에 책이 너무 많아질 때면, 항상 넓은 집으로 이사 다녀야 했고, 그런 환경에서 유카와는 자연스럽게 책과 친해질 수 있었다. 중학 시절에는 물리를 좋아하긴 했지만, 풀기 힘든 문제가 많아 더 이상의 매력을 갖지는 못했다. 1922년 아인슈타인이 일본을 방문하여 교토 대학에서 특별 강연을 했을 때도 당시 중학생이었던 유카와는 별 흥미를 느끼

• 유카와 히데키는 1932년 오사카의 의사였던 유카와 겐요(湯川玄洋)의 차녀 유카와 스미와 결혼할 때, 본인의 성을 오가와에서 유카와로 바꾸었다. 당시에는 결혼과 동시에 남편이 처가의 양자가 되면서 성을 바꾸는 경우가 흔한 일이었다.

지 못했다고 한다. 그러나 고등학교를 진학한 뒤로는 특별한 이유 없이 물리에 흥미가 생겼고, 대학에서도 결국 물리학을 전공하게 되었다. 대학 3학년 때는 인생의 중요한 갈림길에 섰다. 이론 물리학을 전공할지, 실험 물리학을 전공할지 정해야 했기 때문이다. 유카와의 회고에 따르면, 어느 날 실험에 사용할 유리관을 불에 달궈 구부리는 간단한 작업이 전혀 뜻대로 되지 않았고, 이런 것도 하나의 이유가 되어 결국 이론 물리학을 택하게 되었다.

대학 졸업을 전후로 양자역학의 건설자 베르너 하이젠베르크와 폴 디랙 등 서양의 유명한 물리학자들이 일본을 방문하여 교토 대학에서 강의했을 때, 유카와는 큰 감명을 받았다.

제3부는 과학에 대한 유카와의 생각과 일상들, 자신이 읽은 책들을 소개하고 있다. 오사카에 머물던 어느 해 여름 일식이 관측된 날 실험실에서 불이 났던 이야기, 오른쪽 눈이 충혈되어 한동안 아무것도 하지 못했던 이야기, 독서는 인생의 즐거움이지만 책을 쓰는 것은 괴로운 일이라는 이야기 등이 잔잔하게 펼쳐진다.

이 책을 특히 서정적으로 느끼게 하는 것은 군데군데 쓰인 유카와 자신이 지은 단가들이다.

"히가시야마(東山)가 선명히 보이는 창문을 닫고, 끊어질 것만 같은 맥(脈)을 찾고 있네."

이 단가는 아름다운 히가시야마의 풍경이 보이는 창문을 닫고, 임종을 앞둔 어머니를 지켜보는 유카와 자신의 극한의 심정을 표현한 것이다.

◆ 새로운 입자의 발견으로 변화하는 원자의 세계

《눈에 보이지 않는 것》이 간행된 것은 유카와가 노벨상을 수상하기 전이었다. 1947년 영국인 물리학자 세실 파월 등은 유카와가 예측한 중간자를 마침내 발견했다. 이 발견으로 인해 유카와는 일약 세계적 물리학자로 떠올랐고, 결국 1949년 일본인 최초로 노벨 물리학상을 수상하기에 이르렀다.

이 책은 노벨상을 수상하기 전에 출판되었지만, 유카와의 명성은 이미 알려져 있었기 때문에 일본에서 큰 인기를 끌었다. 전쟁의 혼란 속에서도 자연 앞에 겸손하고 학문 앞에 열정적이었던 유카와의 삶이 일본인들에게 더할 나위 없는 귀감이 되었기 때문이다. 첫 출간된 지 70년이 넘었지만, 이 책은 여전히 일본 청소년들이 좋아하는 애독서 중 하나로 손꼽힌다. 아울러 지금도 노벨상 수상 소식이 들려올 때마다 일본인들은 이 책을 찾는다. 자연의 비밀과 겸허하게 마주한 과학자의 모습을 유카와에게서 다시 확인하고 싶기 때문일 것이다.

유카와의 중간자 발견 이후 원자의 세계는 크게 변화했다. 과학자들은 그동안 알려진 적이 없었던 새로운 소립자들을 다수 발견했다. 유카와가 중간자론을 발표하던 당시만 해도, 소립자의 종류는 바리온(중입자)에 속하는 양성자와 중성자, 메존(중간자)에 속하는 파이 중간자, 렙톤(경입자)에 속하는 전자와 중성미자, 그리고 힘의 매개 입자인 광자와 중력자 등에 불과했다. 그러나 1950년대 이후 바리온에는 람다, 시그마, 델타, 오메가 입자 등이 추가로 발견되었고, 메존에는 케이, 로우, 오메가 중간자 등이 새로 발견되었다.

전자, 전자중성미자, 뮤온, 뮤온중성미자, 타우, 타우중성미자 등 여섯 종류로 거의 굳어진 렙톤을 제외하고는 바리온과 메존만을 합치더라도 그 숫자는 이미 수백 종류를 넘어섰다. 물리학자들은 바리온과 메존이 과연 소립자일 수 있는지, 혹시 그것들이 또 다른 기본 입자들에 의해 구성된 것은 아닌지 하는 궁금증을 갖기 시작했다. 1964년 미국의 물리학자 머리 겔만과 러시아계 미국인 물리학자 조지 츠바이크가 독립적으로 제안한 쿼크 모형의 시작이었다. 그들은 바리온과 메존의 근저에 쿼크라는 입자가 있는데, 3개의 쿼크(u, d, s 쿼크)가 결합하여 바리온을 이루고, 쿼크와 반쿼크가 결합하여 메존을 이룬다고 보았다.

1970년대 들어 일본의 고바야시 마코토와 마스카와 도시히데는 대칭성 이론에 의하면 겔만과 츠바이크가 말한 3종류의 쿼크와는 다른, 3개의 쿼크(c, b, t 쿼크)가 더 존재해야 한다고 발표했다.

오늘날 물리학자들은 6개의 쿼크와 렙톤에 속하는 6개의 입자들, 힘을 전달하는 4개의 매개 입자•, 그리고 기본 입자들과의 상호작용을 통해 다른 모든 입자들에 질량을 부여한다고 추정된 힉스 입자 등이 물질을 구성하는 최소 입자라고 보는 듯하다. 그러나 원자 내부로의 탐험은 이대로 끝난 것일까? 인간의 지적 호기심이 계속되는

• 소립자 물리학의 표준 모형에 따르면, 우주에는 4가지 기본 힘인 중력, 전자기력, 약력, 강력이 존재한다. 그리고 이 4가지 힘에는 각각의 힘을 매개하는 입자가 있는데, 중력을 매개하는 중력자, 전자기력을 매개하는 광자, 약력을 매개하는 W와 Z입자, 강력을 매개하는 글루온이다.

한, 우리는 또 다른 새로운 입자의 발견이라는 기대감을 영원히 버리지 못할 것이다.

함께 읽으면 좋은 책

- **《유카와 히데키와 도모나가 신이치로》** 나카무라 세이타로, 범양사, 1994
- **《현대과학과 인간》** 유카와 히데키, 지식을만드는지식, 2020
- **《LHC, 현대 물리학의 최전선》** 이강영, 사이언스북스, 2014

24

조지프 니덤
《중국의 과학과 문명》
1954-

중국에는 정말 과학이 없었는가?

조지프 니덤(Joseph Needham, 1900~1995)

영국의 생화학자이자 과학사학자, 중국학자. 케임브리지 대학에서 생화학을 전공했지만, 1930년대 생화학연구소에 와 있던 중국인 유학생들과 만나면서 중국 문화에 관심을 갖게 되었다. 1942년부터 1946년까지 충칭의 중영과학협회에 디렉터로 참여하면서 중국 문명과 과학에 대한 본격적인 연구를 계획했다. 1954년부터 시작된 니덤 프로젝트는 현재까지 총 7권 25책에 달하는 대저 《중국의 과학과 문명》을 출간하기에 이르렀다.

※ 주요 저서: 《중국의 과학과 문명》 《문명의 적정》 《동서의 공장과 장인》

20세기 전반을 대표하는 중국 철학자 펑유란은 1922년에 쓴 한 논문에서 다음과 같이 말했다.

"중국의 역사를 르네상스 이전까지 몇 세기 동안 유럽의 역사와 비교해본다면, 서로 종류는 다를지라도, 우리는 그 둘이 같은 수준에 있었음을 알게 된다. 그러나 지금 중국은 여전히 노쇠하고 서양 국가들은 새롭다. 무엇이 중국을 뒤처지게 했는가? 그것은 자연스러운 질문이다. 중국을 뒤처지게 한 것은 과학이 없었기 때문이다."

중국 역사에 관한 펑유란의 이 같은 성찰은 그 어느 때보다 울림이 컸다. 서양의 과학 기술을 신속하게 받아들여 성공적인 근대화를 이룬 이웃 나라 일본과 비교할 때, 그리고 그 일본에 의해 반식민지 신세로 전락한 중국의 처지는 더욱 뼈아팠기 때문이다. 전후 중국이 서양 과학 기술의 수용을 국가의 명운을 가를 중요한 문제로 여겼음은 말할 것도 없다.

그런데 중국이 서양 과학 기술을 따라잡기 위해 총력을 기울이고 있을 때, 영국 출신의 한 과학사학자는 누구도 예상치 못한 질문을 던졌다.

"중국에는 정말 과학이 없었는가?"

서양인들은 물론, 평유란 같은 중국의 대지식인조차 생각하지 못한 질문에 조지프 니덤은 정면으로 도전장을 던진 것이다. 그리고 그 거대한 결실이 바로 1954년부터 최근까지 계속된《중국의 과학과 문명(Science and Civilisation in China)》의 편찬 사업이다. 니덤은 이런 거대한 프로젝트를 어떻게 계획하게 된 것일까?

니덤은 1900년 런던에서 출생했다. 케임브리지 대학의 곤빌 앤 키즈 칼리지에서 생화학을 전공할 때만 해도, 그는 중국과는 거리가 먼 삶을 보냈다. 그런데 당시 케임브리지 대학에는 서양의 앞선 과학을 배우기 위해 많은 중국 유학생들이 와 있었다. 1937년 니덤은 케임브리지 대학 생화학과 대학원 과정에 유학 온 3명의 중국인 학생들과 만나면서 일찍이 알지 못했던 중국 문화에 매료되었다. 이를 계기로 니덤은 1942년 영국 정부가 충칭(重慶)에 설립한 중영과학협회의 책임자로 중국에 파견되었다. 이후 1946년까지 그가 중국 각지를 여행하면서 경험한 중국 문화는 그동안 자신이 가지고 있던 생각을 훨씬 뛰어넘는 놀라운 것이었다. 케임브리지로 돌아온 니덤은 마침내 중국 문명과 전통 과학의 연구에 본격적으로 뛰어들었다. 그것이 중국의 과학 문명을 총정리하는 역사적인 프로젝트의 출발이었다.

◆ 70년 가까이 진행 중인 니덤 프로젝트

니덤은《중국의 과학과 문명》프로젝트를 시작하면서 중국 과학의 수준은 적어도 3세기부터 13세기까지 서양을 능가했으며, 특히 기술적 발견과 발명은 15세기까지도 서양을 능가했다고 보았다. 이 같은 생각을 니덤은 방대한 문헌적 자료를 통해 뒷받침했고, 그것이 현재까지 총 7권 25책(2책 추가 예정)에 이르는《중국의 과학과 문명》이다.

1954년 니덤이 왕링(王鈴)과 협력하여 출간한 제1권《서론》은 무려 한 책 분량에 달하는 것으로, 니덤 프로젝트의 거대한 출발을 보여준다. 여기서는 중국의 지리와 역사를 개관하는 한편, 중국과 유럽과의 과학 교류의 실태에 대해 정리하고 있다.

중국의 과학 문명에 관한 본격적인 서술은 1956년에 출간된 제2권《과학 사상사》에서 시작되었다. 여기서 니덤은 유가 사상을 비롯한 묵가, 도가 등 고대 중국의 전통 사상과 자연 이해, 그리고 풍수, 점 등 중국의 유사 과학(pseudoscience)들에 대해 다루었다.

1959년에 간행된 제3권은《하늘과 땅의 과학과 수학》으로, 니덤은 중국의 천문학과 기상학, 지리학, 지질학 등에 대해 다루었다. 원래 니덤은 이 프로젝트를 시작하면서 주제별로 총 7권의 책을 계획했다고 한다. 그러나 자료를 수집하면서 다룰 내용이 점점 증가했고, 제4권《물리학과 물리 기술》부터는 여러 개의 책으로 나누어 출판하게 되었다. 제4권은 물리학, 기계 공학, 토목 공학 및 항해 등 총 3책으로 구성되었다.

《화학과 화학 기술》을 다룬 제5권은 전체 프로젝트에서 가장 많은 분량을 차지한다. 여기서는 종이, 인쇄술, 화약, 군사 기술, 직조 기술, 야금, 도자기, 연단술 등 화학과 관련된 광범위한 분야를 다루었다. 지금까지만 해도 총 11책이 출간되었고 향후 2책이 더 예정되어 있다.

《생물학과 생물 기술》을 주제로 한 제6권은 식물학, 농업, 산림, 전통 식물학, 발효와 음식, 의학 등 총 6책으로 나누어졌다. 마지막으로 제7권은《사회적 배경》으로 총 2책으로 구성되었다. 여기서 니덤은 주철, 쟁기, 등자, 화약, 인쇄, 자기 나침반 및 시계 장치 탈진기 등 중국에서 먼저 발견되거나 발명되어 서양으로 전해진 약 250가지 기술을 목록으로 제시하기도 했다.

비서양권의 민족 과학 연구에 활기를 불어넣다

중국 전통 사회의 과학과 기술에 관한 이 같은 대규모의 저술 작업이 가능했던 것은 초기에 몇몇 중국인 학자들의 도움을 얻어 시작한 니덤의 개인적 활동이 훗날 니덤의 기획에 따라 전 세계 중국 과학사 연구자들이 참여한 공동 프로젝트로 발전해나갔기 때문이다.

1954년 첫권이 출간된 이후 이 프로젝트는 즉시 학계의 주목을 끌었다. 그것은 무엇보다 이 프로젝트가 '중국에는 과학이 없었다'는 것을 당연시했던 세계인들의 통념에 정면으로 도전했기 때문이다. 현대 과학 기술의 위용을 경험한 많은 사람들은 과학이 서양의 산물이라고 생각했다. 즉 고대 그리스의 기하학적 사유에서 출발한 자연철학은 중세의 암흑기를 거쳐 르네상스 이후 코페르니쿠스, 갈릴레이, 뉴턴 등에 이르러 과학 혁명의 화려한 꽃을 피웠고, 그것이 근대과학으로 이어졌다고 보았다. 따라서 과학사의 서술은 오랫동안 서양 문명과 서양인들의 전유물이나 다를 바 없었고, 타 문명과 비교할 때 그것이야말로 근대 서양 문명의 우월함을 뒷받침하는 확고한 사상적 기둥이라고 확신했다. 그러나 이 같은 '서양 과학 중심주의'에 강력한 일격을 가한 것이 바로《중국의 과학과 문명》이었던 것이다.

그런데 이 같은 니덤의 프로젝트는 몇 가지 논쟁을 유발하는 계기가 되기도 했다.

첫째, 니덤의 과학관이 지나치게 '보편 과학(Universal science)'•에 맞춰져 있다는 비판이었다. 니덤은 고대부터 중국 과학을 자세히 연구하면서 세계 과학 기술사의 지도를 새롭게 그렸다. 그러나 동시에 그는 갈릴레이, 베살리우스, 하비, 뉴턴 등에 의해 '과학 혁명'을 이룬 서양의 근대 과학과 중국의 그것 사이의 차이를 명확히 인식했다. 그는 근대 과학 성립의 3가지 조건으로서 '경험적 요소' '회의적 요소' '수학적 언어로 표현되고 실험으로 검증될 수 있는 충분히 발달한 가설의 형성'을 들고, 그중 중국에서는 세 번째 요소가 발달하지 못했고, 그것이 근대 과학에의 자생적 성장을 가로막았다고 썼다.

이러한 인식은 서양의 과학 혁명 이후 근대 과학의 성과에 대한 니덤의 낙관적 전망이 반영된 것이다. 그리고 이 같은 인식은 적어도 근대 직전까지 서양 과학 기술의 업적을 능가했던 중국에 "왜 과학 혁명이 일어나지 않았는가?"라는 이른바 니덤 질문(Needham Question)을 낳게 했다. 많은 연구자들이 이 니덤 질문에 답하기 위해

• '보편 과학'이란 모든 강물이 흘러 하나의 바다를 이루듯이, 자연을 대상으로 하는 각 문명의 과학은 궁극적으로 하나의 과학으로 발전해간다는 믿음이다.

노력했다.

서양과 다른 중국의 특수한 지리적 환경, 개신교의 부재, 과도한 중앙 집권화 등 다양한 답변이 제시되었고, 심지어 중국 문자가 근대 과학으로의 성장을 가로막았다는 분석도 등장했다. 그러나 한편으로는 그런 질문 자체가 '보편 과학'에 대한 지나친 환상을 전제로 한 것이라는 비판도 제기되었다. 예를 들어, 우리는 불이 나지 않은 집에 가서 '이 집에는 왜 불이 나지 않는가?'라는 질문을 던지지는 않는다. 그처럼 중국에서 서양과 같은 과학 혁명이 반드시 일어나야 한다는 당위성은 어디에도 없다는 것이다.

둘째, 중국 과학에 대한 니덤의 신념이 너무 강한 나머지 그가 지나치게 중국 중심의 과학사 서술을 시도했다는 비판도 제기되었다. '서양 과학 중심주의'에 대한 반발이 오히려 '중국 과학 중심주의'를 부추겼다는 지적이다. 예를 들어, 니덤은《중국의 과학과 문명》제3권 부록에 한국 과학사에 대한 특별한 학술적 관심이 있음을 보여주었지만, 측우기나 인쇄술 등을 중국에서 유래한 것으로 생각했다.

이런 문제점들은 계속 지적되었고 앞으로도 분명히 논의될 필요가 있다. 그러나 이 같은 논쟁 또한 어찌 되었든, 니덤이 최초로 던져 놓은 문제의식 위에 싹튼 것이다. 그런 점에서 과학의 역사에 큰 물줄기를 튼 니덤의 공헌은 결코 과소평가될 수 없을 것이다.

몇 가지 논쟁에도 불구하고, 니덤 프로젝트는 비서양권의 과학 연구에 활기를 불어넣었다. 이슬람 과학에 대한 본격적인 연구가 시작되면서 몇몇 성과들은 이슬람 과학이 단지 그리스 과학을 라틴 유럽에 전해준 정거장의 역할만이 아니라, 그것을 더 풍부하게 만들었고 독자적인 연구를 진행시켰음을 밝혀주었다. 아울러 중국의 과학은 물론, 한국 과학, 일본 과학 등에서도 활발한 연구가 시작되었다. 중국에서는 니덤 프로젝트와는 별도로, 1987년부터 약 20년간에 걸쳐 전 26권의《중국 과학 기술사》가 집필되었다. 일본에서는 1964년부터 1972년에 걸쳐 과학 전 분야를 아우르는《일본 과학 기술사대계》총 25권이 간행되었다. 한국에서도 니덤 프로젝트는 전상운이《한국 과학 기술사》를 집필하는 데 영향을 미쳤으며, 2010년 총 30권으로 계획된《한국의 과학과 문명》총서 발간 계획을 이끌어내기도 했다. 이처럼 니덤이 촉발한 민족 과학에 대한 연구가 결국 과학이라는 인간의 지적 활동에 대한 우리의 이해를 더욱 풍부하게 만들어주었음은 누구도 부인하기 힘들 것이다.

함께 읽으면 좋은 책

- **《조선의 서운관》** 조지프 니덤, 살림출판사, 2010
- **《중국의 과학문명》** 야부우치 기요시, 사이언스북스, 2014
- **《그림으로 보는 중국의 과학과 문명》** 로버트 템플, 까치, 2009

25

전상운
《한국 과학 기술사》
1966

한국 과학 기술사에 관한 최초의 전문 종합 연구서

전상운(全相運, 1928~2018)

한국 과학사학자. 강원도 원산에서 태어났고, 한국 전쟁 때 월남하여 서울대 화학과에 입학했다. 1965년부터 성신여대 화학과 교수로 재직하면서 한국 과학사에 관심을 갖게 되었다. 1966년 《한국 과학 기술사》를 출판한 것을 시작으로 전통시대 우리 과학과 기술에 관한 다수의 논문과 저서를 집필함으로써 한국 과학사 연구의 선구자로 인정받는다. 이후 1982년부터 1984년까지 한국 과학사학회 회장, 1985년부터 1989년까지 성신여대 총장 등을 역임했다.

※ 주요 저서: 《한국 과학 기술사》 《잃어버린 章(장)》 《우리 과학 문화재의 한길에 서서》

우리 옛 역사에도 과학이 있었을까? 우리 역사에 관심이 있는 사람이라면, 이런 질문에 답하기를 그리 망설이지 않을 것이다. 우리는 신라의 뛰어난 걸작품인 첨성대를 알고 있고, 조선 초기의 과학자 장영실이 앙부일구(해시계), 자격루(물시계) 같은 멋진 과학 도구를 제작했다는 것도 알고 있다. 나아가 우리는 조선 후기 천문학자 홍대용이 이미 지전설과 무한 우주론을 주장했으며, 지리학자 김정호는 정교한 지도들을 그렸다는 것도 알고 있다. 그러나 이런 우리의 옛 과학에 대한 역사가 하루아침에 밝혀진 것은 아니다.

한국 과학사에 대한 연구는 역사학자 홍이섭에 의해 시작되었다. 1944년 홍이섭은 《조선 과학사》를 일본어로 최초로 집필했다. 그리고 해방 이후 1946년에는 이 책을 한국어로 출판했다. 홍이섭이 한국 과학사 연구의 길을 열었다면, 본격적인 연구는 1966년 전상운이 집필한 《한국 과학 기술사》로부터 시작되었다. 이 책 초판의 머리말에서 홍이섭은 "내 개인으로는 이십수 년 전에 내놓은 과학사가 이제 소용없게 되고, 우리 과학사의 새로운 인식의 도표(道標)가 설정된 것이 무엇보다 즐거운 일이 아닐 수 없다"라고 후배 연구자의 저서에 더할 나위 없는 찬사를 던졌다. 이 《한국 과학 기술사》는 한국 전통 과학과 기술에 관한 최초의 전문적이고 종합적 연구서였던 것이다. 그런데 전상운은 어떻게 이 책을 쓰게 되었을까?

전상운의 회고에 따르면, 그는 대학에서 원래 화학을 전공했지만, 과학적 이론들이 어떤 과정을 거쳐 탄생했는지에 대해 항상 관심을 가졌고, 그것이 훗날 과학사학자로 성장하게 된 배경이었다고 한다. 한국 전쟁으로 인해 부산으로 피난했을 때는 벨기에 출신의 화학자이자 과학사의 창시자로 알려진 조지 사턴의《과학사와 새 휴머니즘(The History of Science and the New Humanism)》에 감명을 받기도 했을 만큼 과학사에 관심이 있었다. 그러나 그는 한국 과학사를 공부할 생각은 정작 없었는데, 당시까지도 과학은 서양에서 왔다는 생각이 일반적이었기 때문이다. 국사책에서 우리 조상의 위대한 발명인 금속 활자, 측우기, 거북선을 소개할 때도, 그것이 단지 민족적 우수성을 드러내기 위한 것이라고 여겼다. 그러던 어느 날 전상운은 영국의 과학사학자 존 데스먼드 버널의《역사 속의 과학(Science in History)》에서 기억에 남을 한 구절을 읽게 되었다.

"움직이는 금속 활자는 14세기에 한국에서 처음으로 사용되었다. 그것은 15세기 중엽에 유럽에 도입되어 처음에는 기도서로, 그다음은 책으로 이상하리만치 빠른 속도로 퍼져나갔다."

전상운은 이 구절에서 한국 과학사에 관한 특별한 흥미를 느꼈다고 한다.

전상운을 한국 과학사의 길로 이끈 또 한 번의 재미있는 사건이 있었다. 1960년 봄 예일 대학 과학사학과의 데릭 솔라 프라이스 교수의 일본인 제자 야기(八木) 씨가 전상운에게 편지를 보내왔다. 프라이스 교수의 부탁으로 1936년 미국인 선교사 칼 루퍼스의 책《한국의 천문학(Astronomy in Korea)》에 소개된 조선 시대의 한 천문 시계에 대한 조사를 부탁한 내용이었다.• 고려 대학 박물관에 보존되어 있던 그 시계는 17세기의 조선에서 만들어졌으리라고는 상상하지 못할 만큼 훌륭했다. 그때부터 전상운은 그 시계와 관련된 책들과 고문헌들을 뒤지기 시작했다. 전상운은 천문 시계에 대해 조사한 내용을 정리하여 1962년 일본 과학사 학회지인 〈과학사연구〉 가을호에 투고했다. 1963년에는 측우기에 관한 논문을 〈과학사연구〉에 발표했다. 전상운은 이것을 계기로 케임브리지 대학의 조셉 니덤 박사와 교토 대학 과학사학자 야부우치 교수의 중국 과학사 연구, 그리고 홍이섭의 조선 과학사 연구 등을 자세히 공부하게 되었고, 마침내 우리 전통 과학사에 관한 연구에 매진하게 되었다. 그 결실이 바로 1966년에 출판된《한국 과학 기술사》였다.

독창적으로 발전시킨 우리의 과학

전상운이 이 책을 집필했을 때 대부분의 출판사가 출판을 꺼렸다고 한다. 과학사는 아직 한국에서 대중적인 학문 분야가 아니었기 때문

• 1669년에 제작된 송이영의 혼천의와 혼천시계를 말한다. 만 원권 지폐의 뒷면에서 우리는 혼천의를 볼 수 있다.

이다. 그러나 마침내 《한국 과학 기술사》가 과학 세계사에서 출판되었을 때, 이 책은 그해의 한국 출판 문화상 저작상을 수상했다.

이 책은 서장을 포함한 총 6개의 장으로 이루어졌다. 제1장은 천문학, 제2장은 기상학, 제3장은 물리학과 물리 기술, 제4장은 화학과 화학 기술 및 제약학, 제5장은 지리학과 지도로 구성된다. 각 장은 다시 작은 소주제들로 분류되어 있다. 아울러 저자가 직접 답사하고 발로 뛰면서 얻은 약 145장의 사진과 그림을 포함하고 있다.

먼저 서장은 '한국 과학사의 새로운 이해'라는 제목이다. 전상운의 《한국 과학 기술사》를 바라보는 시각은 여기에 잘 드러난다. 그는 한국 과학사는 "실질적으로 중국 과학사의 한 지류였으며, 그 변형이기도 했다"라고 지적하고, 그러나 모든 경우에 있어서 중국의 과학과 기술이 한국인에게 그대로 받아들여진 것은 아니었다고 말한다. 한국인은 중국의 그것들을 언제나 한국적인 것으로 변형하고 개량하려고 노력했고, 그 속에서 더욱 새로운 것을 만들어내려고 시도했기 때문이다. 이하 본문에서는 이 같은 전상운의 한국 과학사에 대한 시각이 전반적으로 녹아 있다.

천문학을 다룬 제1장에서는 한국 천문학의 성격을 정리하고, 한국에서의 천문학적 성취를 기술하고 있다. 전상운에 따르면, 신라 시대에 세워진 경주 첨성대는 중국에 세워졌던 고대의 측량대, 즉 규표로서의 구실을 하는 천문대의 전통을 이어받은 것이었다. 그러나 신라인들은 단순히 측량을 목적으로 세워진 중국의 직선적인 형식의 천문대를 아름다운 곡선미를 지닌 우아한 모습으로 발전시켜서 소박한 한국적 아름다움을 창조했다. 석굴암 또한 의심할 여지 없이 중국의 석굴사원을 모방하여 만들었지만, 중국의 그것이 자연의 암벽에 조영된 것에 비해, 석굴암은 원형, 구면, 삼각형, 육각형, 팔각형에 이르는 모든 구성법을 자유롭게 조화시켜 하나의 통일체로 재창조한 인조 석굴이라고 주장했다. 이 밖에 홍대용의 지구회전설을 비롯하여 천문도, 해시계, 물시계, 혼천의 등 전통 시대의 각종 천문 의기들과 역법들의 특징을 밝히고 있다.

기상학을 주제로 한 제2장은 농업 기상학과 강우량 측정법, 각종 기상 관측을 다룬다. 기상학에서 가장 기억할 만한 사건은 조선 시대에 강우량을 과학적으로 측정하기 위한 측우기와 수표의 발명이다. 그것은 자연에 대한 호기심이라기보다는 어디까지나 삶의 실용적 요구, 즉 농업적 목적으로 이루어진 것이었다.

물리학과 물리 기술을 주제로 한 제3장에서는 동력 기계, 기계 시계, 인쇄술, 근대 화기의 발달, 조선 기술, 토목과 건축 기술을 다룬다. 특히 목판 인쇄술은 그간 중국에서 최초로 발명되었다고 여겨졌지만, 전상운은 오히려 신라에서 먼저 발명되었으리라고 조심스럽게 예측한다. 1966년 10월 불국사 석가탑에서 우연히 발견된 무구정광대다라니경 인쇄본이 706년경의 것으로 세계 최초의 목판 인쇄로 추정되고 있는 점, 아울러 기술적으로도 문무왕대(661~681) 이미 동인장(銅印章)을 주조하여 지방 관청에 나누어주어 도장이 실용화되고 있었던 점, 또 신라의 도공들은 나무에 새긴 형(型)으로 수많은 아름다운 무늬의 기와들을 찍어서 만들어내고 있어 목판 인쇄 발명의 바탕과 기술적 가능성이 중국에서처럼 완전히 성숙해 있었다는 점 등을 근거로 들고 있다. 그리고 전상운은 이런 신라의 인쇄 문화가 일본으로 건너가 770년경 백만탑다라니경을 인쇄했을 것이라고 추측했다.

화학과 화학 기술 및 제약학을 주제로 한 제4장은 금속 공업과 광업을 비롯하여 의약, 제지 기술, 화약 등을 다루고 있다. 이 분야도 중국에서 전해진 기술이 한국에서 화려한 꽃을 피운 것이 많았다. 화약은 14세기 초 중국에서 고려로 전해졌고, 제지 기술은 4~7세기경 중국에서 한반도로 도입되었다. 특히 중국의 제지 기술을 받아들여 만든 신라의 백추지(白硾紙)는 중국에서도 훌륭한 종이로서 천하제일로 평가되었다고 썼다.

의학의 분야도 8세기경까지 신라인들의 약물학적 지식은 중국 의학의 영향을 받았지만, 이후 고려를 거쳐 조선 시대로 들어오면서 중국과 구별되는 독자적인 발전을 이루었다고 소개했다.

제5장 지리학과 지도는 고대 중세 근대에 이르기까지의 지리학과 각종 지도 제작에 대해 다루고 있다. 흥미로운 것은 조선의 지도에는 독특한 풍수설의 영향이 나타나고 있다는 것이다. 한국 지도의 한 특징은 산을 개개로 그리지 않고, 산맥으로 그리는 기법인데, 이것은 조선의 지방도에서는 많이 볼 수 있지만, 중국에서는 묘도(墓圖)를 제외하고는 거의 볼 수 없다는 것이다. 한국 지도의 경우 풍수설에서의 묘도의 도법이 일반 지도에까지 침투했음을 알 수 있다.

이처럼 전상운은 한국의 전통 과학과 기술이 중국의 영향을 받았으면서도 그것을 독창적으로 개량, 발전시켰음을 보여주었고, 이 같은 과학 기술이 일본으로 건너가 일본 문화에 영향을 주었음을 밝혀주었다.

물론 전상운은 한국 과학 기술사를 마냥 칭찬만 한 것은 아니었다. 그는 전통 과학 기술이 가진 한계도 지적했다. 전상운은 15세기를 거치며 정점을 지나던 한국 과학은 16세기 말 임진왜란과 정유재란, 그리고 17세기 초 청나라의 침략을 계기로 급격히 쇠퇴하기 시작했다고 썼다. 그리고 18세기 무렵에는 서양의 과학과 기술을 받아들인 청에 이미 미치지 못하게 되었다고 한다. 조선의 북학파들은 청이 받아들인 서구의 과학 기술을 동경했고, 그 수용을 외쳤지만, 그들의 과학에 대한 내용도 실은 실용적인 것은 아니었다고 지적했다. 그러다가 조선이 일본의 식민지로 전락하면서 한국 과학은 전통과의 단절을 겪게 되었다고 강조했다.

◆ 한 과학자의 열정으로 드러난 한국의 과학사

전상운 이전에도 한국 과학사에 대한 연구가 없었던 것은 아니다. 앞서 소개한 홍이섭의《조선 과학사》는 물론이고, 그 이전에도 미국인 선교사 칼 루퍼스, 일본인 기상학자 와다 유지 등의 연구가 있었다. 루퍼스는 1913년 조선의 석각 천문도인 천상열차분야지도에 관한 논문을 미국 천문학 전문지에 발표했고, 와다 유지는 1910년대에 측우기, 첨성대 등을 연구하여 세계에 알린 것으로 유명하다. 그럼에도 불구하고 전상운의 책이 의미를 갖는 것은 한국 과학 기술사에 관한 최초의 전문적인 연구를 진행했기 때문이다. 그는 폭넓은 문헌 조사는 물론 직접 답사하면서 한국의 전통 과학과 기술을 추적했다. 홍이섭이 열었던 길을 전상운은 전문 과학사 연구자로서 더욱 구체화시켰다. 전상운은 1962년 무렵 첫 논문을 쓰고 불과 4년 만에 이 책을 내면서 모든 열정을 쏟아부었다고 한다. 그는 이 책을 집필하는 동안 거의 매일 밤을 새면서 작업을 했다고 회고하고 있다.

전상운의《한국 과학 기술사》는 세계 과학사학자들의 주목을 끌었다. 니덤의《중국의 과학과 문명》을 통해 세계에 알려지기 시작한 중국 과학사와 함께 제2차세계대전 전부터 비교적 활발하던 일본 과학사 연구에 비해 그다지 알려지지 않았던 한국 과학사의 전체상이 비로소 전상운에 의해 체계적으로 알려졌기 때문이다. 니덤은《중국의 과학과 문명》의 프로젝트를 진행하면서 특별히 조선의 과학이 가진 우수성에 대해 관심을 갖게 되었고, 한국의 천문의기(天文儀器, 전통 천체 관측 기기)와 성도(星圖)들에 관한 연구인《조선의 서운관》•이라는 책을 출판하기도 했다.

한편 전상운은《한국 과학 기술사》초판을 내면서 10년마다 개정판을 내겠다고 다짐을 했다고 한다. 그 다짐처럼 초판 이후 일본, 미국 등에서의 유학 생활을 통해 많은 자료를 보완하여 1976년 정음사에서 개정 증보판(2판)을 내게 된다. 그리고 두 번째 개정 증보판(3판)을 1983년에 출판했다. 아울러 그의 책은 1974년 영문판으로 번역되어 출판되었다. 1978년에는 일본어판《한국 과학 기술사》가 동경에

• 원제는《천문기록관: 한국의 천문 기구와 시계, 1380~1780 (The Hall of Heavenly Records : Korean Astronomical Instruments and Clocks, 1380~1780)》이다. 한국어로는《조선의 서운관》으로 번역 출판되었다.

서 출판되었다.

전상운의《한국 과학 기술사》이후 그의 업적을 계승한 연구자들이 등장하기 시작했다. 특히 1990년대 들어서면서 천문학, 물리학, 화학, 군사학, 지리학 등 과학 각 분야에서 한국 과학사에 관한 전문 연구자들이 본격적으로 배출되기 시작했다. 그들은 한국 전통 과학 기술의 각 전문 분야에서 더욱 깊이 있는 연구를 진행했고, 많은 성과를 올렸다. 그럼에도 불구하고, 이런 후학들의 연구는 전상운이 닦아 놓은 길 위에서 꽃피울 수 있었음은 말할 것도 없다.

함께 읽으면 좋은 책

- **《조선과학사》** 홍이섭, 정음사, 1946
- **《우리 과학 문화재의 한길에 서서》** 전상운, 사이언스북스, 2016
- **《한국 과학 문명사 강의》** 신동원, 책과함께, 2021

5장

★

일생에 한 번은 꼭 읽어보고 싶은 고대의 과학 명저

26

아리스토텔레스
《자연학》
기원전 4세기

고대 이래 2000년간 서양 문명을 지배한 그리스 과학

아리스토텔레스(Aristoteles, BC 384~322)

그리스 자연 철학자. 플라톤이 아테네에 세운 학교 아카데메이아에서 20년간 공부한 뒤, 마케도니아로 돌아가 소년 알렉산더의 가정 교사가 되었다. 알렉산더의 동방 원정과 함께 아테네에 돌아와 리케이온이라는 학교를 세웠다. '만학의 시조'로 불릴 정도로 다방면의 저서를 집필했으며, 《자연학》 《천체론》 등 자연 과학 관련 저서는 17세기 과학 혁명기에 이르기까지 서양의 물리학과 천문학에 강한 영향을 미쳤다.

※ 주요 저서: 《자연학》 《천체론》 《니코마코스 윤리학》

기원전 367년 마케도니아 출신의 한 젊은이가 큰 꿈을 안고 아테네로 들어왔다. 플라톤이 세운 학교 아카데메이아에 입학한 그는 약 20년간 이 학교에서 공부했고, 훗날 고대 서양 학문을 대표하는 인물로 성장했다. 14세기 이탈리아 시인 단테가 '인간 이성의 거장'이라고 불렀던 아리스토텔레스이다.

많은 사람들은 아리스토텔레스를 철학자로 기억한다. 하지만 과학자로서의 아리스토텔레스는 서양 역사에서 더 길고 강한 영향을 미쳤다. 아리스토텔레스의 과학이 대대적인 도전에 직면한 것은 17세기 과학 혁명기에 이르러서였다. 그것은 바꿔 말하면, 아리스토텔레스의 과학이 고대 이래 약 2000년간 서양 문명을 지배했다는 것을 의미한다. 서양인들은 왜 그렇게 오랫동안 아리스토텔레스의 과학을 믿었던 것일까?

아리스토텔레스는 기원전 384년 마케도니아의 스타게이라에서 태어났다. 17세 무렵 아카데메이아에 입학한 그는 곧 플라톤의 촉망받는 제자들 중 한 명으로 성장했다. 그러나 기원전 347년 플라톤이 죽은 후, 그는 곧 아테네를 떠나 고향 마케도니아로 돌아갔다. 기원전 343년부터 2년간 그는 소년 알렉산더의 가정 교사가 되었다. 아리스토텔레스가 아테네로 돌아온 것은 기원전 335년으로, 때는 자신의 학생이었던 알렉산더 대왕이 동방 원정을 떠난 시기였다. 아리스토텔레스는 아테네의 아폴론 신전 부근에 리케이온이라는 학교를 열고, 스승 플라톤과는 다른 새로운 학문을 설파하기 시작했다. 그의 관심은 철학, 자연 과학, 정치학, 윤리학에 이르기까지 학문 전 분야에 걸쳐 있었다. 오늘날 알려진 약 40권에 이르는 아리스토텔레스의 저서들은 대부분이 당시의 강의 노트들이다.

아리스토텔레스의 사후, 기원전 1세기경 리케이온의 원장이었던 안드로니코스는 아리스토텔레스의 논문과 강의록 등을 정리했다. 이때 자연에 관한 내용을 묶어 출판한 것이《자연학(Physica)》이다.

◆ 자연의 원리, 변화, 운동을 다루다

《자연학》의 원제는 그리스어로 Physica이다. 오늘날 물리학(Physics)의 어원이 된 어휘이지만, 당시의 Physica는 자연에 관한 원인과 변화를 다루는 폭넓은 학문이었다.

《자연학》은 모두 8권으로 구성되었다. 제1권은 자연의 원리를 알아야 하는 이유와 그 원리를 탐구하는 절차에 대해 다루었다. 특히 아리스토텔레스는 파르메니데스로 대표되는 엘레아학파의 주장, 즉 '모든 변화는 불가능하다'는 주장을 새로운 관점에서 반박하고자 한다. 아리스토텔레스는 자연의 궁극적 원리를 불변의 '기체

(hypokeimenon, 질료)', 그리고 그 기체의 속성에 해당하는 대립자들, 즉 '형상'과 '형상의 결여'라는 3가지로 정리하고, 변화라는 것은 기체의 대립적 속성들 간의 이행이라고 주장했다. 예를 들어, 사람이 나이가 들어가면, 얼굴에 주름이 생긴다. 이때 사람이라는 기체는 변화하지 않지만 '주름이 없다'라는 형상의 결여는 '주름이 있다'라는 형상으로 이행한다. 이 같은 변화의 긍정은 아리스토텔레스 자연학의 중요한 이론적 출발점이 된다.

제2권은 자연의 정의와 자연학의 범위, 그리고 특히 유명한 '변화의 4원인론'에 대해 다루고 있다. 아리스토텔레스의 4원인이란 질료인, 형상인, 작용인, 목적인이다. 예를 들어, 은그릇의 질료인은 그 재료가 되는 '은'이다. 형상인은 '은그릇'이라는 이미지이다. 작용인은 질료로서의 은이 은그릇이 되도록 그 변화의 과정을 추동하는 것으로, 이 경우는 '은그릇을 만드는 사람'을 가리킨다. 마지막으로 목적인이란 '음식을 담기 위해' 또는 '시장에 팔기 위해' 등과 같이 은그릇을 만드는 목적을 가리킨다. 이때 형상인, 목적인, 작용인은 은그릇이라는 하나의 목표물을 향해가는 과정에서 동일한 것들이다. 여기서 아리스토텔레스 철학의 목적(telos) 지향성이 나타난다. 아리스토텔레스에 따르면, 세상의 모든 사물은 그 고유의 목적을 갖는다. 하루살이 같은 미물조차도 나름의 목적을 갖고 세상에 태어났다. 사물은 자신의 목적을 실현하기 위한 변화와 운동을 그 안에 내재하고 있다. 이런 아리스토텔레스의 철학은 이데아라는 형상 세계를 상상하고, 거기서부터 만물이 모사(模寫)되어 나온다는 플라톤의 철학과 정반대의 세계관임을 알 수 있다.

제3권은 운동 일반론과 운동의 연속성을 설명하기 위한 무한 개념을 다루고 있다. 본격적인 아리스토텔레스 운동론으로 들어가기 위한 예비적 장으로 그려진다. 제4권은 운동이 일어나는 공간과 시간, 진공 등의 문제를 다룬다. 아리스토텔레스는 지상계의 모든 운동을 자연적인 운동과 강제적인 운동으로 나눌 수 있다고 본다. 자연적인 운동은 무거운 물체가 땅으로 떨어지는 것처럼, 물체가 고유의 장소로 돌아가는 운동을 가리킨다. 반면, 강제적인 운동은 물체가 고유의 장소를 벗어나 운동하는 것을 말한다.

아리스토텔레스에 따르면, 흙과 물의 고유의 장소는 지구 중심이다. 불과 공기의 고유의 장소는 하늘이다. 따라서 돌멩이가 밑으로 떨어질 때는 자연 운동이지만, 사람이 돌멩이를 공중으로 던지면, 그것은 강제 운동이 된다. 이때 모든 운동하는 물체는 운동을 일으키는 것과 반드시 접촉을 수반한다는 아리스토텔레스 특유의 '인접 작용'의 개념이 도입된다.• 돌멩이를 던질 때 운동을 일으키는 것은 손이지만, 일단 손을 떠나 공중을 날아가는 돌멩이의 경우, 그 운동을 일으키는 것은 결국 돌멩이와 인접한 것, 즉 공기이다. 따라서 아리스토텔레스에 따르면, 날아가는 돌멩이 앞에 있는 공기가 순식간에 돌멩이 뒷면으로 밀려 들어가 돌멩이를 계속해서 밀어냄으로써 운동이 일어난다. 한편 아리스토텔레스의 투사체 운동은 진공이 없다는 그의 주

• 인접 작용에 반대되는 개념은 '원격 작용'이다. 뉴턴의 만유인력은 대표적인 원격 작용력이라고 볼 수 있다. 원격 작용은 운동하는 물체와 그 운동을 일으키는 것 사이의 물리적 접촉이 없이도 운동이 가능하다는 것을 말한다. 인접 작용의 지지자들은 이 같은 원격 작용력을 마술이나 미신적 힘에 불과하다고 공격했다.

장과 연결된다. 모든 운동하는 물체가 운동을 일으키는 것과 인접해야 한다면, 아무것도 없는 진공이 있어서는 안 되기 때문이다.

제5권은 제4권을 더 심화시켜 다룬 내용으로 운동의 다양한 종류들에 대해, 그리고 제6권은 운동의 연속성에 대해 이야기한다. 이어서 제7권과 제8권은 부동의 원동자라는 아리스토텔레스 운동론의 핵심 원리를 다룬다. 아리스토텔레스는 운동에는 반드시 그것을 일으키는 선행 운동이 있어야 하고, 그 선행 운동에는 또 다른 선행 운동이 있어야 한다고 보았다. 그러나 이런 이어짐은 무한할 수 없으며, 거기에는 근본적인 원인이 존재한다고 생각했다. 여기서 '근본적인 원인'이란 이 세계에 최초로 운동을 부여한 부동의 원동자, 즉 자신은 움직이지 않으면서 다른 것들을 움직이게 하는 것이다.

아리스토텔레스는 이 부동의 원동자가 우주의 최외곽에 있는 천구 가장자리에 위치한다고 생각했다. 그것은 기독교적으로 해석하자면, 이 우주의 창시자인 하나님에 다름없었다. 비록 아리스토텔레스는 기독교적 신을 이야기하지 않았지만, 이것은 훗날 아리스토텔레스의 우주론이 기독교적 세계관과 조화되어 스콜라 철학으로 발전할 수 있었던 중요한 사상적 배경이 되었다.

◆ 인간의 경험과 감각에 충실했던 아리스토텔레스의 과학

아리스토텔레스의 사후 그리스 과학은 이집트 알렉산드리아를 중심으로 이어진 헬레니즘 과학을 통해 그 명맥을 유지해 나갔다. 그사이 신생 로마는 지중해의 패권을 장악했다. 313년 기독교를 국교로 채택한 로마는 395년 동서 로마로 분열되었고, 그중 서로마 제국은 476년 게르만족의 남하와 함께 멸망에 이르렀다.

이 같은 역사적 소용돌이 안에서 그리스 과학은 서서히 예전의 위용을 잃어갔다. 아리스토텔레스의 《자연학》도 일부의 학자들에게 인용되었을 뿐이다. 예를 들어, 6세기 무렵 기독교도이자 신플라톤주의자였던 존 필로포누스는 《자연학》에 주석을 달고, 아리스토텔레스의 투사체 이론을 비판했다. 필로포누스에 따르면, 투사체가 앞으로 나아가는 이유는 공기와 같은 매질의 작용 때문이 아니라, 일종의 '비물질적 운동인'이 투사체 안에 들어가기 때문이다. 10세기 무렵 이슬람 철학자 이븐 시나는 이 필로포누스의 '비물질적 운동인'의 개념을 '마일(mayl)' 개념으로 발전시켰다.

한편 서유럽에서의 그리스 과학의 침체와는 달리, 일부 그리스 과학 고전은 이슬람권으로 흘러 들어가 아랍어로 번역되었다. 12세기 무렵 십자군 전쟁을 통해 서구의 확장이 본격화되면서 아랍어로 번역된 이 그리스 과학 고전들은 이번에는 라틴어로 번역되어 서유럽에 유입되었다. 13세기 무렵 유럽에 설립된 대학은 라틴어로 번역된 그리스 과학 고전들을 교재로 사용하기 시작했다.

1348년 파리 대학 학장으로 취임한 스콜라 철학자 장 뷔리당은 필로포누스의 '비물질적 운동인'의 개념을 독자적인 임페투스, 즉 '내재적 힘'이라는 개념으로 발전시켰다. 투사체의 운동은 아리스토텔레스가 말한 공기 때문이 아니라, 임페투스라는 힘이 투사체 안에 들어가기 때문이라는 것이다. 훗날 뉴턴을 비롯한 근대 과학자들은 이 임페투스 이론을 관성 개념으로 대체함으로써 아리스토텔레스로부터 시작된 투사체 이론은 마침내 오늘날과 같은 모습을 갖추게 되었다.•

16세기 이후 아리스토텔레스의 과학은 코페르니쿠스, 갈릴레이, 뉴턴 등에 의해 역사 속으로 완전히 사라졌다. 근대 과학자들은 모든 사물이 나름의 목적을 갖는다는 아리스토텔레스 철학의 목적적 세계관을 신비주의로 비판했다. 대신 그들은 자연계의 맛이나 색깔, 냄새 같은 질적 감각은 질량을 가진 물체들이 만들어낸 2차적 성질이라고 보았다. 자연계는 양적 덩어리들이 충돌하는 무미건조한 공간으로 환원되었고, 그 안에서 물체의 운동과 충돌만이 과학적으로 의미를 갖는 것이 되었다. 근대 과학은 한마디로 과학 혁명을 이끌어간 천재들의 비현실적 상상력이 빚어낸, 자연에 관한 수학적 기술이었다.

그 결과 오늘날 우리는 과학 시간에 더 이상 아리스토텔레스의 과학을 배우지 않는다. 과학 혁명의 후예들인 우리는 지구가 자전과 공전을 한다는 것을, 아울러 갈릴레이가 사고 실험을 통해 공기의 저항이 없는 진공 공간에서는 무거운 물체와 가벼운 물체가 같은 속도로 떨어진다는 낙하 법칙을 주장했다고 배운다.

그런데 이런 상상을 해보는 것은 어떨까? 만약 우리가 근대 역학과 천문학을 학교에서 배우지 않았더라도, 우리는 코페르니쿠스나

• 뉴턴의 관성 개념은 물체가 외부의 힘을 받지 않는 한, 정지 또는 등속 직선 운동을 지속한다는 것이다. 이 경우, 아리스토텔레스가 주장한 것처럼, 공기가 돌멩이를 앞으로 밀어준다는 설명은 불필요한 것이 되고, 공기는 오직 저항력으로 규정된다.

갈릴레이, 뉴턴의 과학을 쉽게 받아들일 수 있을까? 아마 현대를 사는 우리들 대부분은 여전히 아리스토텔레스주의자로 남기를 망설이지 않을 것이다. 왜냐하면, 사실은 아리스토텔레스의 과학이 코페르니쿠스나 갈릴레이, 뉴턴의 과학보다 우리의 감각에 훨씬 충실한 과학이기 때문이다. 우리는 쇠구슬과 깃털을 떨어뜨리면, 쇠구슬이 먼저 떨어지는 경험을 쉽게 할 수 있다. 지구가 움직이지 않고 가만히 멈춰 있는 것처럼 느끼는 것이 훨씬 자연스럽다. 반면, 갈릴레이가 상상한 진공 공간이나, 지구의 자전과 공전은 오늘날에조차 소수의 선택 받은 사람들만 직접 경험할 수 있는 특별한 사건이다.•

서양인들이 17세기에 이르기까지 아리스토텔레스의 과학을 벗어나지 못한 것은 인간의 경험과 감각에 충실한 과학을 그들이 선택했기 때문이다. 물론 아리스토텔레스의 과학이 옳다는 것을 말하려는 것이 아니다. 고대인들과 중세인들은 아리스토텔레스의 과학을 믿는다고 해서 특별히 문제될 것이 없었다고 보는 편이 정확할 것이다. 오늘날에도 진공 공간이나 지구의 자전과 공전을 믿지 않는다고 해서 우리 일상에 특별한 문제가 발생하지는 않는 것처럼 말이다.

• 1971년 아폴로 15호의 비행사 데이비드 스콧은 진공 공간인 달에서 해머와 깃털을 떨어뜨리는 실험을 수행했고, 그 결과는 갈릴레이의 예측과 정확히 맞아떨어졌다.

함께 읽으면 좋은 책

- **《아리스토텔레스의 자연학 읽기》** 임두원, 부크크, 2020
- **《그리스 과학 사상사》** G. E. R 로이드, 지성의샘, 1996
- **《그리스 철학자 열전》** 디오게네스 라에르티오스, 동서문화사, 2016

27

에피쿠로스
《쾌락》
기원전 3세기

삶의 감정도 원자에서 비롯되었다?

에피쿠로스(Epicurus, BC 341~270)

고대 그리스의 원자론자. 터키 연안의 사모스섬에서 출생했다. 32세 무렵 아테네에 '정원'이라는 이름의 학교를 열었다. 데모크리토스의 원자론을 계승했지만, '우연한 일탈'을 의미하는 '클리나멘' 개념을 새롭게 도입하는 등 원자론을 더욱 발전시켰다. 인생 최고의 즐거움은 육체적 쾌락이 아니라, 욕망을 초월한 정신적 평정 상태라고 주장했다. 스토아학파와 더불어 고대 그리스의 양대 철학으로 인정받는다.

※ 주요 저서: 《쾌락》 《자연에 관하여》

기원전 307년 사모스섬 출신의 한 철학자가 아테네로 들어왔다. 그는 이 세계가 더 이상 쪼갤 수 없는 작은 알갱이로 이루어져 있다고 믿는 사람이었다. 플라톤이 세운 학교 아카데메이아 근처에 '정원(The Garden)'이라는 이름의 학교를 연 그는 이후 그리스를 대표하는 원자론자로 성장한다. 바로 에피쿠로스의 이야기이다.

그리스어로 아르케(arche)란 '제일 원리' '시원' '근원' 등을 뜻하는 말로, 이 세상을 이루는 최초의 것을 일컫는다. 흔히 그리스 최초의 철학자로 불리는 탈레스는 그것을 물이라고 생각했고, 엠페도클레스는 물, 불, 공기, 흙, 그리고 피타고라스는 숫자라는 추상적 개념을 도입했다. 실존 인물인지 의심스럽지만, 밀레토스의 레우키포스는 세계가 인간의 감각 기관으로 지각하기 어려운 무수한 작은 알갱이들로 이루어져 있다고 보았다.

이 레우키포스의 원자론을 계승한 인물은 아브데라의 데모크리토스였다. 그는 이 세상이 더 이상 쪼갤 수 없는 영원불멸의 원자들로 이루어져 있고, 그 원자들은 뭉쳤다가 흩어지곤 한다고 보았다. 이때 원자들의 운동은 큐브의 빈틈처럼 텅 빈 공간, 즉 '공허' 안에서 이루어진다.

데모크리토스의 원자론을 계승한 에피쿠로스는 원대한 꿈을 안고 아테네로 들어왔다. 그가 플라톤의 학교 근처에 자신의 학교를 연 것은 큰 모험이자 도전이었다. 그러나 당시의 혼란스러운 아테네에서 그것은 엄청난 기회가 될 수도 있었다. 알렉산더가 동방 원정을 통해 건설한 마케도니아 제국이 그의 갑작스러운 죽음으로 흔들리자, 아테네에도 힘의 공백이 찾아왔고, 그 틈을 타 권력을 쟁취하기 위한 혼란스러운 투쟁이 벌어졌다. 그런 불안한 정세는 오랫동안 전쟁에 시달려왔던 아테네 민중들에게 공허함과 상실감을 안겨주었다. 에피쿠로스는 자신의 학교에 입학한 학생들에게 어떻게 살아야 할지를 설파하기 시작했다.

◆ 불안과 고통에서 벗어나는 에피쿠로스식 삶의 지침들

에피쿠로스의 《쾌락》은 삶의 지침에 대한 그의 단편적인 사유들을 모은 책이다. 그것은 단순히 윤리적 당위로서가 아니라, 인간의 도덕이나 감정도 원자론 안에 규정된다는 이유에서였다. 어떤 사람들은 그를 단지 쾌락주의자일 것이라고 생각한다. 하지만 그런 오해는 쾌락의 개념에 대한 주의 깊은 이해가 결핍된 데서 온 것이다. 에피쿠로스의 쾌락은 당대의 육체적이고 동적인 쾌락을 추구한 키레네학파와는 전혀 다른, 한마디로 인간이 겪는 몸의 고통과 마음의 혼란에서 벗어나는 것을 의미했다. 다시 말해 그의 쾌락은 불안과 고통의 제거나 마찬가지였던 것이다.

과거든 현재든 인간이 가진 가장 큰 불안은 죽음일 것이다. 늙고 나이가 들면 죽음은 피할 수 없는 운명이지만, 누구나 그 결말을 늦추고 싶어한다. 그러나 에피쿠로스에 따르면, 이런 생각은 쓸데없는 기우에 불과하다. 죽음이란 특별한 감정을 필요로 하는 어떤 비극적 종말이 아니라, 단지 몸을 구성하던 원자들이 분해되는 과정일 뿐이다. 그리고 분해된 인간에게는 감각도 없어질 것이기 때문에 죽음은 아무것도 아닌 것이다.

또 사람들은 대부분 부와 명성을 얻고 싶어 한다. 하지만 그런 생각은 오히려 마음에 고통을 초래하고 평안함을 무너뜨린다. 우리의 삶을 즐겁게 만드는 것은 그런 부의 추구나 방탕한 쾌락이 아니라, 신과 죽음에 대한 공허한 추측들을 제거하는 데 있다. 따라서 우리는 타인의 부와 명성을 시기할 필요 또한 없다. 이 같은 삶의 지침들은 매일 더 높은 곳으로 오르기 위해 경쟁하는, 그리고 그것을 충동질하는 인간의 욕망이야말로, 고통을 야기하는 주범임을 상기시킨다.

에피쿠로스는 이런 삶의 감정들을 원자론적으로 뒷받침하기 위해 노력했다. 즉 그는 좋고 나쁨과 같은 감정들은 물론, 색깔, 맛과 같은 질적 감각들도 모두 원자에서 비롯된 것으로 해석한다. 예를 들어, 술이 열을 발생시키는 이유는 열을 야기하는 원자들이 몸 내부에서 뭉치기 때문이다. 다시 말해 술에는 열을 야기하는 원자와 냉기를 야기하는 원자가 있고, 우리 몸에도 열을 야기하는 원자와 냉기를 야기하는 원자가 있다. 열을 야기하는 원자들이 모이면 몸이 뜨거워지고, 냉기를 야기하는 원자들이 모이면 몸이 차가워진다는 것이다. 이런 설명은 오늘날의 과학 수준에서는 큰 의미를 갖기 힘들겠지만, 어떤 현상의 원인을 신과 같은 외적 요인이 아니라, 그 내부에서 찾으려는 점에서 과학적 태도라고 볼 수 있을 것이다.

에피쿠로스의 철학을 믿고 따르던 사람들은 그의 삶의 지침들을 스스로의 삶에서 실천하고자 노력했다. 그들은 공동체적 삶을 유지하면서 최소한의 빵과 포도주만 먹었다고 한다. 더 화려한 식사는 또 다른 욕망을 만들어내고, 그것은 동시에 마음의 고통을 초래하기 때문이다. 아울러 공동체적 삶을 지탱해주는 우정이야말로 인간이 누릴 수 있는 가장 위대한 지혜라고 보았다.

에피쿠로스 원자론은 기본적으로 데모크리토스의 그것과 유사하다. 그러나 그는 데모크리토스의 원자론을 일부 비판하기도 했다. 예를 들어, 데모크리토스는 원자의 모양이 무한히 다양하다고 보았다. 그러나 에피쿠로스는 만약 그렇다면 우리 눈에 보이는 원자도 있을 텐데 지금까지 그런 적은 없다고 논박한다. 따라서 원자는 다양한 모양을 갖고는 있지만, 결코 그 다양성이 무한하지는 않다고 말했다.

또 그는 데모크리토스가 설명하지 못했던 우주 생성론에 대해 독자적인 이론을 내놓았다. 원자들은 항상 운동하며 그 무게 때문에 아래로 떨어지는데 가끔 어떤 원자들은 '우연히' 비스듬하게 떨어져 다른 원자들과 충돌한다. 이때 충돌한 원자들은 서로 뭉쳐 사물을 형성한다는 것이다. 이 같은 원자의 '우연한 일탈'을 의미하는 '클리나멘(Clinamen)' 개념의 도입은 당시 아테네 민중들을 지배하던 운명론적 결정론을 타파하기 위한 것이었다. 펠로폰네소스 전쟁(BC 431~404)에서의 패배와 소크라테스의 죽음 이후 찾아온 아테네 민주주의의 위기는 민중들에게 고통과 체념만을 안겨주었다. 모든 것이 결정되어 있다는, 따라서 인간의 비참한 운명도 이미 정해진 것이라는 결정론은 고통에서 벗어나려는 어떤 노력도 무의미하게 만든다. 그런 점에서 원자가 마치 자유 의지를 가진 것처럼 우연히 일탈한다는 이론이야말로, 결정론적 사고를 물리치고 인간이 자신의 노력과 자유 의지에 의해 미래를 바꿀 수 있다는 생각을 뒷받침한다고 보았던 것이다.

◆ 철학의 세계에서 과학의 영역으로 나아가다

에피쿠로스의 원자론은 기원전 1세기 무렵 로마의 시인 루크레티우스에 의해 계승되었다. 그의 책《사물의 본성에 관하여(De Rerum Natura)》는 에피쿠로스 원자론을 아름다운 시의 언어로 소개하고 있다.

그러나 루크레티우스를 끝으로 고대 원자론은 사실상 종말을 맞이했다. 로마가 기독교에 잠식되면서 원자론은 더 이상 관심을 끌지 못했다. 아르케로서의 원자, 그리고 그 영원 불멸성을 전제로 하는 원자론은 하나님의 세계 창조를 믿는 기독교와는 상극이 될 수밖에 없었다.

잊혀버린 원자론이 역사에 다시 등장한 것은 르네상스기에 이르러서였다. 1417년 이탈리아의 인문학자 포지오 브라치올리니가 독일의 한 수도원에서 루크레티우스의 서사시 사본을 발견한 것이다. 1473년《사물의 본성에 관하여》가 첫 출간된 후, 원자론은 뒤늦게 인기를 끌었다.

17세기 프랑스의 철학자 르네 데카르트, 피에르 가상디 등은 고대 원자론을 재해석하여 자신의 철학적 체계 안에 흡수했다. 19세기에 이르러 카를 마르크스는《데모크리토스와 에피쿠로스 자연 철학의 차이》라는 박사 논문을 집필했다. 유물론자로서 마르크스가 고대 원자론을 박사 논문의 주제로 선택한 것은 어딘가 납득할 만하다.

19세기 이후 원자론은 철학적 영감의 세계를 벗어나, 어찌 보면 무미건조한 첨단 과학의 한 영역으로 탈바꿈했다. 그러나 그 뿌리는 고대에 원자론을 처음 시작한 사람들, 즉 레우키포스, 데모크리토스, 에피쿠로스, 루크레티우스에게 있음을 부인할 수 없다. 그런 점에서 에피쿠로스의《쾌락》은 고대 원자론의 기본적 발상을 보여주는 것일 뿐만 아니라, 경쟁에 지친 현대인들에게도 충분한 교훈과 삶의 가치를 전해주는 책이다.

함께 읽으면 좋은 책

- **《사물의 본성에 관하여》** 루크레티우스, 아카넷, 2012
- **《데모크리토스와 에피쿠로스 자연철학의 차이》** 카를 마르크스, 그린비, 2001
- **《고대 원자론》** 장 살렘, 난장, 2009

28

에우클레이데스
《기하학 원론》
기원전 300년경

인류 역사상
《성서》 다음으로 많이 읽힌 책

에우클레이데스(Eucleides, BC 4세기경~3세기경, 일명 유클리드)

헬레니즘기 이집트의 알렉산드리아에서 활동했던 수학자. 플라톤이 아테네에 세운 학교 아카데메이아에서 공부한 뒤, 알렉산드리아에서 제자들을 가르쳤다. 프톨레마이오스 1세와 교류했고, 당대의 수학적 연구를 집대성한 《기하학 원론》을 출판하여 서양 수학의 기초를 놓았다.

※ 주요 저서: 《기하학 원론》

5세기경 그리스 철학자 프로클로스는 고대 알렉산드리아에서 활약했던 한 수학자의 이야기를 흥미롭게 전하고 있다. 이집트 알렉산드리아의 통치자였던 프톨레마이오스 1세가 "《기하학 원론》을 배우는 것보다 빨리 기하학을 배우는 길은 없는가?"라고 묻자, 그 책의 저자는 "기하학에는 왕도가 없습니다"라고 답했다는 내용이다. 그것은 바로 에우클레이데스를 둘러싼 일화이다. 프로클로스의 이 유명한 이야기가 어디까지 진실인지 알 길은 없지만, 진리의 길은 누구에게나 공평하다는 교훈을 주기에 충분하다.

기원전 323년 광대한 마케도니아 제국을 건설했던 알렉산더 대왕의 갑작스러운 죽음은 큰 혼란을 몰고 왔다. 대제국은 그의 부하 장수들에 의해 분할되었고, 프톨레마이오스는 알렉산드리아를 중심으로 한 새로운 제국을 건설했다.

이집트인들에게 나일강은 중요한 삶의 터전이자 문명의 발상지였다. 그러나 해마다 범람하는 나일강은 토지의 측량이라는 실질적 문제를 던져주었고, 그것은 자연스럽게 수학 특히 기하학의 필요를 불러왔다. 지오메트리(Geometry), 즉 토지(Geo)의 측량(metry)이 기하학의 어원이 되었음은 유명한 사실이다. 알렉산더가 페르시아의 아케메네스 왕조를 무너뜨린 기원전 330년부터 알렉산드리아가 로마의 수중에 떨어진 기원전 30년까지 우리가 보통 헬레니즘기라고 부르는 약 300년간의 시기는 이후 인류의 수학적 지식의 보고(寶庫)가 되었다.

에우클레이데스의 삶은 거의 알려져 있지 않다. 우리는 사실 그가 태어난 곳조차 정확히 모른다. 그에 대한 몇몇 일화들은 대부분 훨씬 후대 사람들이 전하는 것이다. 단, 그가 플라톤이 아테네에 세운 학교 아카데메이아에서 공부한 뒤, 알렉산드리아에서 제자들을 가르쳤고, 프톨레마이오스 1세와 교류하면서 《기하학 원론》을 집필했다는 것이 대략 일치된 견해이다.

◆ 수학적 연구를 총망라해 질서와 체계를 부여하다

기원전 300년경에 집필된 《기하학 원론》은 총 13권으로 구성되었다. 제1~4권과 제6권은 평면기하학을, 제5권, 제7~10권은 수론을, 그리고 제11~13권은 입체 기하학(공간 기하)으로 나누어진다. 예를 들어, 제1권은 직선, 각, 삼각형을 다룬다. 여기서 유명한 평행선의 공준과 피타고라스의 정리가 나온다. 제2권은 도형의 넓이를, 제3권은 원의 성질을, 제4권은 정다각형을 원에 내접, 외접시키는 방법에 대해 논한다. 제10권은 무리수를 다룬다. 피타고라스학파 사람들은 무리수의 비밀에 대해 발설하는 자를 물에 빠뜨려 죽였다는 전설이 전해진다. 그리고 제11, 12, 13권은 공간 기하를 다루고 있다.

《기하학 원론》은 기본 전제들에서 출발한다. 학생들은 오늘날 복잡한 수학 문제들을 풀면서도 가장 기본적인 전제들에 대해서는 묻지 않는다. 예를 들어, '점이란 무엇일까?' '원이란 무엇일까?' '삼각형이란 어떻게 정의되는가?' 하는 질문 말이다. 에우클레이데스는 이런 전제들이 수학의 출발에서 반드시 필요하다고 보았다. 직선, 각, 삼각형을 다룬 제1권은 정의, 공준(요청), 공리(공통 개념)라는 세 종류의 제1원리에서 출발한다. 에우클레이데스에 따르면, 이 기본 전제들은 다른 것으로부터 증명될 필요가 없는, 누구나 직감적으로 그 옳음을 받아들일 수 있는 것들이다. 그것은 마치 우리말의 모든 단어와 어휘들이 자음과 모음이라는 기본적 낱글자에서 출발하는 이치와도 같다.

제1권에서는 우리에게 잘 알려진 제47명제 피타고라스의 정리를 비롯하여, 48개의 수학 명제들이 논리적으로 증명된다. 즉 복잡한 수학적 명제들은 정의, 공준, 공리, 그리고 이미 증명이 완료된 명제들만을 이용하여 엄밀하게 증명된다. 참된 사실들로부터 사다리를 타고 오르듯, 누적되는 확실한 지식만으로 새로운 것들을 증명하는 이런 식의 연구 방법을 우리는 연역적 방법론이라고 부른다.

《기하학 원론》은 사실 에우클레이데스의 독창적 연구가 아니라, 당대의 수학적 연구들을 총망라함으로써 얻어진 것이다. 1545년《기하학 원론》의 라틴어 버전을 출판한 프랑스 논리학자 피에르 드 라뮈가 에우클레이데스를 발견자가 아니라 편집자라고 불렀던 것도 그 때문이다. 그럼에도 불구하고, 이 책이 높이 평가받는 이유는 에우클레이데스가 수학에 질서와 체계를 부여하고, 연역적 방법론에 기초한 새로운 논리 구조를 완성시켰기 때문이다.

◆ 현대 과학의 바탕이 된 '비유클리드 기하학'의 등장

《기하학 원론》은 인류 역사상 흔히 《성서》 다음으로 많이 읽힌 책으로 알려진다. 에우클레이데스와 거의 동시대를 살았던 수학자 아르키메데스와 아폴로니오스가 그의 명제를 사용했음이 확인되고 있다. 아울러 스토아학파 철학자 포세이도니오스, 게미노스, 《알마게스트》를 쓴 프톨레마이오스, 3세기 무렵 알렉산드리아의 기술자 헤론, 그리고 앞서 프톨레마이오스 1세와의 일화를 전해준 프로클로스 등 많은 고대 사상가들이 그 책에 대한 연구와 주석을 남기기도 했다.

8세기 무렵 이 책은 이슬람 수학자 알 하자지에 의해 아랍어로 번역되어 이슬람권에 전해졌다. 12세기에는 영국 배스의 전문 번역가 애덜러드가 그것을 아랍어로부터 라틴어로 번역함으로써 전 유럽에 확산되었다.

15세기 무렵 인쇄술이 인류의 지성사를 움직인 새로운 동력이 된 후, 그의 책이 세계 각국의 언어로 얼마나 많이 번역되었는지를 여기에 다 서술하는 것은 불가능할 정도이다. 이 책이 동아시아에 번역된 것은 처음 중국에서였다. 1605년 이탈리아의 예수회 선교사 마테오 리치는 로마의 클라비우스 편의 《기하학 원론》 최초의 여섯 권을 구술했고, 서광계(徐光啓)가 이를 번역하여 《기하원본》을 출판했다. 이 번역본은 우리나라에도 들어왔고, 19세기 지도 제작자 김정호는《기하원본》의 확대축소법을 자신의 지도 제작에 직접 활용하기도 했다.

물론《기하학 원론》의 내용들 중 일부에 논란이 없지는 않았다. 제5권 제5정의인 '비율의 개념'과 제1권 제5공준인 '평행선의 공준' 등은 일찍부터 논란을 불러왔다. 제5공준이란 "두 직선이 한 직선과 만날 때, 같은 쪽에 있는 내각의 합이 180도보다 작으면, 두 직선은 그쪽에서 반드시 만난다"라는 것이다. 이 공준은 다른 제1원리들과는 달리, 경험에 기초한 것이 아니며, 복잡하고 직관적이지 못하다는 비판이 계속 제기되어 왔다. 실제로 우리는 무한히 뻗어 나가는 직선을 그려보는 것은 불가능하다. 따라서 몇몇 수학자들은 이 공준이 다른 4개의 공준이나 명제들로부터 증명될 수 있을지도 모른다고 생각했다. 지금은 잃어버렸지만 프톨레마이오스는 특히 이 제5공준에 대한 책을 직접 집필하기도 했다. 프로클로스에 의하면, 프톨레마이오스는 평행선의 공준을 사용하지 않고도 제1권의 제28명제와 제29명제를 증명했으며, 이 제29명제로부터 거꾸로 평행선의 공준을 증명

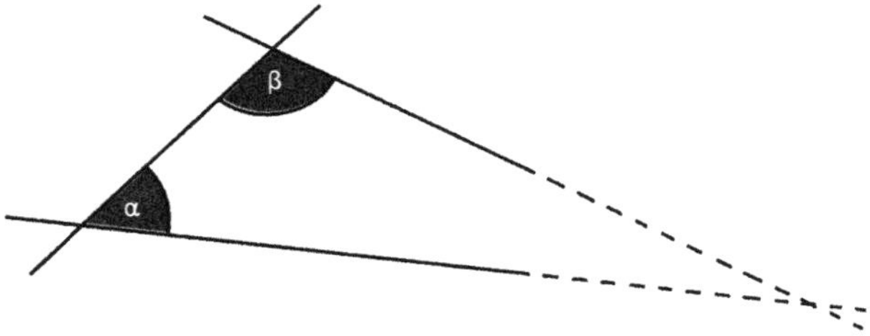

평행선의 공준 | 만약 $\alpha + \beta < 180°$라면, 두 직선은 이 두 각과 같은 쪽에서 반드시 만난다.

하려고 했다고 한다.

19세기에 이르러 평행선의 공준은 비유클리드 기하학의 등장을 불러왔다. 제5공준은 "한 직선의 외부에 있는 점을 지나면서 평행한 직선은 오직 하나다"로 간략하게 바꿀 수 있다. 독일의 수학자 칼 프리드리히 가우스는 한 직선의 외부에 있는 점을 지나면서 평행한 직선은 적어도 둘 이상 존재한다는 사실을 우리가 받아들여도 전혀 모순이 없다는 것을 증명했다. 이것이 '비유클리드 기하학'의 출발이었다.

에우클레이데스의 제5공준은 평면에서 작동하는 기하학이다. 구면이나 곡면에서는 그와 다른 특별한 기하학이 필요하다는 것이 비유클리드 기하학의 핵심이다. 우리가 사는 현실 세계를 상상해보자. 지구의 적도를 수직으로 관통하는 두 평행선을 그어본다면, 두 직선은 '평행선임에도 불구하고' 결국 북극이나 남극에서 만나게 될 것이다. 적도선을 수직으로 관통하는 두 경도선을 상상해보면 쉽게 이해할 수 있다. 또 지구본 위에 펜으로 삼각형을 그려보더라도, 비슷한 경험을 하게 될 것이다. 원래 삼각형은 내각의 합이 180도이지만, 구체인 지구본 위에 그려진 삼각형의 내각의 합은 언제나 180도를 넘게 된다. 아울러 말안장처럼 중간이 움푹 꺼진 곡면 위에 그려진 삼각형의 내각의 합은 180도에 미치지 못한다. 독일의 수학자 베른하르트 리만은 이 같은 사례를 들어 비유클리드 기하학을 타원 기하학과 쌍곡 기하학으로 발전시켰다.

비유클리드 기하학의 발견은 현대 과학에 큰 영향을 미쳤다. 대표적으로는 아인슈타인이 일반 상대성 이론의 핵심 개념인 휘어진

공간을 가정할 때, 이 비유클리드 기하학이 중요한 바탕이 되었다는 것은 잘 알려진 사실이다.

함께 읽으면 좋은 책

- **《유클리드의 창》** 레오나르드 믈로디노프, 까치, 2020
- **《비유클리드 기하의 세계》** 데라사카 히데다카, 전파과학사, 2019

29

가이우스 플리니우스 세쿤두스
《박물지》
77

<해리포터>의 불사조 '피닉스'가 고대 로마에서 왔다?

가이우스 플리니우스 세쿤두스(Gaius Plinius Secundus, 23~79)

고대 로마의 박물학자, 군인, 정치가. 로마 제국의 군인이자 해외 영토의 총독을 역임했다. 평생 많은 독서를 통해 방대한 양의 지식을 획득했고, 다양한 분야의 저서들을 남겼다. 그중에서도 37권에 이르는 《박물지》는 자연계를 아우르는 백과사전적 저서이다. 폼페이의 베수비오 화산 폭발이 일어났을 때, 로마 서부함대 사령관이었던 그는 피해 지역을 정찰하러 나갔다가 유독 가스를 마시고 질식사했다.

※ 주요 저서: 《박물지》 《게르마니아 전쟁사》 《로마사》

서기 23년 가이우스 플리니우스 세쿤두스라는 로마인이 이탈리아 북부의 작은 마을 코모(Como)에서 태어났다. 일명 플리니우스라고 불리는 그는 훗날 로마의 군인이자 정치가이며 박물학자로 성장한다. 청년기의 플리니우스는 이집트, 아프리카, 그리스 등지를 여행했고, 23세에 로마 군대에 입대한 뒤 게르마니아 원정에 참여했다. 28세 무렵 로마로 돌아와 법학을 공부했지만 성공하지 못하고, 학문 연구와 집필에 전념했다. 70년부터 2년간 히스파니아 타라코넨시스 지방의 총독을 역임했고, 74년에는 로마 서부함대 사령관에 임명되었다.

우리가 플리니우스에 대해 아는 것들은 대부분 그의 조카 가이우스 플리니우스 카이킬리우스 세쿤두스(Gaius Plinius Caecilius Secundus, 61년경~112년경), 일명 소플리니우스•가 남긴 기록들에 의한 것이다.

소플리니우스가 친구에게 보낸 편지에 따르면, 외삼촌의 독서열

• 두 사람 모두 플리니우스라는 이름을 갖고 있지만, 서로를 구분하기 위해 보통 《박물지》의 저자를 (대)플리니우스로, 그의 조카를 소플리니우스로 부른다. 소플리니우스 또한 로마의 유명한 문학가이자 법조인이었다. 그가 황제 트라야누스와 주고받은 총 368통의 편지를 모아 출판한 《서한집(The Letters of Pliny the Consul)》 총 10권은 오늘날 로마 사회와 역사를 이해하는 데 있어 필수적인 자료로 손꼽힌다.

은 대단했다. 플리니우스는 평소 잠이 거의 없었고 책을 보다가 잠시 눈을 붙이는 것이 전부였다. 그가 책 읽는 것을 멈추는 것은 오직 욕조에 들어갈 때뿐이었다. 걷는 것보다 가마에 앉아 이동하는 것을 좋아했는데, 그것도 책을 읽을 시간을 확보하기 위해서였다.

그런 근면함과 왕성한 탐구열 때문에 플리니우스는 군인이자 정치가로서의 공무를 수행하면서도 많은 책을 집필했다. 그는 대표작 《박물지(Naturalis Historia)》 37권 이외에도 《게르마니아 전쟁사》 20권, 《로마사》 31권을 비롯해서 《라틴어 문법과 문체의 문제》 8권 등에 이르기까지 다방면에 걸친 저서를 집필했다. 하지만 오늘날 전해지는 것은 오직 《박물지》뿐이다. 《박물지》는 플리니우스가 77년에 처음 10권을 펴낸 뒤, 그의 사후 소플리니우스가 나머지를 출간한 것으로 여겨진다.

◆ 로마 시대의 모든 지식이 담긴 전 37권의 백과사전

라틴어로 집필된 《박물지》는 지리학, 천문학, 동식물, 광물, 회화, 건축 등에 이르기까지 로마 시대에 관한 지식의 총 집대성이다. 로마 제국의 열 번째 황제인 티투스에게 바친 헌사에서 플리니우스는 《박물지》를 집필하기 위해 100명의 저자가 쓴 2,000권의 책을 참조했고, 자신의 개인적 연구와 경험을 더해 약 2만 개의 표제어를 달았다고 썼다.

서론에 해당하는 제1권은 책 전체를 요약해서 소개하는 내용이다. 각 권은 다시 다양한 소주제들로 분류된다. 제2권에서는 우주와 지구, 기상 등에 관해 다루고 있다. 여기서는 그리스 철학자 아리스토텔레스나 히파르코스의 천문학, 원자론자 데모크리토스의 이론 등 앞선 철학자들이나 정치가들의 이론이 소개되고 있다. 제3권부터 제6권까지는 인문 지리서에 가깝다. 그는 세계 곳곳의 지리적 특성과 그곳에 사는 종족들에 대해 기술했다. 인간에 대해 다루고 있는 제7권은 여러 민족의 관습은 물론, 역사상 강인한 인물들에 대해 소개한다. 예를 들어, 시칠리아섬의 도시 국가 시라쿠사의 군주였던 디오니시우스 1세는 성정이 포악했지만, 철학자 플라톤을 초청하기 위해 화관으로 장식한 배를 보냈고, 바닷가로 나가 직접 백마 4마리가 이끄는 마차로 플라톤을 모셨다고 썼다.

제8권부터 제11권까지는 주로 육상 동물, 어류, 조류, 곤충들과 그에 얽힌 일화들을 기록했다. 예를 들어, 로마에 기린이 처음 선보인 것은 콜로세움에서였는데, 특이하게 생긴 모습과 성격이 매우 거칠어서 '사나운 양'이라는 이름으로 불렸다고 적고 있다. 또 로마인들은 멧돼지 고기를 매우 귀한 고기로 여긴다고 썼다.

제12권부터 제27권까지는 각종 나무와 식물들, 그리고 그것에서 얻을 수 있는 약재들에 대해 소개했다. 특히 의약품에 대해서 플리니우스는 상당 분량을 할애했음을 알 수 있다. 제33권부터 마지막 37권까지는 금과 은, 청동, 철 등의 금속과 당시의 조각상, 화가 및 각종 예술 작품에 대한 이야기이다.

이처럼 《박물지》는 로마 시대의 일급 지식인이었던 플리니우스가 로마는 물론, 로마 경계 너머까지 당시 얻을 수 있었던 모든 지식을 담아낸 저서이다. 그러나 한편으로 이 《박물지》가 워낙 방대한 자료의 집대성이다 보니, 그 안에는 사실과 허구가 뒤섞인 내용들이 포함되어 있는 경우도 있었다. 예를 들어, 북쪽 지방에는 이마 한가운데 눈이 하나뿐인 아리마스피라는 종족이 살고 있는데, 이 종족은 날개 달린 괴물 그리핀의 황금을 빼앗기 위해 계속 전쟁을 벌이고 있다. 또 눈 하나에 눈동자가 2개인 사람들이 있다거나, 산악 지역 여러 곳에는 머리가 개처럼 생긴 종족이 사는데, 야생 동물 가죽으로 옷을 지어 입고 개처럼 짖는다고 적었다.

상상의 동물들도 다수 등장한다. 에티오피아 서쪽에는 많은 사람들이 나일강의 원류라고 생각하는 니그리스(Nigris) 샘이 있는데, 이 샘 근처에는 카토블레파스라는 야수가 살고 있다. 이 야수들은 머리가 아주 무거워서 고개를 땅에 숙이고 있다. 하지만 이 야수가 머리를 들지 못하는 것은 다행스러운 일인데, 왜냐하면 이 야수의 눈을 본 사람은 누구든지 그 자리에 쓰러져 죽기 때문이라는 것이다.

◆ 신비한 부족과 동물 이야기까지 후대 작가들의 상상력 보고

역사상 백과사전 형식으로 쓰인 저서는 《박물지》 이전에도 있었다. 아리스토텔레스의 《동물지(Historia Animalium)》를 비롯해서 기원전 1세기경 로마 시대의 작가 마르쿠스 테렌티우스 바로의 《학문 분과를 다룬 9권의 책(Disciplinarium libri IX)》도 대표적인 백과사전적 저서이다. 바로는 학문을 총 9가지, 즉 문법, 수사학, 논리학, 대수학, 기하학, 천문학, 음악, 의학, 건축학으로 나누어 소개했다. 이 밖에도 1세기경 로마의 철학자 세네카의《자연의 의문들(Quaestiones naturales)》, 3세기경 중국 서진 시대의 정치가 장화(張華)의《박물지(博物志)》도 그런 종류의 책들이다.

그러나 플리니우스의《박물지》만큼 후대에 지속적이고 강력한 영향을 미친 책은 없었다. 그것은 이 책이 당시의 로마는 물론, 로마 너머의 세계에 대해서도 압도적일 만큼 방대한 정보를 담고 있기 때문이다. 아울러 이 책에 등장하는 신비한 부족이나 동물 이야기는 후대의 작가들이 상상력을 발휘하여 각종 삽화를 그리는 데 중요한 원천이 되었다. 예를 들어, 3세기경 로마의 지리학자 솔리누스는《박물지》를 참고로《기이한 사물의 집대성(Collectanea rerum memorabilium)》이라는 책을 썼는데, 이 책 안에는 플리니우스가 말했던 갖가지 신기한 동물들이 등장한다.

중세 후기 유럽에서는 각종 동물 우화집이 큰 인기를 끌었다. 중세 기독교인들은 세상의 모든 것을 신의 계시로 보았고, 동물의 종교적 의미에도 관심을 두었다. 13세기 무렵 영국에서 출간된《할리의 동물 우화집(Harley Bestiary)》은《박물지》를 참고로 각종 동물이 지닌 상징적 의미를 채색 삽화와 함께 소개하고 있다.

르네상스기인 15세기 무렵에는 인쇄술이 본격화되면서《박물지》가 활판 인쇄되어 퍼져 나갔다. 몇몇 학자들은 그동안 무비판적으로 인용되던《박물지》의 오류들을 지적하기 시작했다. 이탈리아 의

사이자 인문주의자 니콜로 레오니체노는 1492년《플리니우스와 많은 다른 의사들의 의학적 오류에 대하여(De Plinii et plurium aliorum medicorum in medicina erroribus)》라는 책에서《박물지》에 나오는 의학적 오류들을 비판했다. 같은 해《플리니우스 비판(Castigationes Plinianae)》을 쓴 에르몰라오 바바로도 자신이《박물지》에서 약 5,000개에 이르는 오류들을 잡아냈다고 썼다.

비록 많은 오류를 담고 있지만, 근대에 들어서도《박물지》의 인기는 식지 않았다. 19세기 초에 활약했던 프랑스의 동물학자 조르주 퀴비에는《박물지》를 고대에서 우리에게 전해진 가장 귀중한 기념비적 문헌들 중 하나라고 극찬했다.

19세기에 이르러《박물지》는 각종 유럽어로 번역되었다. 드 그랑사뉴는 1829년《박물지》를 프랑스어로 번역했고, 보스톡과 라일리는 1855~1857년 그것을 영어로 번역하여 출판했다.

오늘날《박물지》에 등장하는 괴수들은 영화나 온라인 게임 속의 캐릭터로 여전히 우리 곁에 살아있다. 롭 코헨 감독의 판타지 영화 〈드래곤 하트〉(1996)에 나오는 날개 달린 큰 뱀의 모습을 한 드라코, 그리고 영화 〈해리 포터〉에 나오는 불사조 피닉스도《박물지》에서 비롯된 상상의 동물들이다.

함께 읽으면 좋은 책

- **《동물·괴물지·엠블럼》** 최정은, 휴머니스트, 2005
- **《박물지》** 장화, 지식을만드는지식, 2013
- **《중세 동물지》** 작가 미상, 오롯, 2017

30

클라우디오스 프톨레마이오스
《알마게스트》
2세기 중엽

코페르니쿠스 이전 서양 천문학을 이끈 가장 위대한 책

클라우디오스 프톨레마이오스(Claudius Ptolemaeus, 83년경~168년경)

고대 알렉산드리아에서 활약했던 수학자이자 천문학자, 지리학자. 다양한 과학 분야에 대해 많은 저서를 남겼는데 그의 저서들은 특히 이슬람 과학과 근대 초기 유럽의 과학에 큰 영향을 미쳤다. 천동설을 주장한 그의 대표작 《알마게스트》는 1543년 코페르니쿠스의 《천구의 회전에 관하여》가 등장하기까지 유럽에서 가장 영향력 있는 천문학 저서로 알려졌다.

※ 주요 저서: 《알마게스트》 《지리학》 《테트라비블로스》

흔히 천문학의 역사상 3대 고전을 들자면, 1543년 코페르니쿠스의 《천구의 회전에 관하여》, 1687년 뉴턴의《자연 철학의 수학적 원리》, 그리고 프톨레마이오스의《알마게스트(Almagest)》를 들 수 있다. 그 중에서도 천동설의 대표적 저서로 손꼽히는《알마게스트》는 150년경 알렉산드리아에서 집필된 뒤 코페르니쿠스가 등장하기까지 약 1400년간 이슬람 세계와 유럽의 천문학에 강력한 영향을 미친 책이다. 그런데《알마게스트》는 당시 무엇을 해결했기에 그처럼 오랫동안 천동설의 왕좌로 군림하게 되었던 것일까?

고대 그리스의 기하학자들은 원을 가장 완벽한 도형이라고 생각했다. 그들은 언제나 균일한 속도로 천체들이 원운동하고 있는 하늘이야말로 그런 완벽한 도형을 보여주는 영역이라고 여겼다.

기원전 4세기 무렵 그리스 천문학자 에우독소스가 주장한 동심천구설(Homocentric Sphere Model)도 그런 조화로운 우주를 상상한 것이다. 그의 이론은 우주의 중심에 지구가 멈춰 있고, 투명한 달걀 껍질 같은 천구가 그 위에 보석처럼 박힌 행성과 별들을 싣고 지구 둘레를 원운동 한다는 것이다. 그러나 이 동심천구설은 말 그대로 '같은 중심(同心)', 즉 지구와 행성 간의 거리가 항상 동일하다는 것을 뜻한다. 모든 문제는 이 이론이 당시의 관측 사실과 잘 맞지 않는다는 점에서 출발했다. 하늘의 규칙성과 조화로움에 위배되는, 행성들의 불규칙한 움직임이 가끔 목격되었기 때문이다. 예를 들어, 행성들의 광도가 밝아졌다 흐려졌다 하는 현상, 또 행성들이 가끔 움직임을 멈추거나 역행하는 현상이 일찍부터 알려져 있었다.

아테네의 철학자이자 기하학자였던 플라톤은 제자들에게 "현상을 구하라!"라는 과제를 주었는데, 그것은 행성들의 조화로운 등속원운동 이론을 망가뜨리지 않으면서도, 그것들의 불규칙한 겉보기 운동을 설명하라는 것이었다. 플라톤의 제자 에우독소스나 아리스토텔레스는 그 불규칙한 행성 운동을 설명하기 위해 행성들을 실어나르는 천구들이 서로 다른 축을 중심으로 서로 다른 방향으로 회전한다는 가설을 제시했다. 그러나 시간이 흐를수록 천문학의 오차는 점점 누적되어갔다.

클라우디오스 프톨레마이오스에 대해서는 거의 알려진 바가 없다. 고대 이집트의 테바이드(Thebaid)에서 태어났고, 이후 약 2세기 무렵 알렉산드리아에서 활약했으며, 지리학, 점성술, 광학, 음악 등 아리스토텔레스에 버금가는 다방면의 저서를 집필했다는 것만이 알려져 있다. 그러나 그가 《알마게스트》를 통해 천문학에 남긴 업적은 그의 다른 모든 업적들을 능가한다. 그는 기존의 천문학자들과는 다른 상상력을 발휘하여 고대 천문학이 봉착한 문제를 해결했기 때문이다.

◆ 고대 천동설을 통합하고 새로운 천동설을 완성하다

총 13권으로 구성된 《알마게스트》는 사실 전문 연구자가 아니면 읽기 쉬운 책이 아니다. 책 내용의 대부분은 천체 운동에 대한 기하학적 작도들과 수학적 증명들로 이루어졌다. 제1권과 제2권은 아리스토텔레스의 우주론을 비롯한 천문학상의 기본 문제들을 다룬다. 프톨레마이오스는 지구가 구형이고 아무런 위치의 변화도 없이 우주의 중심에 멈춰 있으며, 행성과 별들은 지구 둘레를 돌고 있다는 고대 천동설의 기본 이론을 소개한다. 제1권을 읽어보면, 프톨레마이오스의 이론이 당대의 풍부한 관측 데이터와 합리적 추론의 결과물이라는 것을 금방 알 수 있다.

천체 운동에 대한 본격적인 소개는 제3권부터 시작된다. 여기서는 일 년의 길이와 태양의 운동, 밤과 낮의 차이 등을 다룬다. 특히 이 3권에서는 그리스 천문학자 히파르코스의 연구를 참고로, 태양의 움직임에 보이는 미세한 불규칙성을 이심원설과 주전원설이라는 독특한 두 개의 가설을 도입하여 증명한다. 프톨레마이오스는 히파르코스가 제시한 두 가설이 태양의 불규칙한 운동을 완전히 동일하게 설명할 수 있음을 보여주었다. 제4권에서는 달의 미세한 불규칙 운동을 이심원설과 주전원설로 설명하고, 제5권에는 이것을 자신의 연구로 보충한다. 즉 프톨레마이오스는 이심원설과 주전원설을 결합시켜 관측 사실에 좀 더 가까운 이론을 설계한 것이다.

제6권은 일월식의 계산이다. 제7권과 제8권은 항성에 관한 문제와 북반구와 남반구에서 볼 수 있는 약 1,026개 별들의 항성표•를 제시하고 있다.

제9권부터 제12권까지 프톨레마이오스는 드디어 자신의 연구에 기초한 다섯 행성의 운동을 소개한다. 그는 주전원(epycicle), 이심원(deferent) 같은 원들의 운동을 조합하고, 편심(eccentric)••을 도입함으로써 행성의 겉보기 운동에 나타나는 여러 가지 불규칙한 운동을 설명하고자 한다. 각 행성들에 따라 차이를 보이긴 하지만, 대략적인 내용은 다음과 같다.

먼저 각각의 행성들이 운동하는 궤도 안에 주전원(E)이라는 작은 원들을 집어넣는다. 그리고 이 주전원은 이심원(D)이라는 큰 원 위를 회전한다고 간주했다. 이때 만약 주전원 위를 도는 행성(P)의 방향과 이심원상의 진행 방향이 같을 때는 행성은 순행을 하는 것처럼 보이지만, 주전원상의 행성의 움직임이 이심원상의 진행 방향과 반대가 될 때는 행성은 마치 역행하는 것처럼 보인다. 이심원과 주전원의 조합으로 설명되는 프톨레마이오스의 천문학에서는 이처럼 행성의 역행 운동을 설명했을 뿐만 아니라, 지구에서 행성까지의 거리가 주기적으로 변하기 때문에 광도의 변화도 설명할 수 있었다.

그러나 이것으로 프톨레마이오스가 천체 운동의 미세한 불규칙성을 다 설명할 수 있었던 것은 아니다. 고대 그리스에서 발전한 천동설의 중요한 전제들 중 하나는 행성이 '일정한 각속도'•••로 운동

• 항성표란 항성, 즉 별의 위치와 운동, 광도 등을 기록한 테이블이다.

•• 편심이란 주전원의 중심이 그리는 행성 운동의 기하학적 중심을 가리킨다.

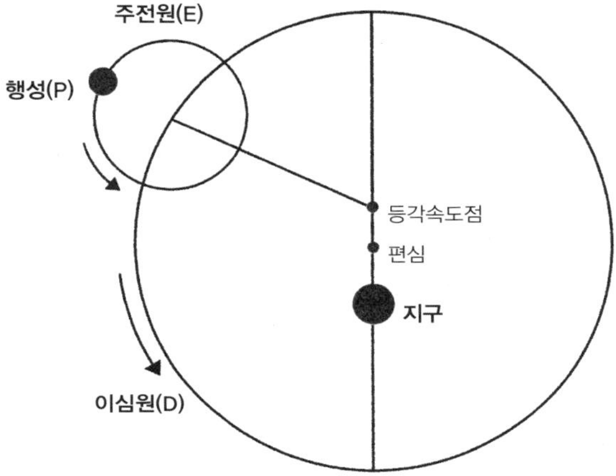

주전원과 이심원 | 프톨레마이오스는 주전원과 이심원의 조합으로 행성의 역행 운동과 광도 변화를 설명했다. 그러나 이것만으로는 행성의 일정한 각속도 운동을 설명할 수 없었던 그는 이심원의 중심에 편심을 놓고, 지구를 편심에서 살짝 벗어난 지점에 두었으며, 그 반대편에 등각속도점을 놓았다. 그는 이 등각속도점에서 행성 운동을 관측하면 일정한 각속도 운동이 가능하다고 생각했다.

한다는 것이었다. 예를 들어, 어떤 행성이 1년 동안 지구 둘레를 15도 회전한다고 가정한다면, 이 행성은 원궤도의 어느 지점에서든 1년 동안 15도를 회전한다는 것이다. 물론 이런 행성 운동의 '일정한 각속도'의 관념은 훗날 요하네스 케플러가 행성의 타원 궤도 운동을 도입함으로써 오류라는 것이 판명되었다.••••

결과론적인 이야기지만, 이것은 원운동을 당연시했던 프톨레마

••• 속도가 일정하다는 것은 같은 시간 동안 같은 거리를 움직인다는 뜻이다. 따라서 각속도가 일정하다는 것은 같은 시간 동안 같은 각을 원운동 한다는 뜻이다.

•••• 케플러의 제2법칙인 '면적 속도 일정의 법칙'에 따르면, 행성은 태양과 가까워질 때 속도가 빨라지고, 멀어질 때 속도가 느려진다.

이오스가 행성의 '일정한 각속도' 운동을 관측 사실과 합치시켜 설명하는 것이 처음부터 불가능한 일이었음을 의미한다. 어쨌든 프톨레마이오스는 등각속도점이라는 가상의 점을 도입하여 '일정한 각속도'의 관념을 지키고자 했다. 주전원들의 조합과 이심원만으로는 행성의 '일정한 각속도' 운동을 설명할 수 없었던 그는 이 등각속도점에서라면 우리가 일정한 각속도 운동을 관측할 수 있을 것이라고 주장했다. 그러나 이것은 지구에서 볼 때, 행성의 움직임이 더 이상 등속원운동이 아니라는 것을 의미했고, 훗날 코페르니쿠스는 이 등각속도점을 하늘의 조화로움을 망가뜨린 주범으로 지목하기도 했다.

프톨레마이오스의 천문학은 그의 완전한 독창이었던 것은 아니다. 이심원과 주전원을 누가 가장 먼저 고안했는지는 알 수 없지만, 이 이론을 가장 먼저 언급한 사람은 천문학자 아폴로니오스였다.《원뿔 곡선론(Conics)》의 저자로도 알려진 그는 행성 운동을 주전원설과 이심원설이라는 2개의 가설로 설명할 수 있음을 소개했다. 다음 세기의 히파르코스는 주전원 위에 더 작은 주전원을 도입하는 등 주로 주전원설을 발전시켰지만, 그의 연구는 태양과 달에 한정되어 있었다.

그런 점에서 프톨레마이오스는 각종 주전원들과 편심, 이심원 같은 앞선 천문학자들의 이론을 참고하여 그것들을 하나의 이론 체계 안에 통합시켰고, 나아가 등각속도점을 도입함으로써 자신만의 수정된 천동설을 완성할 수 있었던 것이다.

◆ 《수학적 집대성》은 어떻게 《알마게스트》로 불리게 되었나

이 책의 원래 제목은 그리스어로 《수학적 집대성(Mathematiké Sýntaxis)》이다. 오늘날 우리가 그의 저서를 《알마게스트》로 부르게 된 데는 특별한 이유가 있다. 프톨레마이오스의 사후, 이 책은 그리스어 필사본으로 전파되었다. 그러나 제국 로마의 분열과 기독교의 확산이라는 유럽 사회의 격변을 거치며 그리스의 학문적 전통은 알렉산드리아를 마지막으로 쇠퇴해가고 있었다. 7세기 무렵에는 간신히 그 명맥을 유지해왔던 알렉산드리아 도서관이 지중해의 강자로 부상한 이슬람의 공격으로 불타게 된다. 그때 몇몇 중요한 그리스어 사본들이 이슬람권으로 흘러 들어갔다. 그리고 그 안에는 프톨레마이오스의 책이 포함되어 있었다.

829년 바그다드의 수학자이자 번역가였던 알 하자지는 프톨레마이오스의 《수학적 집대성》을 아랍어로 번역했다. 이때 이 책에 '가장 위대한 책'을 의미하는 '키탑 알 마지스티(Kitab al-magisti)'라는 새로운 이름을 붙였다. '알마게스트'란 이 이름에서 유래한 것이다. 이후 이 책은 9세기 무렵 이슬람 의사이자 천문학자였던 후나인 이븐 이스하크, 그리고 수학자이자 의사였던 사빗 이븐 쿠라 등에 의해 재차 번역되었고, 이후 이슬람 천문학에 확실히 뿌리내리게 된다.

12세기경 서유럽에서는 라틴어 번역 운동이 활발하게 일어났다. 이때 크레모나의 제라드는 1175년 《알마게스트》의 아랍어 사본을 라틴어로 번역하여 유럽에 전했다. 이후 유럽의 천문학자들에 의해

《알마게스트》는 이슬람 번역서에서 라틴어 번역서로, 혹은 직접 그리스어 원본에서 라틴어 번역서로 옮겨지면서 유럽 전역에 퍼져 나갔고, 코페르니쿠스의 등장 이전까지 서양의 천문학을 사실상 석권하게 되었다.

함께 읽으면 좋은 책

- **《천문학 사전》** 후타마세 도시후미, 그린북, 2018
- **《동서양의 고전 천문학》** 휴 터스톤, 연세대학교출판부, 2010
- **《우리가 잘 몰랐던 천문학 이야기》** 임진용, 연암서가, 2015

참고문헌

* 이 책의 집필에 참고한 문헌들의 서지 사항은 다음과 같다. 기본적으로 원본을 중심으로 영어 번역본과 한글 번역본, 일본어 번역본 등을 참조했다.

1. Tycho Brahe, *De Nova Stella*, Independently published, 2022. 1573년의 라틴어판은 일부 수정을 거쳐 1632년 영어로 번역되었다.

   Tycho Brahe, *Learned: Tico Brahae, His Astronomicall Coniectur, of the New and Much Admired [star] Which Appered in the Year 1572*, Legare Street Press, 2021. 본 책에서는 이 영어 번역본을 참조했다. 아울러 John Robert Christianson의 미네소타 대학 박사학위 논문인 "Herrevad Abbey and Tycho Brahe's Uraniborg"(1964)에도 영어 번역본 일부가 실려 있다. 국내에는 아직 번역 출간되지 않았다.

2. Galileo Galilei, *Sidereus Nuncius, or The Sidereal Messenger*, University of Chicago Press, 2016. 갈릴레오 갈릴레이, 장헌영 옮김, 《갈릴레오가 들려주는 별 이야기》, 승산, 2004.

3. Michael Faraday, *The Chemical History of a Candle*, Dover Publications, 2003. 이 책에는 몇 종의 한글 번역본이 나와 있다. 여기서는 마이클 패러데이, 문경선 옮김, 《촛불 속의 과학 이야기》, 누림 book, 2004와 일본어 번역본인 ファラデー, 竹内敬人 옮김, 《ロウソクの科学》, 東京: 岩波書店, 2010을 함께 참조했다.

4. Charles Darwin, *The Origin of Species*, Amazon Classics, 2019. 찰스 다윈, 장대익 옮김, 《종의 기원》, 사이언스북스, 2019.

5. Karl R. Popper, *The Open Society and Its Enemies*, London: Routledge & Kegan Paul, 1945. 칼 R. 포퍼, 이한구 옮김, 《열린 사회와 그 적들 Ⅰ, Ⅱ》, 민음사, 1982.

6. Jacob Bronowski, *The Ascent of Man*, BBC Physical Audio, 2013. J. 브로노프스키, 김은국 옮김, 《인간 登頂의 발자취》, 범양사 출판부, 1985. 이 책은 2004년에 개정 출판되었다. 제이콥 브로노우스키, 김은국·김현숙 옮김, 《인간 등정의 발자취》, 바다출판사, 2004.

7. Nicolaus Copernicus, *On the Revolutions of Heavently Spheres*, trans. Charles Glenn Wallis, Prometheus Books, 1995. 니콜라우스 코페르니쿠스, 민영기·최원재 옮김, 《천체의 회전에 관하여》, 서해문집, 1998. (단, 이 책은 제1권과 제6권만이 번역되어 있다.)

8. William Gilbert, *On the Loadstone and Magnetic Bodies*, Great Books of the Western World vol. 28, Robert Maynard Hutchins, ed., Encyclopedia Britannica, INC., 1952. 윌리엄 길버트, 박경 옮김, 《자석 이야기》, 서해문집, 1999.

9. Johannes Kepler. trans. William H. Donahue, *Astronomia Nova*, Green Lion Press, 2015. ヨハネス·ケプラー, 岸本良彦 옮김, 《新天文学》, 東京: 工作舎, 2013. 국내에는 아직 번역 출간되지 않았다.

10. William Harvey, *On the Motion of the Heart and Blood in Animals*, trans. Robert Willis, Resource Publications, 2016. 국내에는 아직 번역 출간되지 않았다.

11. Isaac Newton, *Mathematical Principles of Natural Philosophy*, Great Books of the Western World vol. 34, Robert Maynard Hutchins, ed., Encyclopedia Britannica, INC., 1952. 아이작 뉴턴, 이무현 옮김, 《프린키피아》 전3권, 교우사, 1998~99.

12. Thomas S. Kuhn, *The Structure of Scientific Revolutions*, The University of Chicago Press, 1970. 토마스 S. 쿤, 김명자 옮김, 《과학혁명의 구조》, 동아출판사, 1992. トーマス·クーン, 中山茂 옮김, 《科学革命の構造》, 東京: みすず書房, 1971.

13. Andreas Vesalius, *De Humani Corporis Fabrica, Vol.* Ⅰ, Ⅱ, Leopold Publishing, 2014. J. B. deC. M. Saunders and Charles D. O'Malley, *The Illustrations from the Works of Andreas Vesalius of Brussels*, Dover Publications, 1973. 안드레아스 베살리우스, 엄창섭 해설, 《사람 몸의 구조》, 그림씨, 2018. (단, 이 책은 그림 위주의 매우 간략한 소책자이다.)

14. Francis Bacon, *Novum Organum*, Great Books of the Western World vol. 30, Robert Maynard Hutchins, ed., Encyclopedia Britannica, INC., 1952. 프랜시스 베이컨, 진석용 옮김, 《신기관》, 한길사, 2001.

15. Robert Hooke, *Micrographia*, Leopold Publishing, 2014. 국내에는 아직 번역 출간되지 않았다.

16. Carl von Linné, *Systema Naturae*, Andesite Press, 2015. 이 라틴어판은 William Turton에 의해 *A General System of Nature, Through the Three Grand Kingdom of Animals, Vegetables, and Minerals*라는 제목으로 영역되었다. 1758년 간행된 제10판(라틴어판)은 인터넷(commons.wikimedia.org)에서도 찾아볼 수 있다. (File : Sistema Naturae(1758).pdf) 국내에는 아직 번역 출간되지 않았다.

17. 1901년 윌리엄 베이트슨(William Bateson)이 영역하고 1956년 로저 블럼버그(Roger Blumberg)가 수정한 영역본 *Experiments in Plant Hybridization*을 참조했다. 이 영역본과 멘델이 발표한 논문의 원문 *Versuche über Pflanzen-Hybriden* 등은 'www.mendelweb.org'에 공개되어 있다. 한글 번역본으로는 그레고어 멘델, 신현철 옮김, 《식물의 잡종에 관한 실험》, 지식을 만드는 지식, 2021을 참조했다.

18. James D. Watson, *The Double Helix: A Personal Account of the Discovery of the Structure of DNA*, Touchstone, 2001. 제임스 왓슨, 최돈찬 옮김, 《이중나선》, 궁리, 2006.

19. Richard Dawkins, *The Selfish Gene*, Oxoford University Press, 2006. 리처드 도킨스, 홍영남 옮김, 《이기적 유전자》, 을유문화사, 2006.

20. 宋應星, 藪內清 옮김, 《天工開物》, 東京: 平凡社, 1969. 송응성, 최주 주역, 《天工開物》, 전통문화사, 1997.

21. 《의산문답》은 필사본으로 전해 내려오다가 1939년 홍대용의 문집인 《담헌서(湛軒書)》에 수록되었다. 이후 민족문화추진회 등에 의해 번역되었고, 현재는 약 3종의 한글 번역서가 나와 있다. 문중양 역해, 《의산문답》, 아카넷, 2019. 김태준·김효민 옮김, 《의산문답》, 지식을 만드는 지식, 2011. 이숙경·김영호 옮김, 《의산문답》, 파라북스,

2013 등이다. 3종 번역서 모두 원문을 함께 싣고 있다.

22. 崔漢綺, 《氣學》, 《增補明南樓叢書》 전 5권, 성균관대학교 대동문화연구원, 2002. 최한기, 송병욱 옮김, 《기학》, 여강출판사, 1993.

23. 湯川秀樹, 《目に見えないもの》, 東京: 講談社, 1976. 김성근 옮김, 《보이지 않는 것의 발견》, 김영사, 2012.

24. Joseph Needham, *Science and Civilisation in China*, The Cambridge University Press, 1954~ 이 책은 총 7권 25책 중 일부만 한국어로 번역되어 있다. 김영식·김제란 옮김, 《중국의 과학과 문명: 사상적 배경》, 까치, 1998. 임정대 외 옮김, 《중국의 과학과 문명 1》, 을유문화사, 1989. 이석호 옮김, 《중국의 과학과 문명 2, 3》, 을유문화사, 2권(1990), 3권(1989). 이면우 옮김, 《중국의 과학과 문명: 수학, 하늘과 땅의 과학, 물리학》, 까치, 2000. 김주식 옮김, 《조지프 니덤의 동양 항해 선박사》, 문현, 2016 등. 일본어 번역본은 《中國の科學と文明》 총 11권, 東京: 思索社, 1974~1981로 출간되었다.

25. 전상운, 《한국과학기술사》, 정음사, 1994.

26. *The Works of Aristotle*, ed., R. P. Hardie and R. K. Gaye, Oxford at the Clarendon Press, 1930. Aristotle, *Phisics*, Great Books of the Western World vol. 8, Robert Maynard Hutchins, ed., Encyclopedia Britannica INC., 1952. 아리스토텔레스, 임두원 역주, 《아리스토텔레스의 자연학 읽기》, 부크크, 2020.

27. 에피쿠로스의 글들은 단편들로만 존재한다. 가장 널리 알려진 것은 Diogenes Laertius의 *Lives of the Eminent Philosophers*의 chap. 10 Epicurus이다. 1998년 문학과지성사에서 이 부분과 새로 발견된 에피쿠로스의 단편들을 합쳐 《쾌락》이라는 제목으로 번역했다. 에피쿠로스, 오유석 옮김, 《쾌락》, 문학과지성사, 1998. 본 책에서는 위의 영역본과 한글 번역본을 대조했고, 문학과지성사의 제목을 따랐다.

28. Euclid, *Elements*, Great Books of the Western World vol. 11, Robert Maynard Hutchins, ed., Encyclopedia Britannica INC., 1952. 유클리드, 이무현 옮김, 《기하학

원론》, 교우사, 1997. ユ―クリッド, 中村幸四郎 외 옮김, 《ユ―クリッド原論》縮刷版, 東京: 共立出版株式会社, 1996.

29. 보스톡(John Bostock)과 라일리(H. T. Riley)의 《박물지》영어 번역본 *The Natural History of Pliny*는 인류의 중요한 고전을 무료로 공개하는 프로젝트 구텐베르크(www.gutenberg.org)에서 도서명으로 검색하면 누구나 쉽게 열람할 수 있다. 이 밖에 《박물지》의 축약본인 존 S. 화이트 엮음, 서경주 옮김, 《플리니우스 박물지》, 노마드, 2021과 일본어 번역본인 プリニウス, 中野定雄 외 옮김, 《プリニウスの博物誌》총 6권, 東京: 雄山閣, 2021을 참조했다.

30. Ptolemy, *Almagest*, Great Books of the Western World vol. 16, Robert Maynard Hutchins, ed., Encyclopedia Britannica, INC., 1952. プトレマイオス, 藪内清 옮김, 《アルマゲスト》, 東京: 恒星社, 1993. 국내에는 아직 번역 출간되지 않았다.

위대한 과학 고전 30권을 1권으로 읽는 책

초판 1쇄 발행 2022년 09월 28일
초판 9쇄 발행 2023년 05월 16일

지은이 김성근
펴낸이 이경희

펴낸곳 빅피시
출판등록 2021년 4월 6일 제2021-000115호
주소 서울시 마포구 월드컵북로 402, KGIT 16층 1601-1호

ISBN 979-11-91825-51-0 04900
979-11-91825-50-3(세트)